Historias
de la Historia

Carlos Fisas

HISTORIAS DE LA HISTORIA

TERCERA SERIE

Círculo de Lectores

Sobrecubierta: Enrique Iborra
Ilustración: *Isabel de Portugal*, de Tiziano, Museo del Prado

Círculo de Lectores, S.A.
Valencia 344, 08009 Barcelona
1 3 5 7 9 8 8 0 3 8 6 4 2

Licencia editorial para Círculo de Lectores
por cortesía de Editorial Planeta, S.A.

Procedencia de las ilustraciones: A. y R. Mas, Alinari/Giraudon, Archivo Editorial Planeta, Archivo Vendrell, Cifra Gráfica, CIRI, EFE, Europa Press, Federico Arborio Mella, Giraudon, Marta Mas, Mas, Museo del Prado y Zardoya.
Depósito legal: B. 7425-1988
Fotocomposición: gama, s.a. Arístides Maillol, 3, 1.º 1.ª 08028 Barcelona
Impresión y encuadernación: Printer industria gráfica, s.a.
N. II, Cuatro caminos s/n, 08620 Sant Vicenç dels Horts
Barcelona, 1988. Printed in Spain
ISBN 84-226-2501-6

N.º 34140

A MIS NIETOS
CRISTINA-ALEXANDRA
y
CARLOS-KILLIAN
y a la
HOMINUM DIVOMQUE VOLUPTAS
ALMA VENUS

Un grupo de amigos de Tristán Bernard comentaba ante el maestro francés una serie de sus anécdotas, que eran acogidas con gran entusiasmo. El célebre comediógrafo sonreía acariciando su barba. De pronto, exclamó:

–Verdaderamente estas anécdotas tienen gracia, mucha gracia. ¡Y pensar que muchas de ellas no las conocía yo!

LA PORTADA

Libros y mujeres, mujeres y libros, libros y mujeres. He aquí las aficiones dignas de un hombre civilizado por este orden y según la edad. Alguien tildará estas afirmaciones de machistas, pero no se debe olvidar que soy varón y hablo desde este punto de vista. Espero que mis lectoras harán los cambios necesarios en las afirmaciones que preceden.

He querido que en la portada de este libro figurase una mujer y un libro. Hay cuadros célebres como el retrato de Isabel de Portugal, esposa de Carlos I, que se conserva en el Museo del Prado de Madrid; otro cuadro célebre es el de Boucher representando a madame de Pompadour, que se halla en la colección Rotschild de Viena, o el retrato de la condesa de Peñaranda perteneciente al duque de Tamames, de Madrid, obra de Goya.

Buena parte de la literatura producida por amantes del libro está destinada a denigrar a las mujeres tildándolas de enemigas de los libros. Ricardo de Bury, que vivió a caballo entre los siglos XIII y XIV, escribió refiriéndose a la mujer: «Apenas esta bestezuela, siempre nociva para nuestros estudios, siempre implacable, descubre los sitios donde estamos escondidos (son los libros los que hablan), protegidos por la tela de una difunta araña, con ceño arrugado nos arranca de allí insultándonos con los discursos más violentos.» Ni que decir tiene que llamar bestezuelas a las mujeres es, además de un grave insulto, una estupidez, y dejo de lado el dato de que el libro protagonista de la invectiva afirme estar protegido por una telaraña porque ello demuestra el poco cuidado que de tan precioso objeto tenía su propietario.

Los libros son como las mujeres, y antes de abrirlos se les ha de acariciar la encuadernación. Si no se conoce la voluptuosidad de descubrir un libro en las estanterías de una biblioteca o de una librería, si se ignora el placer sensual de abrir las páginas una a una y de regodearse glotonamente de antemano por el supuesto placer que se va a gozar en su lectura, no se podrá comprender la pasión de poseer una biblioteca que anima a los bibliófilos o a los simples lectores.

Este libro –o, mejor, esta tercera serie de *Historias de la Historia*– es, como los dos anteriores, producto del amor al libro. Por ello, no extrañe a nadie la continua sucesión de citas que contiene (las citas literarias, como las amorosas, deben caracterizarse por su exactitud y su pulcritud). No tiene esta obra otro mérito que el que se deriva de una sed insaciable de lectura, y como su origen debe buscarse en las emisiones en las que colaboro, en Radio Miramar de Barcelona y Radio Popular (Cadenas de Ondas Populares de España, COPE), parece lógico que deriven más hacia la conversación que al lenguaje escrito formal.

Verán, queridos amigos: a mí no me gusta escribir; me gusta hablar, charlar, conversar, comunicarme con los demás a ser posible de viva voz. Ello explica el horror que, dejando aparte mi edad, me producen las discotecas, con su infernal ruido y sus demenciales luces. Buena parte de nuestra juventud, a la que me siento muy unido, pierde la ocasión de entrenarse en el clásico y delicioso arte de conversar. Una de las cosas que más me inquieta es la pobreza de vocabulario de ciertas personas jóvenes o mayores, el empleo constante de muletillas de moda, que por ello pasan en seguida de moda y son sustituidas por otras tan inanes y memas como aquellas que las precedieron.

Éste es un libro si no de Historia, sí de historias, que quiere y desea introducir al lector en el campo de la Historia con mayúscula. Uno de los grandes placeres de mi actividad radiofónica ha sido recibir cartas u oír por teléfono a amigos, pues lo son por el simple hecho de comunicar conmigo, pidiéndome datos complementarios sobre un personaje o un episodio histórico. No siempre mis interlocutores han estado acordes con mis afirmaciones, pero su discrepancia me ha impulsado a intentar conocer más a fondo el tema tratado, para averiguar si eran ellos o yo quien tenía razón. Muchas veces las divergencias son de tipo sentimental: he hablado peyorativamente de un personaje que mi contradictor encontraba simpático o he alabado un episodio que mi amigo creía nefasto. Ello no importa, pues la historia no puede ser nunca objetiva: la simpatía o antipatía por un personaje o un episodio surgirá siempre cuando menos se piense. Incluso cuando se lleva la objetividad, como a comienzos de nuestro siglo, al extremo de publicar única y exclusivamente los documentos históricos sin ningún comentario, el mero hecho de haber elegido unos concretos y no otros demuestra ya subjetividad.

Hay casos como el de una señora que me persigue cada vez que hablo de Isabel la Católica y digo que, a mi juicio, la legítima heredera del trono era la mal llamada Beltraneja, y no faltan los anónimos casi siempre insultantes. Tengo por costumbre mirar primero la firma de las cartas que me llegan, y si no es clara o se trata de un anónimo («un andaluz», «un catalán», «un admirador de Fernando VII», etc.) tiro la carta a la papelera sin leerla siquiera. Llamo a estos corresponsales «los bueyes», porque son como ellos impotentes y cornudos.

Como siempre, he procurado seleccionar los temas con el mayor cuidado, buscando la amenidad, el rigor histórico y el acicate para mayores y mejores lecturas, según manifesté en la primera serie de estas historias.

Como divagar es uno de mis defectos, me he apartado del tema que quería tratar: la relación entre las mujeres y los libros. Una célebre actriz francesa de comienzos del siglo pasado, mademoiselle Mars, recibió en herencia la biblioteca de uno de sus admiradores, el marqués de Chalabre. Éste era un hombre apasionado por los libros, que murió del disgusto de no poder adquirir una Biblia citada por Charles Nodier, Biblia que no existía, pues el escritor se la había inventado. Mademoiselle Mars recibió la biblioteca, que le servía tanto como a una gallina el abecedario, puesto que no leía más que los textos de las obras que había de representar. Por eso encargó a un amigo suyo que clasificase los libros y procediese a su venta. El amigo, al hojear un libro, descubrió que en una cartera que formaba parte de la encuadernación había varios billetes de mil francos; sin vacilar un momento, se presentó a mademoiselle Mars y le entregó los billetes.

–¿Qué es esto? –preguntó la actriz.

–Son billetes de banco.

–Eso ya lo veo, pero ¿dónde los ha encontrado?

–En un libro de su biblioteca; por lo tanto, este dinero es suyo.

Mademoiselle Mars dividió la suma en dos partes, entregó la mitad a su amigo y comentó:

–Nunca creí que los libros sirviesen para algo importante.

Y eso fue todo. La biblioteca se vendió y los billetes se gastaron.

La mayor parte de los aficionados a los libros saben que cuando entran en su casa tienen que hacer esfuerzos para ocultar bajo el abrigo o dentro de la cartera los ejemplares que han comprado, por miedo al escándalo que la esposa les arma cada vez que se da cuenta de ello.

–¿Otro libro? ¿Pero es que no tienes suficientes? ¡Si ya no caben en casa!

Y lo peor del caso es que tienen razón. Este vicio impune, la lectura, según frase de Valéry Larbaud, ocupa mucho espacio y acumula mucho polvo, pero ¿qué le vamos a hacer? La sed de libros es inagotable: cada día se encuentran ejemplares tentadores, cada día se cae en la tentación, pero más vale tener este vicio que otros. Así lo creo, y el libro que tienes ahora en tus manos, amigo lector o amiga lectora, es resultado de este vicio. Espero que me sea perdonado.

Y no añadiré gran cosa más. Desearía que estas *Historias de la Historia* en su tercera salida al público tuviesen el éxito de las dos series que la han precedido, no sólo por motivos económicos, como pudiera pensar un alma mezquina, sino porque representa para mí la recompensa de los esfuerzos que hago para popularizar la historia entre los profanos. Estoy seguro de que los profesionales de la historia, los historiadores que investigan y publican los libros que yo leo y de los que saco los datos que hoy saco a la luz, perdonarán el atrevimiento de divulgar el resultado de su esfuerzo.

Amigo lector, amiga lectora, que este libro te distraiga, y piensa que otros libros más importantes, más sesudos y más graves están esperando que los leas y los estudies. Este libro es sólo un trampolín para saltar sin miedo en la gran piscina de la Historia Grande.

ISABEL II. LA PRINCESA DE ASTURIAS

José Antonio Vidal Sales, en su libro *Reinas de España* (Ed. Mitre), describe así a la soberana: mofletuda, gordezuela, pícara, poco agradecida, enormemente temperamental, exageradamente devota y piadosa, singularmente apasionada; es decir «española de pies a cabeza» para el modelo de la época y las exigencias de la corte y aun del pueblo llano. Las mismas palabras las repite en su otro libro *Los Borbones: una dinastía trágica* (de la misma editorial). Añadiré a esta descripción que era simpática y cachonda.

María Dolores Pradera, la gran señora de la canción, me reprochó un día el uso del término cachondo. Remito al lector a la acepción tercera del término en el Diccionario de la Real Academia Española, última edición, aunque si le aplica la segunda tampoco errará.

Fernando VII redactó, y si no fue él fue su ministro de Gracia y Justicia, don Francisco Tadeo Calomarde, el parte siguiente:

«En la tarde de hoy, a las cuatro y cuarto, la Reina, mi augusta esposa, ha dado a luz una robusta infanta. El cielo ha bendecido nuestra venturosa unión y colmado los ardientes deseos de todos mis amados vasallos que suspiraban por la *sucesión directa de la corona*. Daréis conocimiento de ello a las autoridades y corporaciones de toda la monarquía, según corresponda, para su satisfacción, y que se tribute al Señor la más rendida acción de gracias por tan inestimable beneficio; rogando al mismo tiempo por la salud de la Reina, y que ampare con su divina omnipotencia el primer fruto de nuestro matrimonio. En Palacio, a 10 de octubre de 1830.»

Fíjese el lector en la frase «sucesión directa de la corona», pues aquí se marca el rumbo de la historia de los dos tercios siguientes del siglo XIX.

Para remachar lo publicado, en la *Gaceta* del día 14 se leía el siguiente Real Decreto:

«Es mi voluntad que a mi muy amada hija la infanta doña María Isabel Luisa se le hagan los honores como el Príncipe de Asturias *por ser mi heredera y legítima sucesora a mi corona* mientras Dios no me conceda un hijo varón. FERNANDO. Palacio, 13 de octubre de 1830.»

¿Por qué subrayar estas frases? Pues porque Felipe V, fundador de la dinastía de los Borbones, promulgó la «ley sálica», que excluía a las mujeres del trono. Esta ley era contraria al sentir tradicional español, pero Felipe, francés ante todo, la impuso en un acto de absolutismo al modo galo. Las antiguas leyes de Castilla daban la corona a las hembras a falta de hijos varones. Tal fue el caso de Isabel la Católica, aunque aquí se pudieran discutir sus derechos, que usurpó a la princesa doña Juana, mal llamada la Beltraneja. De todos modos, ambas eran mujeres. Pero si en el siglo XI se reunieron los reinos de Castilla y León se debió a dos mujeres: Fernando I heredó el trono de León por su esposa doña Sancha y el trono de Castilla por su madre doña Mayor. Y no estará de más recordar a Juana de Arco o a Blanca de Navarra. La ley sálica fue abolida por las Cortes en 1789, pero no se dio a conocer su abrogación hasta el 29 de marzo de 1830. Por otro lado, si Felipe V fue rey lo logró gracias al casamiento de Luis XIV con María Teresa de Austria, hermana de Felipe IV de España. Es decir, que sus derechos le venían por línea femenina. Por si fuera poco, las Cortes de 1810, al proclamar la Constitución del 19 de marzo –por eso llamada *la Pepa*–, reconocieron el derecho de las hembras a la sucesión del trono.

¿Qué pasaba, pues? Pasaba que el país estaba dividido ya entonces entre liberales y absolutistas, y María Cristina representaba a los ojos de todos las ideas liberales que se creía iba a inculcar en la mente de la niña recién nacida. Los absolutistas, por su parte, ponían sus ojos en el infante don Carlos, hermano de Fernando VII, que encarnaba cuanto de más reaccionario había en la nación. Los primeros exclamaban «¡Viva *la Pepa*!»; los segundos hacían suya la consigna «¡Vivan las *caenas*!».

Por cierto que si estos últimos, partidarios del rey absoluto, hubiesen sido consecuentes, hubieran debido aceptar que un soberano aboliese a su guisa las leyes de uno cualquiera de sus antecesores. Pero la lógica no se ha aplicado generalmente a la política.

Para complicar más las cosas, Fernando VII, que tan pronto se erigía en rey absoluto como proclamaba que seguiría el camino de la Constitución –«Yo el primero»–, el 18 de septiembre de 1832 derogó la pragmática anterior y restablecía la ley sálica. Copio del libro *La cara íntima de los Borbones*, de Juan Antonio Cabezas (Ed. San Martín):

Los acontecimientos se iniciaron cuando Fernando VII, que había llegado a La Granja en el mes de julio de 1832, sufrió repetidos ataques de gota. Los médicos de cámara temieron por su vida. El ataque más fuerte se produjo el día 13 de septiembre. El día 18 del citado mes, la reina, que había sido encargada del despacho regio, y el valido Calomarde inclinaron el ánimo del rey a la derogación de la pragmática y a la firma de un codicilo que reconocía como sucesor suyo a su hermano don Carlos. El rey estaba en el lecho. Se le acercaron la reina, Calomarde y otros altos funcionarios. El propio Calomarde leyó el texto del decreto ante el rey. Fue la reina quien puso la pluma en la mano del monarca, que medio inconsciente, preguntó: «¿Pongo mi firma?» Y Calomarde contestó: «No hay inconveniente, Majestad.» Eran las siete de la tarde del día 18 de septiembre de 1832, según la certificación extendida por el mismo primer ministro. De haber prosperado el texto del codicilo, la primogénita del rey, Isabel, que contaba dos años y ya había sido proclamada princesa de Asturias, quedaba imposibilitada para ocupar el trono de los Borbones. Pero, para bien o para mal, otra cosa habían decidido aquella tarde en San Ildefonso el destino y su tía carnal, la infanta Luisa Carlota. Ésta, que vivía en Sevilla, fue rápidamente informada, y en menos de cuarenta horas (gran velocidad para la época) se presentó en La Granja el día 22 de septiembre. Protestó de cuanto se había hecho, increpó violentamente a los reyes y ministros y abofeteó a Calomarde, a quien la infanta consideraba, y con razón, el máximo responsable de lo sucedido el 18 de septiembre. Luisa Carlota rompió con sus «manos blancas» el famoso codicilo y consiguió que el rey cambiase de opinión y destituyera de su privanza a Calomarde y a su camarilla de reaccionarios, que apoyaban la sucesión para don Carlos. Don Tadeo, al ver cómo se ponían las cosas, huyó a Francia disfrazado de fraile y no volvió más.

La bofetada de la infanta Luisa Carlota no produjo en Calomarde otra reacción que la de inclinarse respetuosamente y decir:

–Señora, manos blancas no ofenden.

Ya tenemos, pues, una ley aprobada en el siglo anterior, proclamada en el siguiente, anulada al poco tiempo y vuelta a poner en vigor a los pocos días.

¿Cómo explicaba el rey los cambios de criterio? He aquí unos fragmentos de su manifiesto:

«Sorprendido mi real ánimo en los momentos de agonía a que me condujo la gran enfermedad de que me ha salvado prodigiosamente la Divina misericordia, firmé un decreto derogando la Pragmática sanción de 19 de marzo de 1830, decretada por mi augusto padre a petición de las Cortes de 1789 para restablecer la sucesión regular en la corona de España.

»...Ni como Rey pudiera yo destruir las leyes fundamentales del reino cuyo restablecimiento había publicado; ni como padre pudiera yo con voluntad libre despojar de tan augustos y legítimos derechos a mi descendencia.

»...Declaro solemnemente que el decreto firmado en las angustias de mi enfermedad fue arrancado de mí por sorpresa, que fue el efecto de los falsos terrores con que sobrecogieron mi ánimo; y que es nulo y de ningún valor, siendo opuesto a las leyes fundamentales de la monarquía y a las obligaciones que como rey y como padre debo a mi augusta descendencia.

»En mi Palacio de Madrid, a 31 días de diciembre de 1832. FERNANDO.»

Así están las cosas cuando el 20 de junio de 1833 se efectúa en la iglesia de San Jerónimo el Real la ceremonia de la jura de la infanta Isabel como princesa de Asturias. El ceremonial fue tan largo que durante la misa Isabel se retiró a la sacristía con su aya y no volvió a la iglesia hasta la ceremonia del besamanos. Con este motivo se instituyó el 19 de junio de 1833 la cruz de María Luisa, que la infanta niña llevaba prendida al pecho.

El infante don Carlos no asistió a la jura, y envió desde Portugal una carta que, entre otras cosas, decía:

«Mi muy querido hermano de mi corazón, Fernando mío de vida: He visto con el mayor gusto por tu carta del 23 que me has escrito, aunque sin tiempo, lo que me es motivo de agradecértelo más, que estabas bueno, y Cristina y tus hijas; nosotros lo estamos gracias a Dios.

»(...) Lo que deseas saber es si tengo o no intención de jurar a tu hija por Princesa de Asturias. ¡Cuánto desearía poderlo hacer! Debes creerme, pues me conoces, y hablo con el corazón, que el mayor gusto que hubiera podido tener sería el de jurar el primero y no darte este disgusto y los que de él resulten; pero mi conciencia y mi honor no me lo permiten; tengo unos derechos tan legítimos a la Corona siempre que te sobreviva y no dejes varón, que no puedo prescindir de ellos, derechos que Dios me ha dado cuando fue su voluntad que yo naciese, y sólo Dios me los puede quitar concediéndote un hijo varón que tanto deseo yo, puede ser que aún más que tú; además, en ello defiendo la justicia del derecho que tienen los llamados después que yo, y así me ves en la precisión de enviarte la adjunta declaración, que hago con toda la formalidad a ti y a todos los soberanos, a quienes espero se la harás comunicar.

»Adiós, mi muy querido hermano de mi corazón; siempre lo será tuyo, siempre te querrá, siempre te tendrá presente en sus oraciones este tu más amante hermano, CARLOS.

»Señor: Yo, Carlos María Isidro de Borbón y Borbón, Infante de España: Hallándome bien convencido de los legítimos derechos que me asisten a la Corona de España, siempre que sobreviviendo a V.M. no deje un hijo varón, digo, ni mi conciencia ni mi honor me permiten jurar ni reconocer otros derechos; y así lo declaro.

»Palacio de Ramalhao, 29 de abril de 1833.

»Señor: A L.R.P. de V.M. Su más amante hermano y fiel vasallo. EL INFANTE DON CARLOS.»

A esto Fernando VII respondió desterrando a su hermano a los Estados Pontificios. Don Carlos, con un pretexto u otro, dio largas al asunto y se quedó en Portugal.

Un dato curioso que merece recogerse. En el acto del besamanos, el marqués de las Amarillas notó una cosa extraña que dejó por escrito.

«Tenía (la infanta) las manitas muy ásperas y en un estado muy poco natural que me hizo conocer debía padecer algún exantema, lo que a su edad tan tierna daba mala idea de su robustez y no muchas esperanzas de su existencia entre los peligros de los primeros años de la vida; hija de un padre lleno de males que en su niñez había padecido casualmente de una afección cutánea no puede extrañar el secreto de las manos de Su Majestad.»

Cuando escribió estas líneas, Isabel II ya era reina, de aquí el tratamiento de Majestad.

El día 29 de septiembre de 1833 moría Fernando VII. Empezaba el reinado de Isabel II con la regencia de su madre doña María Cristina.

ANECDOTARIO, I

Cuando se inauguró en Vitoria el monumento a Eduardo Dato, se dieron cita en la ciudad las más altas personalidades del momento, años de la dictadura de Primo de Rivera. El caso es que don José del Prado Palacio se puso a examinar el monumento. Lo hizo con atención y, volviéndose de pronto hacía Abilio Calderón, le dijo:

–¡Qué gran monumento! Pero ¡qué lástima que Benlliure no haya atinado en una cosa!

–¿Cuál?

–Que si hace mayor el medallón se hubiera podido poner el busto de Dato de cuerpo entero.

El conde de Soissons, que tenía las barbas rojas, quiso burlarse de un jardinero suyo, barbilampiño, y le preguntó:

–¿Cómo es que no tienes barbas?
–Señor, cuando Dios andaba distribuyendo barbas yo no llegué a tiempo de escoger, pues estaban repartidas todas menos las rojas y, como era natural, antes de tomar barbas de semejante color preferí quedarme lampiño.
Ya es sabido que, según una tradición muy antigua, Judas era pelirrojo.

Dice Menage que los portugueses son tan aficionados a la música, que tras cierta derrota de un ejército luso, al recorrer el vencedor el campamento, encontró abandonadas catorce mil guitarras.

Un magistrado, pariente de madame de La Sablière, le dijo un día con mucha gravedad:
–Siempre andas con amantes. Uno tras otro. Por lo menos las bestias tienen sólo una época de celo.
–Por eso son bestias –replicó ella.

El novelista francés Pierre Loti viajaba por Alsacia cuando vio en una granja un magnífico perro y quiso comprarlo.
–¿Para qué quiere usted al perro? –preguntó el dueño.
–Me lo llevaré conmigo a América.
–Imposible. Yo no quiero separarme de mi perro.
Pocos días después, Loti se enteró de que un vecino suyo había comprado el perro por una cantidad inferior a la que él había ofrecido, e indignado fue a ver al granjero.
–Usted me dijo que no quería vender el perro...
–No, no –le interrumpió el alsaciano–. Yo no dije que no lo quisiera vender, sino que no deseaba separarme de él. Y estoy tranquilo: mi perro es listo y dentro de dos o tres días volverá a mi casa. Pero si se lo hubiera vendido a usted para llevárselo a América, seguro que no hubiera podido atravesar el mar para reunirse conmigo.

Cuando doña Casilda Alonso Martínez era novia de don Álvaro de Figueroa, conde de Romanones, que luego había de ser su

Isabel II, niña, la que fue después la Reina de «los tristes destinos».

esposo y que, como es notorio, era cojo, solía presentarlo a sus amistades diciendo:

–Mi futuro imperfecto...

El corazón de una mujer es impenetrable, cosa que no puede decirse del resto...

Un alemán llamado Christianus Pierus escribió un poema sacro en latín titulado *Christus crucifixus*, que constaba de unos mil versos –mil– cuyas palabras empezaban todas por C. Empezaba así: *Currite, castalides, Christo camitante camaenae.*

Ni que decir tiene que el tal poema no ha pasado a la posteridad.

La Fontaine, autor de las morales *Fábulas* y de los licenciosos *Cuentos* y *novelitas* en verso, era un hombre tan honrado y veraz que de él se dijo:

–Es un hombre que, hablando en prosa, no sabe mentir.

Una encantadora respuesta de una no menos encantadora muchacha que concurría a un premio de belleza en la Costa Brava.

Un miembro del jurado le dijo:

–Eres muy, pero muy bonita.

–Es necesario serlo cuando no se tiene dinero.

Hay un secreto que por lo menos las mujeres saben guardar: el de su edad.

Dicen que un galán de nuestro cine se encontraba una tarde en un café flirteando con una señora casada. Se presenta, de pronto, el marido y le dice, indignado:

–¡Y le advierto que si le llego a ver otra vez con mi mujer, le costará caro!

–¿Que me costará caro? ¡Pues vaya oficio el de usted!

Ensayo en un teatro. El director se dirige a una joven actriz:

–Pero ¿es que no sabes actuar? Imagina tu papel. Imagina que estás esperando a tu amante.

–¿A cuál de ellos?

En uno de los viajes que Alfonso XIII hizo por tierras españolas, llegó a una ciudad en la que fue recibido por el alcalde. Hacía calor y el rey llevaba el sombrero en la mano. El alcalde, al verle descubierto, le invitó.

–Cúbrase, Majestad, cúbrase.

El rey sonrió divertido y continuó con el sombrero en la mano.

–Pero cúbrase, Majestad –repitió el alcalde.

Entonces, don Alfonso se puso el sombrero diciendo:

–Con su permiso, señor alcalde.

Decía Tayllerand que el filósofo es el hombre que se distingue por su habilidad para dejar caer manchas negras con tinta negra en un paño negro.

El filósofo Diógenes dijo un día a Aristipo:

–¿Ves lo que yo hago? Si tú supieras alimentarte de coles, no tendrías necesidad de lisonjear a los grandes.

–¿Y qué? –respondió Aristipo–. Si tú supieras lisonjear a los grandes, no te verías obligado a alimentarte de coles.

Una señora de noventa años le dijo un día a Fontenelle, que contaba noventa y cinco:

–Parece que nos haya olvidado la muerte.

Y Fontenelle, poniéndose el dedo en los labios, la interrumpió:

–¡Chist...!

Fontenelle murió un mes antes de cumplir los cien.

Fernando Díaz-Plaja, buen amigo y excelente historiador, en un no menos excelente libro *La mujer, el amor y el poder*, empieza la semblanza biográfica de Catalina de la siguiente manera:

«Una vez (y no va de cuento aunque lo parezca) había una princesita llamada Sofía Federica Augusta, nacida el 21 de abril de 1729 en Stettin, Pomerania (la Alemania actual), hija de uno de tantos príncipes que existían en el siglo XVIII en los países germánicos, gentes con más títulos que dinero y cuya única misión parecía ser enlazar con las poderosas casas de Austria, de Francia, de Inglaterra, de España...»

Debo hacer una puntualización: Stettin es, sí, un territorio alemán, pero se encuentra bajo administración polaca desde la conferencia de Potsdam (1945). Oficialmente se llama Szczecin y no me pregunten cómo se pronuncia este garabato de consonantes, porque no lo sé. Por lo demás, el cuento que en forma tan atractiva cuenta Díaz-Plaja no deja de ser cautivador.

En 1740, cuando la niña contaba once años de edad, un canónigo aficionado a la quiromancia le predijo tres coronas imperiales. Cuatro años después, la zarina Isabel de Rusia la llamó para darla por esposa a su sobrino Pedro, que sería después el zar Pedro III de todas las Rusias. La llamada fue imperiosa, tanto que Sofía salió hacia Moscú con su equipaje compuesto únicamente por dos vestidos, doce camisas, doce medias y pañuelos. Durante el viaje, un accidente que hizo volcar el trineo puso en peligro la vida de la joven y pobre princesa, que llegó a la capital moscovita y, con listeza sin igual, antes de que se lo indicaran, abjuró de su fe luterana y se convirtió a la Iglesia ortodoxa tomando el nombre de Catalina.

«El 21 de agosto de 1745 se celebra el matrimonio –son palabras de Díaz-Plaja–. Ciento veinte carrozas forman el cortejo, ocho caballos blancos tiran de la que lleva a la emperatriz y a los novios. Tras la larga ceremonia, la cena y el baile, llega el momento ansiado y temido de todas las jóvenes de su tiempo. Catalina, ataviada por un bello camisón, espera. Y espera. Unas horas más tarde el gran duque –su esposo– llegará tras haber comido y bebido sin cuento, le dirá unas frases insípidas y se dormirá... La vida conyugal de Catalina había comenzado.»

¿Sería una borrachera accidental? No; cada noche el futuro rey se acostaba oliendo a vino y sin hacer caso de su esposa. Pero no era sólo el alcohol: Pedro sufría de fimosis y no podía cumplir con su deber conyugal. Como Luis XVI de Francia, pudo haber escrito en su diario, de haberlo llevado, refiriéndose a cada noche: «Nada.»

Los súbditos esperaban un heredero y éste no llegaba. Pasaron ocho años y Catalina seguía virgen. Un día se presentó a ella el gran canciller Bestuchef para indicarle que el gobierno había decidido que, puesto que el marido no servía, era menester que tomase un amante. Catalina se indignó y amenazó al ministro de comunicar esta ofensa a quien más podía ofender. Bestuchef se inclinó e inquirió:

–¿Ante quién se lamentará Su Alteza? ¿Ante aquel que me ha enviado?

Catalina adivinó entonces que su propio marido se encontraba en el origen de la proposición, y preguntó:

–Entonces, ¿qué debo hacer?

–Permitidme que esta noche os envíe al príncipe Sergio Saltikof.

Aquella misma noche, gracias al adulterio, Catalina conoció los «goces conyugales».

Se corría el azar del embarazo, deseado por todos, pero nadie sabía cuál iba a ser la reacción de Pedro. Entonces se conjuraron los cortesanos para emborracharle, cosa nada difícil, y aprovechando su estado arrancarle una autorización para operarle. Apenas dijo «sí», un cirujano que estaba en la habitación contigua empezó la operación. Pocos días después el príncipe pudo cumplir con su esposa.

Pero ésta se encontraba más a gusto con Saltikof que con su marido: a éste se le sometía; con su amante, gozaba. Tanto se notó en la corte el enamoramiento, que el gobierno presidido por Bestuchef decidió destinar al favorito. Catalina solicitó su retorno, pero el ministro se negó a ello diciendo:

–¿Qué necesidad tenéis de Saltikof? Escoged a vuestro alrededor.

Desde entonces la pasión de Catalina no conoció límites, y se entregó al amor, o a sus sucedáneos, con ardor y entusiasmo. La lista de sus amantes comenzaba y no es muy seguro que se conozca completa a pesar de ser larga.

Catalina dio a luz a su primer hijo, Pablo, que le fue arrebatado por la emperatriz Isabel para educarle a su modo. Llena de ardor, se enamoró de Estanislao Augusto Poniatovski, que se convirtió en su amante. Poniatovski era joven, educado a la francesa, elegante... y virgen. Catalina le enseñó las artes eróticas y él fue un buen discípulo. Tanto, que la gran duquesa quedó embarazada de nuevo. Su marido preguntó en voz alta en una reunión:

–¿De dónde diablos salen los embarazos de mi mujer?

Pedro era un cínico que no escondía a sus amantes ni los deseos de casarse con una de ellas, la condesa Voronzof.

Poniatovski cumplió con su deber de garañón, se le envió a un destino fuera de Rusia, y asunto concluido.

Catalina se enamoró de otro militar –toda la aristocracia rusa era más o menos militar– llamado Gregorio Orlof, teniente de la guardia imperial.

Gina Kaus, en su biografía de Catalina la Grande (Ed. Juventud), dice que los Orlof no son una familia de rancio abolengo. El abuelo fue condenado a muerte por Pedro el Grande, que, siguiendo su inclinación hacia la crueldad, gustaba de asistir a las ejecuciones e incluso intervenir en ellas. Cuando le llegó a Orlof el momento de colocar la cabeza en el tajo, apartó de un puntapié la cabeza sangrante de su camarada exclamando:

–Tengo que hacer sitio para mí.

Esta frialdad frente a la muerte inevitable despertó la admiración de Pedro, que no sólo le perdonó la vida a Orlof, sino que le incorporó a un regimiento regular en el que, con el tiempo, ascendió a oficial y obtuvo un título de nobleza.

Los Orlof descendientes no desmintieron la audacia, sangre fría y serenidad de su antecesor. El Gregorio Orlof en quien se fijó Catalina, antiguo ayudante de campo del general Schovalof, se había ganado fama de donjuán. Tenía «una cabeza de ángel» sobre un cuerpo de atleta. Gregorio raptó a la princesa Kuzokin, amante de Schovalof, y cuando todo el mundo temía las consecuencias de semejante acción, el general murió repentinamente. Orlof salió, pues, indemne, y fortalecida su fama de conquistador.

Catalina escribió en sus *Memorias*:

«Lo terrible es que mi corazón no puede estar sin amor ni siquiera una hora. Se dice que estos deseos no sirven más que para encubrir los vicios humanos... ¡Como si éstos pudiesen tener su fundamento en la llama del corazón! Pero tal vez un estado semejante del corazón sea más bien un vicio que una virtud.»

Orlof era bello, pero extremadamente rudo.

Carlos María Isidro. El Carlos V de los carlistas. Representó a la vez las ideas absolutistas y las libertades forales.

Eduardo Dato. Atildado, pulido, elegante, mantenedor de la neutralidad española en la primera guerra mundial.

Catalina quedó encinta, y esta vez Pedro no aceptó de buen agrado el embarazo de su mujer. El 25 de diciembre de 1761 a las dos de la tarde murió la zarina Isabel. Su hijo Pedro fue proclamado zar de todas las Rusias, pero él no estaba a la altura de esta dignidad ni sabía usar de su poder. Continuó con su amante, la condesa Voronzof, y exigió que se le tratara con más respeto que a su propia esposa. A ésta la sometió a continuos ultrajes y vejaciones. Catalina anguantaba en silencio las provocaciones, mientras se acercaba el momento del parto. Gina Kaus recoge la siguiente tradición cuya veracidad no está garantizada: Pedro se había propuesto «matar a la diablesa» en el momento del alumbramiento. Pero cuando se dirigía a sus habitaciones fue desviado por gritos que avisaban de un incendio, por lo cual se precipitó, seguido de su corte, al lugar del siniestro. A su regreso, la hora crítica había pasado para Catalina, quien recibió a su marido vestida, pintada y peinada. Llena de indignación, rechazó las insensatas sospechas que ya en nada se podrían apoyar. En cuanto al fuego, su fiel servidor Schkurin lo había provocado en sus propios aposentos, en el momento decisivo.

No olviden que los trajes de aquella época permitían a las mujeres ocultar con facilidad su estado de buena esperanza.

El hijo de Catalina y Orlof sería el futuro señor de Bobrynski.

Pero Catalina ya no estaba dispuesta a soportar más. Orlof, nombrado tesorero de la artillería, pudo disponer de un dinero que empleó en facilitar vino a los soldados. Los conocía bien y le constaba que teniéndoles contentos podría contar con ellos en el momento preciso.

Una noche, en medio de un gran banquete oficial, Pedro insultó a su esposa, que se encontraba al otro extremo de la mesa.

–*Dura, Dura!* (tonta, en ruso) –le gritó.

Se hizo un gran silencio. Los presentes se dieron cuenta de que había sucedido algo irremediable. Catalina, con lágrimas en los ojos, pidió al conde de Stroganof que le dijera algo para aliviar la tensión. Stroganof, con gran presencia de ánimo, inició una conversación intrascendente. Terminada la cena, Stroganof se vio desterrado por el zar a sus lejanas propiedades.

Pedro, decidido ya en su afán de atacar a la emperatriz, anunció a un amigo su decisión de arrestarla. Enterado Orlof, junto con su hermano Alejandro y algunos íntimos decidió adelantarse al zar. Uno de los conspiradores, empero, fue detenido, por lo que hubo que jugar con audacia y adelantar la conjura. Catalina se encontraba en Peterhof, lejos de la capital. Allí fue a buscarla Alejandro Orlof. La emperatriz se vistió sencillamente, montó en un coche y se dirigió al cuartel del regimiento Ismailovski. Allí Catalina arengó a los oficiales que acababan de levantarse:

–He venido a buscar protección entre vosotros. El emperador ha dado orden de arrestarme. Quiere matarme a mí y a mi hijo.

Los oficiales se miraron unos a otros. Los soldados se arremolinaron alrededor de la emperatriz. De pronto, alguien gritó:

–¡Viva nuestra madrecita Catalina!

Tal fue el inicio de la proclamación de Catalina como emperatriz, y de la destitución de su marido el zar Pedro.

El regimiento Semionovski de la Guardia Imperial se unió también a los partidiarios de Catalina; pero, extrañamente, el regimiento de artillería al que estaba adscrito Gregorio Orlof no se unió a los sublevados. Catalina llegó al cuartel y mandó llamar al general Villebois, que lo mandaba.

–No os he mandado llamar para escuchar vuestras razones, sino para saber qué habéis decidido hacer.

Villebois se arrodilló ante Catalina.

–Os sigo.

El Senado estaba reunido en el Palacio de Invierno, y hasta allí llegó una extraña procesión: sacerdotes revestidos fastuosamente, soldados a medio vestir, oficiales, miles de hombres y mujeres reunidos en un solo grito:

–¡Catalina! ¡Madrecita Catalina!

Y ante el Senado se leyó un manifiesto:

«Nos, por la gracia de Dios emperatriz autócrata de todas las Rusias...»

El golpe de Estado había triunfado. El canciller Voronzof, hermano de la amante del zar, se presentó ante Catalina con un mensaje de Pedro, pero terminó su alocución diciendo:

–Como no me es posible servir a Vuestra Majestad como militar que soy, os ruego que me hagáis arrestar y custodiar por vuestros hombres más seguros, pues no quiero hacer ni decir nada contra mi zarina.

¡Sutil estratagema! Si ganaba Catalina no tendría nada que temer; si, por el contrario, al final la suerte se decantaba hacia Pedro, Voronzof podría aducir que la zarina le había hecho prisionero.

Catalina se puso al frente de las tropas vistiendo ropas de hombre pertenecientes al príncipe Galitzin, y montó a caballo a horcajadas. De pronto, se dio cuenta de que había olvidado el tahalí. Un joven oficial se adelantó y le ofreció el suyo. El oficial se llamaba Gregorio Potemkin y llegaría a ser el más importante de los amantes que tuvo Catalina II la Grande, emperatriz de todas las Rusias.

ALGUNAS HISTORIAS DE NOMBRES PROPIOS Y, A LA VEZ, COMUNES. I

América

En 1499, un navegante italiano que había acompañado en algunos viajes a Cristóbal Colón desembarcó en un punto del nuevo continente. Llamó a aquella región Colombia en honor del descubridor. Se dio cuenta de que no era una isla, sino «tierra firme del confín de Asia por la parte de Oriente». Dos años después, en un nuevo viaje, advirtió que las tierras por él descubiertas, llegaban mucho más allá del *finis terrae* señalado por Tolomeo. La concepción del mundo hasta entonces aceptada debía olvidarse y sustituirse por otra. Américo Vespucio, como dice Ruiz de Lira, «rompía con las ideas de Claudio Tolomeo y Cristóbal Colón, revolucionando no sólo la Geografía y Cartografía tradicionales de la Baja Edad Media, sino toda la anterior concepción religiosa, filosófica y cosmográfica del mundo».

En Saint-Dié, en los Vosgos franceses, el cosmógrafo Martin Waldseemüller se dedicaba a escribir una introducción a los libros de Tolomeo. La lectura del informe de Américo Vespucio hizo que en el planisferio que acompañaba a la obra introdujera la palabra América para designar el nuevo continente. Así Colón daba su nombre sólo a una parte del continente y Vespucio a todo él. Debemos decir en honor a este último que no intervino para nada en esa designación. Por otra parte, los españoles bautizaron Colombia como Nueva Granada. Fue Bolívar quien soñó en la Gran Colombia, que su muerte malogró. De Vespucio existe una amena biografía escrita por Stefan Zweig.[1]

1. La obra de Waldeseemüller fue publicada en 1607.

Amperio

Andrés María Ampère nació en 1775. Su padre fue guillotinado durante el Terror. Era un sabio distraído que en 1820 descubrió la mutua acción de las corrientes eléctricas, sentando así las bases de la electrodinámica. Dio su nombre al amperio, unidad de medida de la corriente eléctrica que corresponde al paso de un culombio por segundo. Según el diccionario –de donde copio, pues debe saber el lector que soy totalmente ignaro en cuestiones científicas–, equivale a la intensidad de una corriente que al atravesar un voltímetro durante un segundo libera 0,01035 miligramos de hidrógeno. Ampère dio también su nombre a los amperímetros.

Era la personificación del sabio distraído, siempre en las nubes. Un día, debiendo salir de su casa de improviso, dejó un papel en la puerta en el que había escrito: «He salido.» Cuando volvió al cabo de un par de horas, leyó el papel y se fue otra vez a la calle.

Salió un día del Instituto pensando en un problema y, de pronto, le pareció haber encontrado la solución. Llevaba en el bolsillo un trozo de yeso y vio ante sí una pizarra, empezó a escribir cifras y más cifras y no se dio cuenta de que la pizarra se movía. Él caminó tras ella, cada vez más rápido, hasta que la pizarra corrió más que él y desapareció en la calle. Entonces comprendió que había estado escribiendo en la parte trasera de un coche de punto.

En cierta ocasión, cuando se disponía a dictar su habitual lección en la cátedra de física que le estaba encomendada, vio en el suelo un guijarro que le pareció curioso. Lo cogió y lo estuvo examinando largo rato. Se dio cuenta de que tal vez llegaba tarde a su lección. Consultó su reloj y comprobó que, efectivamente, se retrasaba. Con gesto rápido, se introdujo el guijarro en el bolsillo y arrojó el reloj al Sena desde el puente de Beaux-Arts.

Durante una visita de Napoleón al Instituto de Francia, le fue presentado a Ampère, quien preguntó al emperador:

–Y usted, ¿cómo se llama?

Napoleón advirtió la distracción del sabio y le invitó a cenar al día siguiente.

Ampère olvidó acudir.

A pesar de todo tenía una gran memoria, como muchos distraídos; recordaba casi todos los libros de la biblioteca de su padre que había leído cuando niño. Poco antes de morir le dijo a un amigo que le leía la *Imitación de Cristo*:

–No te molestes en leérmela. La sé de memoria.

Y recitó varias páginas para demostrarlo.

La muerte de Ampère, en 1836, fue debida a una distracción. Llegó a su casa bajo una lluvia torrencial y se acostó sin soltar de la mano su paraguas empapado. Contrajo una aguda pulmonía a consecuencia de la cual falleció.

AQUILES Y SU TALÓN

Según una antigua tradición griega, Aquiles, hijo de Peleo y de Tetis, fue sumergido por su madre en las aguas del río Styx, que tenían el poder de conceder la inmortalidad a quien en ellas se bañaba. Pero Tetis sujetó a su hijo por el talón, que resultó ser el único punto vulnerable del héroe. Durante la guerra de Troya, una flecha le atravesó el pie precisamente por esa parte del cuerpo, y murió a consecuencia de la herida. También es casualidad o, mejor dicho, doble casualidad, que la flecha le alcanzara en el talón y que le produjese la muerte en vez de una simple cojera, como sería natural. Pero en la mitología griega lo más imposible es probable. Así, puede leerse laguna Estigia donde se lee río Styx. Y la flecha fue lanzada por Paris o por Apolo. Aquiles, por otra parte, había recibido lecciones de medicina del centauro Quirón y para curar las heridas usaba una planta llamada «aquilea» o también «milenrama» o «milefolio».

Baremo

El diccionario que yo uso define esta palabra como «libro de cuentas ajustadas. Por ext., libro elemental de aritmética». Creo que una definición más adecuada sería: «Conjunto de tablas numéricas que dan el resultado de ciertos cálculos. Por ejemplo, baremo de salarios, baremo de intereses.»

Su inventor fue el francés François Barrême, nacido en Tarascon en 1638. Treinta años después, el 27 de enero de 1668, presentó al rey el libro de cuentas ajustadas, primero de una larga serie para cuya publicación obtuvo un privilegio. Este libro, como los otros que siguieron, estaba amenizado con dibujos, poemas y divertidas notas que hicieron populares volúmenes tan indigestos. Ahora esto nos parece absurdo, pero me pregunto si la declaración de la renta con chascarrillos intercalados y dibujitos alusivos al señor ministro de Economía haría más soportable el ordeño de nuestros bolsillos. Me parece que no.

Boicot

Esta palabra tan usada, no ha entrado en el diccionario académico hasta fecha muy reciente. En 1950 se introdujo en el *Diccionario manual*, pero venía empleándose desde comienzos de siglo. Su origen es inglés, del nombre del capitán Charles Cunningham Boycott (1832-1877), administrador de las fincas que el conde de Erne poseía en Irlanda. Este país estaba entonces en lucha por su libertad, y el famoso orador Parnell había recomendado a los campesinos que no trabajasen las tierras de los propietarios ingleses, a menos que se modificara la Liga Agraria promulgada por el Parlamento británico. El capitán Boycott fue la víctima más sonada de la consigna. Fiel a su señor, aunque en el fondo disintiendo de él, Boycott vio cómo se le cerraban todos los comercios, la gente no le dirigía la palabra, se dispersaban los rebaños faltos de pastores, era interceptado su correo, etc. Al final, tuvo que ceder y volver a Inglaterra. Y, cosa paradójica, en su país Boycott abogó por los irlandeses, denunciando la opresión en que vivían. Tan decidida fue su defensa que, de regreso a Dublín, al ser reconocido en una reunión, fue aplaudido por los presentes. La palabra *boycott* –en castellano, boicot– se incorporó con todos los honores a los diccionarios del mundo entero.

Bolsa

Varias acepciones tiene esta palabra en el diccionario. Del latín *bursa* derivan, por ejemplo, «especie de taleguilla o saquillo para guardar alguna cosa. Saquillo en el que se echa el dinero y que se cierra para que éste no se salga», etc. Pero las acepciones «Lonja, sitio, pasillo donde se juntan los mercaderes y negociantes para sus tratos» o la de «Reunión oficial para la contratación de fondos públicos» no tienen aquel origen. La «Lonja» o «Casa de contratación» se llamó «Bolsa» a partir del siglo XVI y procede de las reuniones que en Brujas –Bélgica– celebraran en su casa, sita en la Plaza Mayor, los mercaderes de la familia Van der Burse. A ella acudían los parientes venecianos que habían italianizado su nombre en Della Bursa, y ambas familias, la flamenca y la véneta, usaban un escudo en el que figuraban tres bolsas de oro. Tenemos constancia de la existencia de los comerciantes Van der Burse desde 1257. En 1719 el financiero Law instituyó la Bolsa en París como centro de contratación de valores, y poco tiempo después aparecieron, oficialmente, los agentes de bolsa –hoy de cambio y bolsa–, monopolizadores de las operaciones financieras.

Camelia

Este arbusto del Asia tropical fue aclimatado en Europa a finales del siglo XVII por el jesuita Georges Camelli. A pesar de su apellido italiano, Camelli había nacido en Brün, Moravia, y fue destinado como misionero a las Filipinas. Los estudios de zoología y botánica a los que se dedicó le hicieron célebre en Europa a través de la Royal Society de Londres. Pero su fama perduró más que sus flores, y más todavía cuando Alejandro Dumas escribió *La dama de las camelias*, que se hizo célebre en el mundo entero. Ya se sabe que la heroína de la novela y del drama de Dumas llevaba siempre un ramo de camelias blancas, que cambiaba por otras rojas una semana cada mes.

Cardan

Los automovilistas usan mucho esta palabra, que según un diccionario corresponde a «la definición móvil de dos ejes a 180° en un sistema de rotación». Lo cual a mí me suena a chino. El nombre viene de un inventor italiano, Gerulamo Cardano, nacido en París en 1501. Inventó este sistema para evitar que una brújula sufriese los efectos del balanceo de un navío. Cardano o Cardan fue un individuo muy curioso, profesor de medicina y solicitado en todas las cortes de Europa, en las que recetaba absurdos remedios; astrónomo o, mejor, astrólogo, cabalista y gran vanidoso. De sí mismo escribía: «Se han escrito infinidad de cosas en loor mío, tanto en verso como en prosa. He nacido para librar al mundo de toda clase de errores. Lo que yo he descubierto no lo ha sido por ninguno de mis contemporáneos, ni tampoco por los sabios que me han precedido. Los que escriben algo digno de permanecer en la memoria de los hombres no se avergüenzan de decir que a mí me lo deben. He compuesto un libro de dialéctica en el que no sobra ni falta una sola letra. Lo terminé en siete días, lo que parece un prodigio.»

Como ejercicio de modestia no está mal. Y él sabía que era orgulloso, vanidoso, vindicativo, envidioso, traidor, brujo, maledicente, calumniador y poseedor de otros vicios más. Lo reconoce en su *De Vita Propria*. Para demostrarse a sí mismo que sabía soportar el dolor, se mordía los labios hasta sangrar o se pillaba los dedos en una puerta. Soportó de forma extraordinaria no sólo el dolor físico sino también el espiritual. Su hijo fue juzgado, condenado y decapitado por haber asesinado a su esposa. Y este hombre original, que dio nombre a una fórmula, a una suspensión, a una articulación y a otras cosas más, murió también originalmente. Dado que la astrología había predicho que iba a morir a los 75 años, y que al cumplir esta edad no sobrevenía el óbito, optó por suicidarse. Ocurrió en Roma en 1576.

Cereal

Deriva de la diosa Ceres, que presidía las cosechas en la mitología latina. Es hija de Cronos y Cibeles. Su culto era especialmente intenso en las regiones agrícolas, como es natural; por ejemplo, en las comarcas meridionales de Italia. Se le tributaban sacrificios cuando las mieses empezaban a brotar, y otra vez en la época de la siega. Generalmente, eran sacerdotisas, vestidas con túnicas blancas, las que cuidaban de las ceremonias.

Don Álvaro de Figueroa y Torres, conde de Romanones. Cojo pero hábil equilibrista en la política española.

Alfonso XIII. Teodora de Bizancio le hubiese reprochado no haber sabido morir con la púrpura. Véase el capítulo sobre Teodora y la revolución «Nika».

Cicerone

Hoy esta palabra se ha sustituido por «guía turístico». En el diccionario figura como «Persona que enseña y explica a los extranjeros las curiosidades de una población, un edificio, etc.». Creo que forastero sería preferible a extranjero, porque cuando visito El Escorial o Santiago de Compostela, por ejemplo, soy un forastero en el lugar, pero ciertamente no un extranjero. ¡Pobre Cicerón, de quien deriva el nombre! El más grande de los oradores latinos sirviendo de alias a algunos guías, no todos, por fortuna, que enseñan –¿enseñan?– los grandes monumentos o ciudades del país (del nuestro y de otros). Visitar El Escorial ha sido siempre para mí fuente de disgustos. Aprisa y corriendo, sin tiempo para extasiarse ante el San Mauricio o el Códice Áureo; ¡ni un momento de respiro! ¡Hala, hala, corred, rebaño de visitantes! ¡No os paréis! ¿Qué hace usted ahí parado? ¡Pase usted, que vamos a cerrar para que se pueda abrir en seguida a otro hato de turistas que espera...! Y lo mismo en tantos otros sitios: Versalles, el Palacio Real de Madrid....

Colt

Cualquier aficionado a las películas del Oeste conocerá la palabreja en cuestión, que incluso ha dado título a algunas de ellas con más o menos complementos: *La ley del colt, El colt en mi mano,* etc. En estos casos, se trata sin duda del «personaje» más importante del filme, oscureciendo al actor de fama, llámese Gary Cooper o John Wayne. Pero aún más interés despierta la figura de su inventor, Samuel Colt. Nació en Martford, en el estado de Connecticut, el 19 de julio de 1814. En ese mismo año se había inventado el fulminato de mercurio, que servía para cebo de los cartuchos, y se había construido la primera máquina de vapor. La primera de dichas innovaciones permitiría desarrollar los revólveres de seguro funcionamiento; la segunda, la fabricación en serie de los mismos. Los comienzos de Colt no fueron los de un industrial, sino de un aventurero: en efecto, se embarcó como grumete en un navío que zarpaba rumbo a Calcuta. Según dijo después, ya tenía en mente la idea de un arma que pudiera disparar repetidas veces sin necesidad de cargarla después de cada disparo. La idea no era nueva: en 1818, Wheeler y Collier, dos norteamericanos, estaban trabajando en ello, partiendo de las armas de repetición que se usaron desde principios del siglo XVIII en Europa. Creo que en el Museo Lázaro Galdiano, de Madrid, puede verse una pistola con una platina de sílex, un depósito de pólvora y un sistema de rotación. Colt, que conocía lo hasta entonces ensayado, se asoció con dos armeros, Aron Chase y John Pearson, y en 1831 fabricó un prototipo basado en las posibilidades del fulminato de mercurio. La patente es de 1835 y 1836 en Inglaterra y Estados Unidos, respectivamente. También en 1836 inventó el revólver de repetición, lo ofreció al ejército de los Estados Unidos, pero éste lo rechazó. En cambio, el entonces independiente estado de Texas lo compró y lo usó con éxito. Sus víctimas son los indios comanches. Cuando Texas y México entraron en guerra, el primero de dichos países compró miles de revólveres Colt para sus hombres. Ya era hora, pues Colt se había declarado en suspensión de pagos y este pedido salvó su fábrica. Un alto mando del ejército texano declaró: «Prefiero enfrentarme a un millón de soldados enemigos con doscientos cincuenta soldados armados con revólveres Colt, que con mil hombres provistos de armas tradicionales.» El revólver más célebre, el que aparece en las películas, es el de seis disparos, cañón de 229 milímetros y calibre 11,4 milímetros: se trata del llamado Colt Walker o, en la jerga del Oeste, «el juez Colt y sus seis jurados». Colt murió en 1862. Jesse James, Buffalo Bill, Billy el Niño, John Wayne, Gary Cooper, unos en la realidad y otros en la ficción, hicieron célebre la fórmula de la época: «Dios creó los hombres; Colt los hizo iguales.»

CHOVINISMO

Nombre que se da al patriotismo exagerado, inflexible y ridículo cuando no falso. Es lo que en castellano se llama patriotería. El término chovinismo nos viene del francés, en cuyo vocabulario entró gracias a Nicolas Chauvin, natural de Rochefort, exagerado en sus sentimientos napoleónicos, soldado bravísimo, herido diecisiete veces. No conocía otro entusiasmo que el muy ingenuo que profesaba a Napoleón, en quien veía la quintaesencia de Francia. En 1830 se hizo célebre por una comedia, *La Cocarde tricolore*, original de los hermanos Cogniard y que fue representada innumerables veces. Francia es la patria del chovinismo, que presenta unas características distintas del patriotismo de otros países. Un inglés, un español, un italiano, por ejemplo, dirán: «Esto es inglés o español o italiano, luego esto es bueno.» El francés por su parte, dirá: «Esto es bueno, luego es francés.» Así, por ejemplo, hace suyos a Miró, Picasso, Dalí, Chagall, Kandinski, Van Dongen..., todos extranjeros. No importa: se les clasifica dentro de la «École de Paris» y ya están «nacionalizados».

ISABEL II. LA REINA GOBERNADORA

Inmediatamente de conocida la muerte de Fernando VII, María Cristina, de veintisiete años de edad, quedó investida como regente del reino y de la pequeña reina Isabel. Al mismo tiempo, el infante don Carlos se consideró rey y así lo manifestó en la siguiente proclama:

«Carlos V a sus amados vasallos: Bien conocidos son mis derechos a la corona de España en toda la Europa y los sentimientos en esta parte de los españoles que son harto notorios para que me detenga a justificarlos... Ahora soy vuestro rey; y al presentarme por primera vez a vosotros bajo este título no puedo dudar un solo momento que imitaréis mi ejemplo sobre la obediencia que se debe a los príncipes que ocupan legítimamente el trono y volaréis todos a colocaros bajo mis banderas haciéndoos así acreedores a mi afecto y soberana munificencia; pero sabéis igualmente que recaerá el peso de la justicia sobre aquellos que, desobedientes y desleales, no quieren escuchar la voz de un soberano y un padre que sólo desea haceros felices. Octubre de 1833. Carlos.»

La primera guerra civil ha estallado.

Creo que no estarán de más algunas reflexiones. Los partidarios de la causa monárquica quizá creen en abstracto y así lo proclaman que la monarquía es la mejor solución para asegurar la continuidad en el gobierno de los pueblos. Los republicanos consideran que el régimen por ellos preconizado es mejor y más justo, pues aducen que un hombre, por el mero hecho de haber nacido de una determinada mujer, no tiene por qué poseer unos derechos negados a los demás. Si cualquiera puede llegar a presidente de la república, sólo un hombre, bueno o malo, inteligente o tonto, puede ser rey. Los monárquicos arguyen en España el fracaso de las dos repúblicas, la primera terminada en el sainete protagonizado por el general Pavía, y la segunda en la tragedia de nuestra guerra civil. Pero la monarquía en España no puede presentar mejores finales de acto. El reinado de Carlos IV acabó con la vergonzosa farsa de Bayona, el de Fernando VII con la guerra civil provocada por su propio hermano –causas monárquicas una y otra–, el de María Cristina con abdicación y destierro, y el de Isabel II también con el exilio de la soberana. Amadeo I abdicó, y Alfonso XII fue el único que murió en su cama siendo rey. Alfonso XIII también sufrió exilio... No, no creo que un régimen sea mejor que otro; creo sinceramente que un hombre es mejor o tiene más suerte que otro. Deseo para mi rey don Juan Carlos I, que Dios guarde, el reinado venturoso y feliz que merece.

Unas dos semanas después del fallecimiento de Fernando VII, su viuda decidió ir a descansar al Real Sitio de San Ildefonso de la Granja, y en el camino sucedió un curioso acontecimiento que narra su nieta doña Eulalia de Borbón, hija menor de Isabel II, en sus sabrosas memorias:

«A mitad del camino comenzó mi abuela a echar sangre por la nariz, y la hemorragia continuó hasta consumir los pañuelos de que disponían sus damas de honor. Fue preciso, en el apuro, acudir al oficial de la escolta, que, doblegándose sobre la montura, extendió hasta la acongojada reina un pañuelo. Un minuto después, pasado el mal, Cristina sacó del coche la mano, pulida y blanca, y, con sonrisa amable, devolvió la prenda al capitán Muñoz quien, bizarramente y con gesto galante, se lo llevó a los labios...»

Todas las damas se preguntaron cómo reaccionaría la reina. Todas se sorprendieron de ver que correspondía al gesto con una sonrisa.

¿Quién era el capitán Muñoz? Eulalia de Borbón dice que tenía el empleo de capitán, pero otros lo degradan hasta cabo. Algunos lo presentan como hijo de unos estanqueros de Tarancón, pero Fernando González-Doria en su documentado, ameno e interesantísimo libro *Las reinas de España* (Ed. Cometa), escribe:

«Don Agustín Fernando Muñoz y Sánchez, Funes y Ortega, había nacido en Tarancón, Cuenca, el 4 de mayo de 1808, hijo de don Juan Antonio Muñoz y Funes, Carrillo de Torres y Martínez, conde de Retamoso, y de doña Eusebia Sánchez Ortega, y nieto por línea paterna de don Javier Muñoz y de doña Eugenia Funes, que fue en 1774 nodriza de la infanta doña Carlota Joaquina, hija mayor de los entonces príncipes de Asturias don Carlos y doña

María Luisa de Parma. El rey Carlos III, siguiendo la costumbre de ennoblecer a las nodrizas de los infantes de España, y a sus esposos y descendientes, había firmado en Aranjuez el 30 de mayo de 1780 el Privilegio de Hidalguía a favor de esta doña Eugenia Funes; así pues, aunque gozaban de calidad de hidalgos, la vida de los Muñoz era muy sencilla, aunque con cierto desahogo económico.»

La reina contaba veintisiete años y era viuda; él, veinticinco y permanecía soltero. El flechazo fue fulminante. Juan Balansó, citado por González-Doria, explica así la declaración de la reina a Fernando Muñoz:

«...El dilema se solventa en diciembre, tras dos meses de lucha interior. En el curso de una excursión a una finca segoviana de nombre predestinado, "Quitapesares", María Cristina ofrece su mano a Fernando Muñoz. En el jardín de la quinta quedaron solos un instante (ella lo había previsto al detalle y envió al segundo oficial de la guardia en busca de una talma de piel "por el relente")... Miráronse a los ojos; dubitativos los de él, ardientes los de ella:

»–¿Será preciso que sea yo quien me declare? –murmuró la reina con sonrisa cautivadora.

»–¡Señora...!

»–¿Me obligarás a decirte que estoy loca por ti, que sin tu amor no vivo...?

»–¡Señora...!

»Cuando el segundo oficial regresó portando el abrigo, su camarada era ya el prometido de la reina de España.»

Se casaron en el Palacio Real el 28 de diciembre de 1833, es decir, la víspera de cumplirse tres meses del fallecimiento de Fernando VII. Cuando el pueblo se enteró de la boda, mucho después, a Fernando Muñoz le llamó Fernando VIII. El nuevo consorte de la reina, digámoslo ya, fue un buen marido y jamás intentó mezclarse en los asuntos del Estado. Copio del citado libro de González-Doria que, repito, recomiendo vivamente a mis lectores:

«Ocho hijos tuvo el matrimonio; de ellos nacieron dos en el palacio del Pardo; tres en el Palacio Real de Madrid; y tres en París, por este orden. El 17 de noviembre de 1834 nacía doña María Amparo Muñoz y Borbón, a quien su media hermana la reina doña Isabel II concedería, el 9 de agosto de 1847, el título nobiliario de condesa de Vista-Alegre, que casó el 1 de marzo de 1855 con el príncipe Ladislao Czartoryski, y falleció de tuberculosis en París el 19 de agosto de 1864. La segunda hija de la Reina Gobernadora y de su segundo esposo nació el 8 de noviembre de 1835, bautizándola con el nombre de doña María de los Milagros Muñoz y Borbón, otorgándole Isabel II el título de marquesa de Castillejo el 19 de agosto de 1847; contrajo matrimonio esta marquesa en el castillo de la Malmaison el 23 de enero de 1856 con Felipe de Drago, príncipe de Mazzano, de Antuni y de Trevignano. El 15 de marzo de 1837, la reina doña María Cristina de Borbón da a luz por tercera vez, en su segundo matrimonio, naciendo un niño a quien imponen el nombre de don Agustín Muñoz y Borbón, creado duque de Tarancón por Isabel II el 19 de noviembre de 1847; fue guardia-marina y falleció soltero en París en 1855. Fue el cuarto hijo de doña María Cristina y de su esposo morganático y secreto, don Fernando María Muñoz y Borbón, que nació el 27 de abril de 1838, otorgándole su medio hermana la reina doña Isabel II el título de vizconde de la Alborada el 19 de noviembre de 1847; casó en Oviedo el 11 de septiembre de 1861 con doña Eladia Bernaldo de Quirós y González-Cienfuego, hija de los marqueses de Campo Sagrado, y falleció el 7 de diciembre de 1910. Otra niña traía al mundo la Reina Gobernadora el 19 de abril de 1840: doña María Cristina Muñoz y Borbón, creada marquesa de la Isabela por Real Despacho de 29 de febrero de 1848; casó el 20 de octubre de 1860 con don José María Bernaldo de Quirós y González-Cienfuego, marqués de Campo Sagrado.

»Ya desterrada la Reina Gobernadora, y abdicada su regencia por los avatares de la política, según veremos, dio a luz en París al sexto de los hijos de don Agustín Fernando Muñoz, el 29 de agosto de 1841; se le impuso el nombre de don Juan María Muñoz y Borbón, y la reina Isabel II le concedió el título de conde del Recuerdo el 29 de febrero de 1848; fue ayudante de campo del emperador Napoleón III, y falleció soltero. El séptimo hijo del matrimonio secreto de la reina doña María Cristina de Borbón fue don Antonio Muñoz y Borbón, que nació el 23 de diciembre de 1842, y falleció poco después. El último vástago del matrimonio de la reina con su antiguo guardia de corps vino al mundo el 6 de febrero de 1844; se llamó don José María Muñoz y Borbón, e Isabel II le otorgó el condado de Gracia el 29 de febrero de 1848, falleciendo soltero en Pau el 17 de diciembre de 1863.»

Algunos de estos títulos aparecen alguna vez en las notas sociales de las revistas del corazón.

Catalina II. Ambiciosa y amorosa.
En este retrato más francesa que rusa.

Por todo ello, los carlistas iban cantando:

Clamaban los liberales
que la reina no paría,
y ha parido más Muñoces
que liberales había.

La misma boda se quiso mantener en secreto. Se buscó a un sacerdote que se comprometió al sigilo más completo y a dos testigos que, al terminar su cometido, fueron enviados, con diversos cargos, lejos de Madrid.

La infanta doña Eulalia escribe sobre su abuela María Cristina que «ocultar su matrimonio y su nutrida prole impuso a mi linda abuela sacrificios increíbles, y la enamorada pareja suspiraba por el día en que la heredera del trono lo ocupara. María Cristina, durante la minoría de su primogénita, no podía alejarse de sus actividades políticas ni del ceremonial cortesano, de manera que cuando nació su último hijo se vio obligada a vestirse y acudir a leer el discurso de apertura de las Cortes a las cinco horas de haber dado a luz. A consecuencia de esto sufrió un desmayo que desató las habladurías...».

La moda de aquel tiempo permitía con sus faldas y miriñaques ocultar su embarazo, pero había ceremonias a las que la reina debía asistir inexcusablemente, lo que dio pie a que se dijese: «La Reina Gobernadora está casada en secreto y embarazada en público.»

En aquella época los idilios reales o principescos no estaban jaleados como ahora por la llamada prensa del corazón. Era impensable entonces una publicidad como la que «gozan» la princesa Margarita de Inglaterra o Carolina de Mónaco. Los soberanos eran intocables, y cuando perdían el halo de su realeza causaban más decepción que ahora entre las masas y llegaban a hacerse impopulares. María Cristina empezó a perder su prestigio. Hoy una empresa de relaciones públicas podría dirigir la opinión a su favor, pero entonces eso era inimaginable. La realeza estaba rodeada por una aureola de respetabilidad y prestigio que la más insignificante mácula podía destruir.

A los problemas y situaciones personales de la Reina Gobernadora debían añadirse los inherentes a la situación del Estado, con la guerra civil en plena actividad.

En Madrid, los liberales veían cómo los gobiernos se sucedían sin arreglar gran cosa de los problemas nacionales. Martínez de la Rosa, gran poeta, escritor notable, intentaba aunar las diversas tendencias que se disputaban el gobierno del país. Sus esfuerzos y su atildado porte le valieron el apodo de *Rosita la pastelera*. Entonces se llamaba pastel a lo que ahora se conoce por consenso. Le sucedió el conde de Toreno, José María Queipo de Llano, y a éste Juan Álvarez Méndez, llamado Mendizábal o *Juan y Medio* por su estatura. Para rehacer la hacienda española se le ocurrió una buena idea que, de haberse realizado bien, hubiera sido genial. Buena parte de las propiedades rurales españolas estaban en manos de la Iglesia y no producían rentas al Estado. Por el decreto de desamortización del 19 de febrero de 1836, se ponían a la venta en subasta todas aquellas propiedades de las corporaciones religiosas extinguidas. De hacerse eso hoy en día no hay duda de que se obtendrían pingües beneficios, pero hace ciento cincuenta años la sociedad española estaba aún muy influida por el estamento eclesiástico, y sucedió que muchos posibles postores dejaron de asistir a las subastas, que terminaron concediendo las propiedades a burgueses enriquecidos y sin los escrúpulos religiosos de los otros. De este modo, se quedaron con las propiedades religiosas por cantidades irrisorias. En el recinto del monasterio de Santes Creus –ahora parroquia–, en la provincia de Tarragona, hay todavía unas dependencias propiedad de los descendientes de los compradores de aquel cenobio. Se trata de una familia española muy conocida, especialmente en la provincia de Málaga y en algún importante Estado europeo.

En el ínterin, continúa la guerra carlista. El Pretendiente llega hasta las puertas de Madrid, convencido de que María Cristina le reconocerá como soberano pactando el matrimonio de Isabel II con su hijo, pero la Reina Gobernadora no cede y, apoyada por su tercer ejército al mando de Espartero, se niega a pactar. Espartero derrota a don Carlos en Peñacerrada, Diego de León los aplasta en Belascoain, y don Carlos debe retirarse. El 29 de agosto de 1839, en Vergara, Espartero y el general carlista Maroto firman la paz. Don Carlos pasa a Francia e Isabel II se convierte en la soberana indiscutible de España.

Baldomero Espartero –su nombre completo era Joaquín Baldomero Fernández Álvarez, y el apellido Espartero era el segundo de su padre– había nacido en Granátula (Ciudad Real) en 1793. Cursó sus primeros estudios en el seminario de Almagro, que abandonó al estallar la guerra de la Independencia para incorporarse al ejército. Hallándose en el Perú quiso proclamar la Constitución de 1812, *la Pepa*. De convicciones liberales, tomó el partido de María Cristina, que le concedió el título de conde de Luchana y duque de la Victoria por el abrazo de Vergara. Pero siendo presidente del Consejo de Ministros, su ambición o sus convicciones políticas le indujeron a forzar la abdicación de la Reina Gobernadora.

El 12 de junio de 1840, María Cristina decidió viajar a Cataluña, por dos motivos: uno, que Isabel II tomara los baños de Caldas recomendados por los médicos para su afección cutánea; otro, congraciarse con los catalanes, que, en su mayoría, y especialmente en los ambientes rurales, habían sido partidarios de don Carlos. El 29 del mismo mes de junio llegó María Cristina a Barcelona y recibió en la Rambla el homenaje floral de los barceloneses. El 22 de agosto salieron las augustas personas hacia Valencia, donde se las recibió con los gritos de «¡Viva Espartero! ¡Muera la reina absoluta!». Espartero ambicionaba la regencia y organizó una insurrección en Madrid el 1 de septiembre, mientras él permanecía en Barcelona. María Cristina le ordenó que regresara a Madrid a restaurar el orden, pero el general exigió públicamente que la Reina Gobernadora se comprometiera a formar un Consejo de la Corona compuesto por «liberales puros, justos y prudentes». El día 8, Espartero llegó a Valencia y fue recibido triunfalmente por el pueblo. Cedo la palabra al tantas veces citado González-Doria y vuelvo a recomendar la lectura de su libro:

«Doña María Cristina dice a Espartero que está decidida a abdicar y marcharse del país; pero don Manuel Cortina, único ministro que, según un autor, dará muestras de poseer verdadero talento político entre quienes en esta hora ha reclutado Espartero para gobernar, se entrevista a solas con la Reina Gobernadora, y le hace saber que la renuncia de la regencia no está prevista en las leyes, y que solamente estaría justificada si fuese cierto el rumor que circula insistentemente desde hace tiempo y por ciertas esferas. Doña María Cristina le pregunta con cándida sonrisa:

»–¿Qué queréis decir...?

»–Señora, me refiero –responde el ministro– al casamiento que se atribuye a Vuestra Majestad...

»La Reina no puede evitar el ponerse encarnada, pero exclama con desparpajo:

»–¡Oh, no! ¡Eso no es cierto! ¡Yo no me he casado con nadie!»

Y la verdad es que María Cristina, sin saberlo, no mintió del todo, pues en Roma se le haría saber poco después que el casamiento celebrado cuando solamente habían transcurrido tres meses de la muerte de su primer esposo no era válido, por lo que se vio precisada a celebrarlo de nuevo. Pero en aquel momento era consciente de que mentía a don Manuel Cortina para salvar la legalidad de la regencia que había venido desempeñando, y para no restar elegancia y desinterés a la renuncia a seguirla ejerciendo; deseaba que su gesto se interpretara como altruista, ofreciéndose como víctima de la política de Espartero.

El 12 de octubre de 1840, a las ocho de la noche, en el salón principal del palacio de Cervelón, María Cristina, espléndidamente vestida, como años después haría su hija en similar circunstancia, leyó su renuncia a la regencia en presencia de la corte, el gobierno, el cuerpo diplomático, y de cuantas autoridades se encontraban en Valencia. El 17 del mismo mes, abrazó llorando a sus hijas doña Isabel II y doña Luisa Fernanda, que la miraban atónitas sin comprender absolutamente nada de lo que estaba sucediendo, y embarcó en el vapor español *Mercurio*. Al arribar a Port-Vendres, se acogió a la hospitalidad que le brindaba el rey Luis Felipe I de Francia, casado con la princesa Amalia de Borbón, tía carnal de doña María Cristina.

LA INVENCIÓN DE LA SILLA ELÉCTRICA

El episodio sucede en 1887. Georges Westinghouse intenta instalar en las ciudades de los Estados Unidos un sistema eléctrico de corriente alterna de alta tensión llevada por ligeros cables. Thomas Alva Edison cree que este sistema es un error y preconiza el uso de corriente a baja tensión con cables subterráneos. La lucha no pasa de ser una confrontación entre técnicos y llevada a un terreno puramente profesional. Pero un mal día uno de los obreros de Westinghouse sufre una descarga eléctrica y muere electrocutado. Con un mal gusto increíble, Edison aprovecha la ocasión para llevar el agua a su molino: no sólo explica el hecho como consecuencia del «mal sistema» de su rival sino que, con una mentalidad tan abyecta que parece mentira atribuirla a un sabio como él, organiza un espectáculo de feria, repelente por demás; en un barracón un aparato de corriente alterna de tipo Westinghouse se aplica a perros y gatos causándoles la muerte. El público paga y ve con «satisfacción» cómo se coge a un pobre animal, se le afeita unos trozos de su piel en los que le aplican unos electrodos, saltan unas chispas azules, el animal se agita convulsivamente y muere mientras el olor a carne quemada se expande por el local. No se sabe qué condenar más, si a los inventores de la «atracción» o a los que pagan por verla.

Entre los espectadores se encuentran gentes que tienen que ver con la justicia. A todos ellos les es familiar el sistema de ejecución corriente en aquellos tiempos: el ahorcamiento. La horca gozaba del prestigio de una larga tradición, pero en los Estados Unidos se estaba viviendo el empuje de la modernidad. ¡Nada de tradiciones propias de la vieja Europa! ¿Y si se probase la electrocución como sistema moderno de aplicar la pena de muerte?

En la cárcel de Sing-Sing se monta ya la primera silla eléctrica y, suma ironía, los constructores son los propios presos. Llega el día de la ejecución, esperado por todos menos por el condenado, y la silla no funciona o funciona mal. El reo sufre unas quemaduras de tercer grado y su pena se ve conmutada por la de trabajos forzados a perpetuidad.

Pero en la ciudad de Buffalo un nuevo condenado a muerte espera su ejecución; se llama William Kemmler. El gobernador del Estado decide que será ejecutado en la silla eléctrica. Westinghouse se opone a ello y apela a los abogados más importantes de Nueva York para que impidan la ejecución en la silla, en la que ve la condena de sus procedimientos. Pero hay alguien que se opone a Westinghouse, y es el propio condenado, que consigue reunir una rueda de prensa en la cárcel. Se dirige a los periodistas con sangre fría y humor:

–Gracias por haber venido. Les quiero manifestar que no comprendo cómo alguien se quiere oponer a mi ejecución en la silla eléctrica. He cometido un crimen y estoy condenado a morir. Muy bien. Pero el sistema de la horca es anticuado y yo estoy, como todo el país, en pro de los sistemas modernos. Quiero ser electrocutado.

¿Habla sinceramente? ¿No será que, alentado por el experimento anterior, espera salir del paso con unas pocas quemaduras? No se sabe; el caso es que se proclama partidario de la silla eléctrica y contrario a la horca. Pero él no puede elegir. De todos modos verá cumplidos sus deseos. Westinghouse pierde la demanda que había instado y Kemmler será ejecutado en la silla. Los periódicos lo presentan ya como un mártir del progreso.

El 6 de agosto de 1890, a las seis y media de la mañana, William Kemmler es conducido al lugar de la ejecución. Se somete de buen grado a que le coloquen los electrodos; uno en la pierna, para lo que se le ha de cortar el pantalón, y el otro, de modo más difícil, en la columna vertebral. La silla tiene tres pies, el cuarto está constituido por la pierna del condenado, que hará las veces de toma de tierra. El ejecutor, Edwin F. Davis, la historia ha retenido su nombre, recibe la orden del director de la cárcel y da vuelta al interruptor. La cara de Kemmler palidece, un olor de carne y cabellos quemados inunda el local. Los presentes no pueden aguantar los diecisiete segundos de la ejecución.

–Basta, ya es suficiente –dice el médico encargado de verificar la defunción.

Se acerca al cuerpo del condenado y se inclina para auscultarle.

–¡Está vivo, hay que volver a empezar! –casi grita–. ¡Poned más corriente! ¡Matadle como sea, pero que esto termine de una vez!

Unos asistentes se desmayaron y tienen que sacarlos a brazos del local. El pastor que ayudaba a bien morir al condenado sale de la sala para pedir clemencia. Únicamente Davis conserva la sangre fría. Vuelve a colocar los electrodos en su sitio y la deja durar sesenta y seis segundos. La corriente de 1.700 voltios circula y el médico, al fin, puede decir:

–El ajusticiado ha muerto.

Desde entonces hasta ahora el procedimiento ha sido mejorado. Veintiséis estados norteamericanos adoptaron el sistema. Otros han escogido la horca tradicional, la cámara de gas, la inyección letal o han suprimido la pena de muerte. Entre estos últimos, algunos, en 1985, la han vuelto a restablecer.

El 13 de enero de 1928 Ruth Snyder, acusada de haber asesinado a su marido, fue ejecutada en la cárcel de Sing-Sing. Un fotógrafo, Thomas Howard, había disimulado un aparato fotográfico en los bajos de su pantalón. En el momento de la descarga hizo la única foto que se conoce de una ejecución en la silla eléctrica. Al día siguiente fue publicada en el *New York Daily News*. El escándalo fue mayúsculo.

Es una verdadera lástima que la rivalidad entre dos grandes hombres como eran Edison y Westinghouse diera lugar a una invención tan macabra.

Thomas Alva Edison, llamado el mago de Menlo Park, del sitio en que tenía instalados sus laboratorios, era de familia muy humilde. Fue a la escuela sólo tres meses porque sus padres no podían pagarla, a los doce años vende periódicos en los trenes y se le ocurre imprimir uno que vende a los viajeros, las noticias las recoge en cada estación que tiene telégrafo. Acuciado por ello inventa el aparato que permite recibir y transmitir simultáneamente dos mensajes telegráficos. Inventor del fonógrafo, la lámpara eléctrica incandescente, el efecto Edison, que es la base de la lámpara de diodo, etc. En su haber se encuentran más de ochocientas patentes. Había nacido en 1847 y murió en 1931.

Un día un amigo fue a visitarle a Menlo Park. Al entrar le dijo:

–Querido Thomas, la puerta de entrada es difícil de abrir, deberías inventar algo para que sea más ligera... por ejemplo, engrasarla.

–No es posible, ven a verla.

Y le hizo observar un alambre que saliendo de la puerta se perdía en el jardín.

–¿Ves? Este hilo mueve un mecanismo que, cada vez que alguien viene a visitarme, con el esfuerzo de abrir la puerta, saca del pozo del jardín algo así como ciento diez litros de agua. ¿Comprendes por qué la puerta es dura de abrir?

Una señora le preguntó una vez:

–¿Es usted quien ha inventado la primera máquina que habla?

–No, señora; la primera máquina parlante la construyó Dios de una costilla de Adán. Yo he inventado una máquina que se puede parar cuando habla.

Otra vez, en una reunión, una señora –siempre son señoras las protagonistas de anécdotas de este tipo– le preguntó cuál había sido su primer invento, y Edison se puso a narrar una historia inverosímil que llenó de entusiasmo a la concurrencia.

–Y ¿cuál ha sido su último invento?

–¿Mi último invento? La historia que le acabo de contar.

Era muy distraído. El día de su boda se olvidó de su mujer. Después del banquete nupcial se fue por un momento al laboratorio y así pasó toda la tarde y toda la noche de bodas. Cuando, de madrugada, se fue a dormir y se encontró con una mujer en su cama se sorprendió y sólo al cabo de un momento recordó que había contraído matrimonio.

Era muy trabajador y con una resistencia física envidiable, y no comprendía que sus colaboradores no sintiesen lo mismo y se fatigasen al cabo de un tiempo.

–¡Si sólo llevamos catorce horas trabajando! –les decía.

Por su parte, Georges Westinghouse, nacido en 1847 y fallecido en 1914, era un jovenzuelo cuando asistió a un choque de trenes causado por la insuficiencia de los frenos. Pensó que sería una buena idea encontrar la fórmula que los frenos de todo el convoy fuesen accionados a la vez por el maquinista en vez de serlo por varios sitios del mismo por diversos operarios. Estudió el problema y creó el freno de su nombre. Fue entonces a Nueva York a presentar sus ideas a los dirigentes de una gran compañía ferroviaria. El presidente, que era el célebre Vanderbilt, se lo quitó de encima.

–¿Quiere frenar los trenes con el aire? Váyase, hombre, váyase, no tengo tiempo para perderlo con locos.

Pero en Pittsburg conoció a Andrés Carnegie, que entonces no era más que un joven lleno de empuje, y con él fue a visitar al director de otra compañía, el cual puso un tren a su disposición para experimentar el invento. Tuvo éxito y se adoptó.

Era un hombre muy persuasivo y convincente. Un día un banquero confesó:

–Ayer me telefoneó Westinghouse. Disimulando mi voz dije que no estaba. No sé si lo creyó, pero lo hice porque sabía que iba a pedirme un préstamo y el banco no estaba en situación para concedérselo. Pues bien, si le llego a escuchar estoy seguro de que me hubiera convencido, le hubiese concedido el dinero que me pidiese y ahora no sabría de dónde sacarlo. Pero es que este hombre es irresistible.

La compañía Westinghouse, como todo el mundo sabe, existe todavía.

ALGUNAS HISTORIAS DE NOMBRES PROPIOS Y, A LA VEZ, COMUNES. II

DALTONISMO

Se dice que cierto físico inglés dibujaba un prado, y la hierba la pintaba de color rojo. Le llamaron la atención diciéndole que aquél era el color de la sangre, a lo que contestó: «Pero ¿no es lo mismo?» Este físico se llamaba John Dalton y había nacido el 5 de

Ceres o el Verano, por Simon Vouet. Verano es la estación en la que se cosechan los cereales. De ahí su nombre.

Marco Tulio Cicerón. «Cicero», en latín, significa garbanzo. Se le llamó así porque él o su padre exhibían una verruga de ese tamaño.

septiembre de 1766 en Eaglesfield, en el Cumberland. Profesor de historia natural y de matemáticas, descubrió leyes importantes sobre la dilatación de los fluidos y la de las mezclas de gases, y definió la noción de molécula y de peso molecular. Se dio cuenta –o lograron que se diera cuenta– de que los colores de determinadas flores –rojo, anaranjado, amarillo y verde– eran para él de un solo tono amarillento. Sus palabras exactas fueron: «Una mancha de tinta ordinaria en un papel blanco tiene para mí el mismo color que una persona sana. La sangre se parece al verde oscuro de las botellas.» Por ello se llama daltonismo a la enfermedad de la vista que hace confundir unos colores con otros. En atención a quienes padecen dicha anomalía, en algunos países los semáforos tienen la luz roja circular y la verde, cuadrada. Recuerdo haber visto esas señales de tráfico en Zurich.

Decibelio

Cuando se dice que en una discoteca los altavoces están emitiendo a demasiados decibelios y que el ruido es pernicioso para la salud, cuando las autoridades controlan –cuando controlan– los decibelios emitidos por las motos o los claxons de los coches, pocos sabrán que están rindiendo homenaje al inventor del teléfono. El decibelio o décima parte del «bel» debe su nombre a Alejandro Graham Bell, que nació en Edimburgo en 1847. Considerando que un volumen de 90 decibelios es dañino para el oído humano, el «bel» es ya un puro intento de asesinato. Bell emigró al Canadá, y como era profesor de fonética y dicción decidió ampliar sus enseñanzas dedicándoselas a los sordos. Llegó a construir un oído artificial, lo que le llevó al descubrimiento del teléfono. Murió en 1922.

Dédalo

Acabo de leer en un periódico, que cierto político se había «metido en un dédalo sin salida», lo cual es inexacto: el dédalo tiene salida, difícil de encontrar, pero la tiene. La señora Pasífae, esposa de Minos, rey de Creta, se enamoró de un toro. Así, como suena: de un toro. Y no sólo se enamoró, sino que quedó encinta de él y, al cabo de unos meses, dio a luz un monstruo que tenía cuerpo de hombre y cabeza de toro. Ignoro los meses del embarazo porque no sé si parió como hembra perteneciente al género humano o al vacuno. El rey Minos no gustó de los cuernos –reales de toda realidad, en este caso– y encargó a un arquitecto, Dédalo, la construcción de un laberinto en el que encerró al hijo de Pasífae, que fue llamado Minotauro. Este monstruo se alimentaba de los prisioneros que hacían entrar en el laberinto y no podían encontrar la salida. Un día desembarcó en Creta Teseo dispuesto a combatir al Minotauro y darle muerte. La hija de Minos, que se llamaba Ariadna, pidió a Dédalo la solución para entrar en el laberinto y salir sin estorbos. Dédalo, que era hombre de recursos, dio a Ariadna un cordel que Teseo ató a la entrada y fue desenrollando mientras iba en busca del monstruo. Lo encontró, le mató y gracias al «hilo de Ariadna» –expresión que también ha llegado hasta nosotros– pudo salir indemne. Pero no todo acabó bien. Ariadna huyó con Teseo hasta la isla de Naxos, donde fue abandonada. Según unos autores se suicidó arrojándose al mar; según otros se casó con Baco. La historia ha dado lugar a multitud de obras en todos los campos del arte, la más reciente de ellas la ópera de Hugo von Hoffmannsthal y música de Ricardo Strauss *(Ariadna en Naxos)*. Por lo que se refiere a Dédalo, Minos decidió encerrarle en el laberinto junto a su hijo Ícaro. Pero ambos consiguieron huir gracias a unas alas que construyó el padre a base de plumas unidas con cera. Ícaro, borracho de alegría al ver que volaba, se acercó demasiado al sol, que fundió la cera. Cayó en el mar y se convirtió así en la primera víctima conocida de la aviación. Como se ve, el dédalo tiene salida, aunque sea por los aires. Por ello no puede hablarse de un dédalo de disposiciones administrativas o burocráticas porque éstas, al decir de las gentes, no tienen salida alguna.

DIESEL

Todo el mundo ha oído hablar, por lo menos, de los motores Diesel, coches Diesel, etc., pero pocos saben que deben su nombre a Rudolf Diesel, nacido en París de padres alemanes, el 18 de marzo de 1858. En 1870, después de la batalla de Sedan, la familia Diesel se instaló en Alemania y el pequeño Rudolf, de doce años, se inscribió en la Escuela Industrial de Augsburgo, donde terminó sus estudios una década más tarde. Se interesó en la ingeniería de la refrigeración, y sustituyó el vapor de agua por amoníaco supercalentado y cuadruplicando su presión. En 1893, los ingenieros de M.A.N. –Maschinen Augsburg Nuremberg– se inspiraron en las ideas de Diesel y construyeron el primer motor que puede llamarse así, al que siguieron otros cada vez más perfeccionados. De todos modos, el inventor veía que los demás se enriquecían a su costa y quiso lanzarse por su cuenta a la construcción de motores para automóviles y locomotoras. Sufrió un fracaso del que no se repuso, hasta tal punto que el 20 de septiembre 1913, en el transcurso de la travesía de Amberes a Inglaterra, desapareció de la nave y se supuso que se había suicidado.

Draconiano

Se dice de un reglamento o ley muy severa. Su nombre deriva del legislador griego Dracón, legislador ateniense autor del primer código escrito de su país. Se calcula que data del año 625 antes de Cristo, aproximadamente. La pena que se imponía por los menores delitos era la de muerte: no sólo por asesinato o sacrilegio, sino por robo e incluso ociosidad. Cuando se le preguntó el porqué de tal severidad, respondió:

–Todos esos delitos merecen la muerte. Lástima que para los crímenes mayores no haya otra pena más grave, porque la habría impuesto.

Una de las leyes que se conservaron, aun después de haber sido derogado el código, era la referente a la autorización al marido engañado para que pudiese matar al amante de su mujer. Y a su mujer, claro está, pero esto no merecía ley alguna porque se daba por sentado.

Eco

Repetición del sonido cuando la onda sonora es reflejada por algún obstáculo. En la mitología griega, Eco era hija del Aire y de la Tierra, y ninfa de los bosques y las fuentes. De todas las ninfas era la que más charlaba, y con ello distraía a Hera –Juno en la mitología latina– cuando Zeus-Júpiter se iba de picos pardos. Para castigar a la charlatana, Hera la convirtió en roca diciéndole:

–Dirás siempre la última palabra, pero jamás podrás decir la primera.

Se enamoró de Narciso, pero no pudo decírselo ni llamarle nunca porque sólo podía repetir las últimas sílabas de lo que le decían a ella. Desconsolada, se dejó morir.

EGERIA

Cuando una mujer influye mucho en las acciones de un hombre, especialmente cuando un hombre es público –político, escritor, economista, pintor, etc.–, se dice que es su Egeria o su ninfa Egeria. Era también, como Eco, ninfa de las fuentes y los lagos, y se la consideraba consejera de Numa Pompilio, segundo rey de Roma, que según la tradición murió en el Lacio entre el 714 y el 671 antes de Cristo. Egeria se reunía con él en una gruta y le dictaba las leyes que debía imponer a su pueblo. Al contrario de Dracón, Numa, aconsejado por Egeria, era misericordioso, comprensivo y sencillo. Un día cayó un rayo en el bosque y Numa fue, en su calidad de sumo sacerdote, encargado de pedir al dios del lugar la explicación de aquel hecho.

–Corta una cabeza –dijo el dios.

La respuesta era ambigua y de ello se aprovechó el rey.

–Cortaré la cabeza a una cebolla.

–De hombre –insistió el dios.

–Bien, le cortaré la melena.

–Un alma –insistió el otro.

–De acuerdo, pero será el alma de un pez.

El dios, que era Júpiter, rió con las respuestas del rey, y viendo que era capaz de resistírsele con tal de salvar a un hombre de su pueblo, le premió haciendo llover un redondo escudo, el llamado *ancile*, señal de la inexpugnabilidad de Roma. Muerto Numa, Egeria lloró tanto que fue convertida en fuente.

EPICÚREO

Según el diccionario: «Que sigue las doctrinas de Epicuro de Atenas. Sensual, voluptuoso, amigo de los placeres.» Las dos cosas son contradictorias. Epicuro dice textualmente: «Cuando sentamos el principio de que el bienestar es el fin del hombre, no queremos en modo alguno hablar de los placeres de la lujuria ni de la intemperancia, como piensan algunos hombres que desconocen nuestra doctrina o que la interpretan torcidamente. El bienestar, tal como nosotros lo entendemos, es la salud del cuerpo y es la inalterable tranquilidad del alma.» La idea de Epicuro de evitar el dolor debe entenderse como que hay placeres que pueden costarnos la salud, la hacienda o la tranquilidad anímica. El principal placer es el del espíritu porque el corporal es pasajero y limitado, y origen de dolores que pueden durar toda la vida. «No son las heridas, ni el goce de las mujeres, ni las suntuosas mesas las que hacen la vida agradable, sino el sobrio pensamiento que descubre las causas de todo deseo y de toda antipatía y aparta las opiniones que turban al anciano.» Como puede verse, la doctrina de Epicuro, que nació en Samos el 341 antes de Cristo, es muy diferente de la que, comúnmente, se entiende por epicureísmo.

FAHRENHEIT

Todo lector de novelas americanas se encontrará, si no lo observa el traductor, con temperaturas del cuerpo humano de 70 grados o algo parecido. Se trata de temperaturas Fahrenheit, cuyo grado 32 es el de la congelación del agua y el 212, el de su ebullición. Gabriel Daniel Fahrenheit fue un físico alemán que nació en 1682 y murió en 1736. Su sistema de medición de temperaturas se usa en la mayor parte de los países anglosajones. No se asusten, pues, los lectores de libros de esas latitudes si los protagonistas atraviesan desiertos a 220 grados de calor o a 28 grados de frío en invierno (temperaturas puestas a ojo por mí).

FALOPIO

Trompa de Falopio: son los conductos por los cuales los óvulos se trasladan de los ovarios al útero; por ello decía Jardiel Poncela que era la música de trompa más interesante de tocar. Gabriel Falloppio (1553-1562) fue un cirujano y anatomista italiano que dio su nombre a multitud de descubrimientos por él efectuados en el cuerpo humano, como el acueducto de Falopio en el hueso temporal y el ligamento de Falopio en los huesos del pubis.

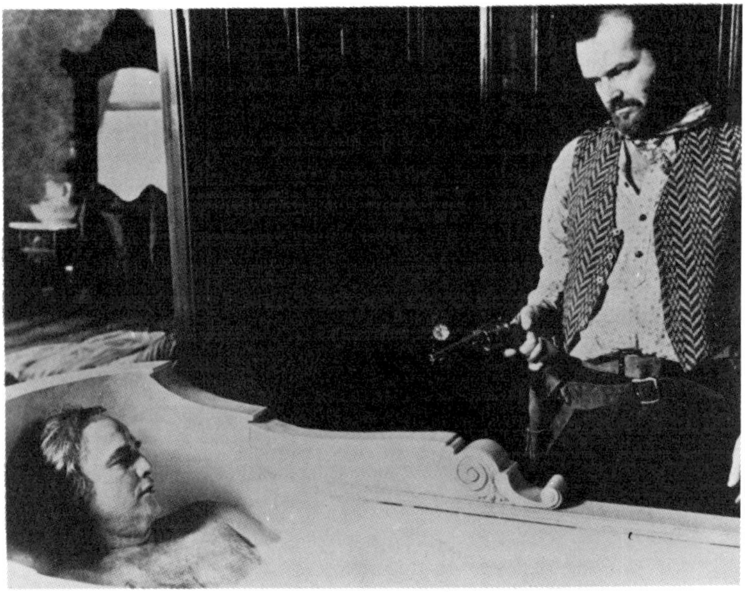

Colt. Desde los primeros días del cine hasta hoy, auténtico protagonista de millones de filmes del Oeste.

La reina gobernadora María Cristina de Borbón. Cuarta mujer de Fernando VII. Gran corazón que ocupó Fernando Muñoz cuando quedó viuda. Pintura de Vicente López. Museo del Prado, Madrid.

FARADIO

Unidad práctica de capacidad métrica usada desde 1881, cuyo símbolo es F. Desde 1931 se usa también el microfaradio. Su nombre deriva de Michael Faraday, inglés nacido el 22 de septiembre de 1791 de padres pobres. Sólo recibió la instrucción primaria, y a los catorce años trabajaba como aprendiz en el taller de un encuadernador. Allí empezó a interesarse por la lectura y, en especial, por la de obras técnicas. Un día, un profesor de física encontró al gran físico Davy con una carta en la mano:

–¿Qué es? –le preguntó.

–La solicitud de un chico para entrar en mi laboratorio. No sé que hacer, si aceptarle o no.

–Si quieres un consejo, dale dos botellas sucias para que las limpie. Si vale y tiene interés, no le importará hacerlo.

Davy siguió el consejo, y así Faraday, que era el remitente de aquella carta, entró en el laboratorio deseado. Tenía entonces veintiún años. A partir de 1821, se dedicó intensamente al estudio de la electricidad y el magnetismo, amén de los fenómenos electrolíticos. Por fortuna, no le sucedió lo que a tantos investigadores y sabios que encontraron en su camino la incomprensión, cuando no el desprecio, de sus contemporáneos. Faraday, por el contrario, fue reconocido por todos como el gran investigador de su tiempo. El ministro Melbourne quiso concederle una pensión como premio a sus grandes descubrimientos científicos. Fue a visitarle en su laboratorio y le dio cuenta de su propósito. Faraday, ingenuo, modesto y desinteresado, estaba perplejo, convencido de que no merecía tal honor. El ministro tuvo un gesto de impaciencia algo brusco y Faraday rechazó la pensión. Más tarde, el político reconoció haberse equivocado y recurrió a un amigo para que convenciera a Faraday para que aceptase la pensión.

–No puedo aceptarla. Necesitaría que el ministro me escribiese una carta excusándose y, realmente, yo soy muy poca cosa para que el ministro haga tal gesto.

La carta de excusas fue escrita y Faraday recibió la pensión. En 1867 murió en Hampton Court, en una casa que la reina Victoria había puesto a su disposición.

Fauna

El llorado Félix Rodríguez de la Fuente hizo que esta palabra resultara familiar a todos los españoles. Designa el conjunto de los animales propios de un país o de una comarca, y también la obra que los describe. En su origen, semidiós de los prados, bosques y selvas que protegía los rebaños y los cultivos; se le figuraba con manos y pezuñas de cabra. Simboliza la abundancia y la voluptuosidad. Por extensión, se habla de la *fauna* del barrio chino barcelonés o de cualquier otro sitio en el que se reúnen personajes poco recomendables o estrambóticos: la *fauna* existencialista, *hippy*, *punk*, etc.

Flora

Complemento indispensable de la palabra anterior: conjunto de las plantas de un país o comarca, obra que trata de ellas, enmarcándolas y describiéndolas. Flora era la diosa de las flores y los jardines. Este nombre propio pasó a común hacia 1770, cuando la pasión por la botánica se desarrolló en forma tal que constituyó una verdadera moda. Se dice que la ninfa Flora nació en las islas Afortunadas y, desde luego, su culto fue muy intenso en Roma, donde el Senado instituyó los juegos florales, que se celebraban en el mes de abril.

Ahora se habla también de la flora microbiana refiriéndose a los microorganismos de un tejido vivo o una cavidad del cuerpo humano. Lo cual no me negarán que está muy lejos de las rosas, los jacintos, los nardos y otras plantas. Por cierto, que quizá en Flora algunas jovencitas podrán encontrar una excusa. La diosa Juno deseaba tener un niño, pero sin el concurso de Júpiter. Consultó a Flora, que le proporcionó una flor que dejaba a una mujer encinta con su solo contacto. Así engendró a Marte. Si alguna joven puede contar a sus padres que ha sido una flor tal vez les convenza, pero lo dudo. En todo caso pueden probarlo.

Fucsia

Charles Plumier era un sacerdote francés y gran naturalista, que por orden de Luis XIV botanizó en América repetidas veces.

Descubrió allí una planta de hermosas flores rojas que ahora son cultivadas como plantas de adorno. Les dio el nombre de fucsias en honor de Leonard Fuchs, un bávaro nacido en 1501 en Wembdringen, médico y naturalista célebre que realizó grandes estudios, muy apreciados en su época, sobre los purgantes, los baños y su higiene, el tratamiento de la lepra y la sífilis y descripciones de plantas como el áloe, ruibarbo, acónito, cicuta y láudano. Murió el 10 de marzo de 1561. Plumier vivió de 1646 a 1706.

GALVANIZAR

Cuando un orador galvaniza a sus oyentes quiere decir que les anima, les excita tal como se excitan los músculos en forma incontrolada e inconsciente. Palabras como «galvanómetro» y otras de la misma familia deben su origen a Luigi Galvani, médico y físico italiano nacido en Bolonia en 1737. Un día en que su esposa Lucia estaba preparando unas ancas de rana para la comida, se dio cuenta de que, en la proximidad de una máquina eléctrica que allí había, las ancas saltaban cuando las tocaba con el cuchillo. Galvani comprobó que, incluso sin la presencia de la máquina eléctrica, un simple conductor metálico en contacto con el sistema nervioso o el músculo de la rana era suficiente para excitarlo. Comunicó su descubrimiento a la Universidad de Bolonia, de la que era profesor. Murió en esa ciudad en 1798.

GARDENIA

El gran naturalista Linneo dio este nombre a una flor como homenaje a Alexander Garden, gran botánico escocés del siglo XVIII. La gardenia procede de China y no fue conocida en Europa hasta 1720, aproximadamente.

CATALINA LA GRANDE, II

El destronado zar Pedro II no sabía qué hacer. No era, como su antepasado Pedro el Grande, capaz de presentarse ante las tropas a pecho desnudo, recordándoles sus juramentos y prometiéndoles todo lo prometible. Acobardado, no hizo caso de sus consejeros y firmó su abdicación.

Catalina había logrado lo que se proponía: un golpe de Estado sin víctimas.

Orlof se convirtió en favorito y siguió observando sus habituales maneras rudas. Abría la correspondencia de la zarina, se comportaba groseramente ante ella y no se levantaba cuando Catalina entraba en una habitación. La zarina echaba de menos las buenas maneras y la cortesanía de Poniatovski.

Al día siguiente del golpe de Estado, el general Betzki, uno de los principales conjurados, le pidió que reconociera públicamente que le debía la corona. La zarina se negaba, al menos en principio, por lo que Betzki le preguntó en presencia de toda la corte:

–¿A quién debéis vuestra corona?

–A Dios y a la voluntad de mis súbditos.

En realidad, como decía el embajador napolitano Caracciolo, el trono de Rusia no se obtenía ni por herencia ni por elección, sino por ocupación.

Pedro, el que lo había ocupado hasta entonces, se hallaba prisionero en Rapscha desde el 30 de junio. El 8 de julio llegaron a manos de la emperatriz dos cartas de Alejandro Orlof, que se encontraba custodiando al augusto prisionero. En ellas, en un lenguaje rudo, que demostraba que habían sido escritas en estado de embriaguez, se le notificaba a Catalina la muerte de su esposo en circunstancias un poco extrañas. ¿Una pelea con el príncipe Fodor? ¿Un ataque provocado por el miedo, unido al alcoholismo? No importa; la cuestión es que Catalina se encontraba definitivamente sola en el trono. Se dijo que había mandado matar a Pedro. El hijo de ambos, Pablo, también debía abrigar sus sospechas, puesto que, al subir al trono y encontrar las cartas de Orlof, exclamó:

–¡Gracias sean dadas a Dios! ¡Por fin se han desvanecido mis dudas: mi madre no ordenó asesinar a mi padre!

Pero, en el entretanto, Catalina hizo pública una carta en la que se notificaba al pueblo y a las naciones extranjeras el fallecimiento del zar:

«A los siete días de nuestro reinado, ha sido voluntad de Dios, con nuestro gran dolor, poner fin a la vida del que fue emperador Pedro II, a causa de un cólico hemorroidal. Hemos ordenado que sus despojos sean conducidos al convento de Nevski, donde será enterrado. Todos nuestros fieles súbditos están invitados a despedirse del cadáver, sin rencor por lo pasado, y a orar por la salvación de su alma.»

Pero todo el mundo creyó que Catalina había hecho asesinar a Pedro. Aquel gran cínico que se llamó Voltaire dijo refiriéndose a la emperatriz, de la que era gran admirador:

«Sé bien que se le sospecha cierta bagatela a propósito de su marido. Son asuntos de familia en los que no me gusta mezclarme. De todos modos, no es malo que sea culpable de algo en esta vida; gracias a ello uno se debe esforzar en lograr la absolución de la opinión pública a fuerza de buenas acciones.»

Amante de la lectura y de la cultura europea, Catalina quiso dar la impresión de ser la revolucionaria que impondría al pueblo ruso las ideas de la Ilustración. Pero ello era sólo apariencia.

Fundó unas veinte escuelas superiores y algunos centenares de escuelas elementales, y de ello hizo mucha propaganda, envaneciéndose de difundir la instrucción en la Rusia analfabeta. Un día, el gobernador de Moscú se lamentaba de que los habitantes de la ciudad mostraran poco entusiasmo por las escuelas, que eran poco frecuentadas. La zarina respondió:

–¿De manera que os lamentáis de que los rusos no quieran instruirse? Sabed que yo no he fundado esas escuelas para ellos: las he fundado para Europa, donde es necesario hacer creer que nosotros nos ocupamos de estas cosas y animar así la opinión pública. Pero el día en que nuestros campesinos tengan verdaderos deseos de instruirse, ni vos ni yo conservaremos nuestros privilegios.

En política decía que su breviario era *El espíritu de las leyes*, de Montesquieu. Lo había leído, cosa que no es probable hayan hecho algunos políticos de hoy, que lo citan con énfasis y entusiasmo.

–Éste debe ser el breviario de todos los soberanos sensatos –decía.

Pero recuérdese el título francés de la obra: *L'esprit des lois*. En esta lengua la palabra *esprit* tiene dos significados: «espíritu» e «ingenio», y se decía que Montesquieu no había hecho *L'esprit des lois*, el «espíritu de las leyes», sino *L'esprit sur les lois*, el «ingenio sobre las leyes».

Sea como sea, Catalina supo rodearse de personajes eminentes tanto en el campo de la política, como en el económico, el cultural y, ¿cómo no?, el amoroso.

Entre los regentes de la economía rusa se encontraba el banquero Suderland, que regaló un magnífico perro a la zarina. Ésta puso al perro el nombre del donante. Cuando el animal murió, Catalina, que le había tomado mucho afecto, mandó que lo disecasen para conservarlo en su habitación. El funcionario que recibió la orden la pasó a otro y éste a otro, hasta que llegó a uno que conocía al banquero pero no al perro, y que se presentó en casa de Suderland con el propósito de disecarlo a toda costa. En tanto no se solucionó el equívoco, el pobre banquero se veía ya ejecutado y disecado. Esta anécdota sólo se explica si se tiene en cuenta el poder absoluto de los soberanos rusos.

Catalina se enteró de que el embajador turco había afirmado en una reunión que todas las mujeres tenían un precio, y que bastaba pagarlo para hacerles capitular en su virtud. En una recepción, Catalina le preguntó al embajador ante todos los presentes:

–Señor embajador, sé lo que habéis dicho sobre la virtud de las mujeres. Quisiera saber qué precio pensáis que me correspondería.

–El trono de Constantinopla –respondió el embajador cortesanamente.

Hablando de tronos: la pobre Polonia estaba entonces en el estado que Catalina había definido como ideal para esta nación, esto es, una dulce anarquía. Y aprovechando las circunstancias, la zarina decidió imponerle un soberano. Nombró rey a su antiguo amante Poniatovski, con el que no había dejado de mantener una importante correspondencia amorosa. Su amor, por otra parte, no pasaba de ser epistolar. *Ponia*, como se le conocía corrientemente, ignoraba la presencia de Orlof al lado de Catalina. Se resistía a ser nombrado rey, pues prefería quedarse al lado de su soberana. Ésta, sin embargo, le reveló su relación con Orlof y su decisión de que fuera elegido rey de Polonia porque esta nación era una monarquía electiva.

Poniatovski recibió la noticia como un mazazo. En sus memorias escribió:

«El único pensamiento que entonces me obsesionaba era que un día u otro la emperatriz de Rusia podía desear casarse conmigo. Sin ella, la corona no me interesaba.»

Una esperanza le quedaba. La Sublime Puerta (Turquía) se oponía a Poniatovski por ser demasiado joven e inexperto y por su condición de célibe. Una unión realizada después de su elección podría servir para aumentar el poder real. Se aludía, claro está, a un posible casamiento con la zarina, con el cual se unirían los dos Estados. Ante esta situación, Catalina exigió a Poniatovski que aceptara la corona y al mismo tiempo, que se comprometiera a no casarse sin el consentimiento del Senado polaco y que, en todo caso, la novia fuese una princesa católica. Poniatovski cedió, y así Polonia contó con un nuevo rey. Por si alguien protestaba, doscientos mil soldados rusos estaban en la frontera prontos a intervenir, pero no hizo falta.

Una rama de los Poniatovski emigró a Francia y, con el tiempo, intervino en la política de ese país. Michel de Poniatovski, ministro del Interior con Giscard d'Estaing, llamado por la prensa *Ponia* o *el Príncipe*, es uno de los descendientes.

Digamos, para terminar con Poniatovski, que al final de su vida tuvo que luchar contra Rusia y fue depuesto en 1755. Murió en 1798.

En su vida amorosa, Catalina pasó por momentos muy difíciles, pues Orlof llegó a creerse el amo de la zarina y del país. Ante un gran dignatario, el favorito se atrevió a decir:

–No necesito más que cuatro semanas para destronar a Catalina.

–Es posible, es posible..., pero quince días antes ya te habríamos ahorcado.

Orlof era vanidoso, pendenciero, engreído e imprudente. Creía que todo le estaba permitido, incluso engañar públicamente a Catalina. Ésta cargaba con las responsabilidades propias de un gobernante: se levantaba a las cinco de la madrugada, trabajaba quince horas diarias... Orlof era su gran amor, pero la razón de Estado debía prevalecer.

Por otra parte, Orlof no se daba cuenta de que no era ni nunca iba a ser más que el amante de la emperatriz. Si Poniatovski soñaba casarse con Catalina por amor, Orlof lo deseaba por mera ambición.

En aquel momento se desencadenó una tragedia espantosa. En 1740 nació en San Petersburgo un sobrino nieto de la emperatriz Ana Ivanovna, quien lo adoptó y le hizo proclamar zar a la edad de dos meses. En 1741 el golpe de Estado de la zarina Isabel le desposeyó de sus derechos. En 1756 fue encerrado en la fortaleza de Schlösselburg y allí permaneció olvidado de casi todo el mundo. Prisionero desde su infancia, no conoció más cielo que el del patio de su prisión, ni más cariño que el de sus carceleros y el de un sacerdote que, compadecido, le enseñó a leer cuando ya era un adolescente. Pero era el heredero legítimo, el único que podía servir de pretexto a una conspiración, por lo cual Catalina le hizo asesinar. Este acto mancha toda su vida y su reinado.

ANECDOTARIO, II

Toreaba Joselito en la plaza de Valladolid una corrida de miuras. El toro que le tocó en suerte era traidor, gazapero, y cuando se arrancaba iba directamente el torero. Joselito estaba de un humor de perros, tanto más cuanto que aquella misma mañana había recibido un telegrama de Sevilla anunciándole la muerte de una tía a la que el espada quería mucho.

–Hay que quedar bien a pesar de todo –advirtió Joselito a su cuadrilla.

Pero el toro no daba facilidades, y los banderilleros no se atrevían a encararse con el animal. Joselito encargó a su mejor banderillero, Blanquet, que cogiera los rehiletes.

–Anda, ve al toro.

Pero Blanquet no se atrevía.

–¡Anda al toro o córtate la coleta! –gritó Joselito.

Blanquet, pálido como un muerto, se acercó al estribo y le dijo:

–Ya voy, maestro..., pero antes dime: ¿quieres algo para tu tía?

A un obispo de Angers, llamado Arnould, le aconsejaban que se tomara un día a la semana para divertirse y respondió:

–Lo haré con gusto si me señaláis un día en que yo no sea obispo.

En presencia de Honoré de Balzac se estaba haciendo un justo y entusiasta elogio de una de sus obras.

–¡Oh, amigo mío –dijo Balzac al que le elogiaba–, qué suerte tiene usted de no haber escrito ese libro!

–¿Por qué?

–Porque usted, no siendo su autor, puede alabarlo cuanto quiere y yo... no me atrevo.

Fernando Muñoz, duque de Riánsares por concesión de Isabel II. Esposo de la reina regente María Cristina, viuda de Fernando VII. Discreto, fiel y enamorado, jamás intervino en política.

Baldomero Espartero, duque de Luchana, duque de la Victoria, duque de Morella, príncipe... que hubiese podido ser rey de España. Prefirió su retiro de Logroño.

La marquesa de Monteil tenía un marido extraordinariamente feo y contrahecho, y un hijo de una belleza excepcional.

–Verdaderamente –decía–, cuando miro a mi hijo estoy convencida de que algún día me dormí en mi antecámara.

Un aprendiz de periodista se presentó a Joaquín Aznar, director a la sazón de un importante periódico madrileño, con la pretensión de incorporarse a la redacción. Para probarle, Aznar le indicó:

–Vaya usted a hacer el resumen de un congreso que se celebra hoy. Es de otorrinolaringología.

El aspirante a periodista comentó:

–La verdad es que hay cada apellido vasco tan difícil de pronunciar...

Es obvio decir que no consiguió el puesto.

En San Sebastián se había de estrenar durante la época veraniega –eran los días en que la corte veraneaba allí– una obra de Luis Antón del Olmet titulada *El capitán sin alma.* El autor y la compañía que dirigía don Gregorio Martínez Sierra tenían mucha confianza en la comedia. Se estrenó ésta y el resultado fue catastrófico. Martínez Sierra resumió lo sucedido diciendo:

–El público no ha sido del agrado del autor.

Un ejemplo de adulación:

–¿Qué edad tenéis? –preguntó Luis XIV a Despriaux.

–Señor, yo nací una hora antes que Vuestra Majestad para narrar la grandeza de vuestro reinado.

Adam Smith, el célebre economista, afirmaba que el trabajo es una moneda en curso. Y un trabajador londinense que le escuchaba le dijo:

–Será de un curso tan rápido que ninguna se queda en casa.

En un pueblo de la provincia de León se quería levantar un monumento al marqués de Alhucemas, García Prieto, a la sazón, claro está, presidente del Gobierno. La oposición contaba con un solo diputado. Se puso a votación la propuesta y el oponente se limitó a decir:

–Yo estoy conforme con la estatua proyectada, con sólo una pequeña modificación: que sea ecuestre... y sin jinete.

A comienzos del siglo pasado los caballeros calzaban botas durante el día, y las cambiaban por zapatos si tenían que asistir a alguna reunión de etiqueta. El músico Paër (1775-1839), del consejo musical de Napoleón, recibió un día una esquela de un nuevo rico que subrayaba: «Se suplica a los invitados que no vengan con botas.»

Paër le respondió con la carta siguiente:

«Los zapatos del maestro Paër, en extremo agradecidos por el convite, tendrán el gusto de asistir a la fiesta por usted organizada, aunque su dueño, aquejado por la gota, no podrá tener el honor de acompañarlos.»

Y a la hora fijada, Paër mandó a un criado con su mejor par de zapatos a casa del ricacho.

No se puede vivir sin amor. Si no se sabe amar a otro, se ama uno a sí mismo. Es la diferencia que hay entre lo que llamamos amor y lo que llamamos orgullo.

El gran novelista francés Marcel Proust acostumbraba pasar largas horas en el Ritz parisiense. Era rumboso en las propinas, y un día, al salir a la plaza Vendôme, se dio cuenta de que había gastado todo el dinero que llevaba. Se dirigió entonces al portero:

–¿Podría prestarme cincuenta francos?

–Con mucho gusto, señor. Aquí los tiene.

–Guárdelos, guárdelos. ¡Se los pedía para dárselos a usted!

El conde de Vermandois, hijo bastardo de Luis XIV y de mademoiselle de La Vallière, legitimado con el nombre de Luis de Borbón, fue nombrado gran almirante de Francia a los dos años de edad.

Alfredo R. Antigüedad, cuyo *Anecdotario* editado en Madrid en 1926 es fuente inagotable de consultas y citas, sitúa como protagonista de la siguiente anécdota a don Natalio Rivas. Nadie que conozca, aunque sea muy por encima, las obras de don Natalio puede creerla; así pues, la atribuyo a un amigo anónimo.

Se cuenta que el gran torero Juan Belmonte se quejaba un día en una tertulia de la cantidad de autógrafos que le pedían.

–Me paso el día firmando autógrafos y se me cansa la mano. Es insoportable.

Un amigo –que según cuenta otra fuente era también torero– le dijo:

–Trae mil pesetas.

Y salió. Al cabo de un rato, volvió con una máquina de escribir.

¿Verdad que es imposible atribuir a don Natalio Rivas, gran historiador, gran señor y gran erudito, una anécdota como ésta?

Una réplica de *Las bodas de Fígaro*, de Beaumarchais, que vale por una anécdota:

Susana.– ¿Cuándo dejarás de hablarme de amor desde la mañana hasta la noche?

Fígaro.– Cuando te lo pueda demostrar desde la noche hasta la mañana.

Todos los hombres creen ser una excepción. Por ejemplo, ante las leyes y los reglamentos.

ORATES

Se cuenta que un conocido psiquiatra barcelonés fue a dar una conferencia de divulgación a una ciudad cercana a Barcelona. La presidieron representantes de lo que aún se llaman fuerzas vivas, y al frente de ellas el alcalde. Terminó la disertación, si no entre vítores, sí entre cálidos aplausos, y los asistentes se apresuraron a felicitar al orador. No faltó entre ellos la primera autoridad municipal. Luego de un rato de charla, el alcalde preguntó al médico:

–Dígame, doctor: ¿cómo hacen para saber si un individuo está loco?

–Hombre, es difícil decirlo así... Hacemos preguntas... para saber cómo razona...

–Ah, ¿sí? ¿Y qué clase de preguntas?

–Pues, por ejemplo: el explorador Cook hizo tres viajes al Polo Norte y en uno de ellos murió. ¿En cuál de los tres?

El alcalde estuvo pensando un rato y dijo:

–Doctor, hágame a mí unas cuantas preguntas, pero que no sean como ésa, de geografía, porque no tengo ni idea.

Dicen que la anécdota es auténtica, pero no puedo garantizarlo, como tampoco la que sigue.

Una señora entró en el consultorio del célebre psiquiatra. Iba acompañada de un joven de unos quince años de edad.

–Doctor, estoy muy preocupada: mi hijo cree que es una gallina.

–Ah, ¿y lo cree desde hace mucho tiempo?

–Desde hace dos años.

–¿Y cómo han tardado tanto en venir a verme?

–Es que... Verá..., en casa somos pobres... y nos iba tan bien el huevo diario...

Ya he dicho que no garantizaba la autenticidad.

A bobos y a locos no les tengas en poco, dice el refrán, pero hay que ver la cantidad de ellos que han alcanzado fama, honores y altos puestos. ¡Cualquiera no les hace caso! Reyes, emperadores, sabios, artistas, literatos figuran en la lista de los locos egregios.

Nabucodonosor, privado de la razón siete años antes de morir, convirtióse por sus asquerosos actos en un ser repugnante. Tampoco estaría muy bien de los cascos Jerjes, rey de Persia, cuando mandaba prender y azotar al mar rugiente. El emperador Adriano comportóse como un desequilibrado, y lo mismo puede asegurarse de Nerón. Lúculo murió demente.

En nuestra historia, dejando aparte a Juana la Loca, tan popularizada por el lacrimoso drama de Tamayo y Baus y por la inframediocre película de Juan de Orduña, tenemos ejemplos notables de desvaríos.

El hijo de Felipe II, don Carlos, era un enajenado mental.

Cuando a la edad de dieciséis años cayó enfermo, Felipe II llamó al gran anatomista Vesalio. Pero a los consejos de Vesalio, los médicos ignorantes que rodeaban al príncipe prefirieron el empleo de un ungüento preparado por un brujo morisco de Valencia, llamado Pinterete.

El ungüento no produjo mejores efectos que la sangría y las purgas, y don Carlos deliraba: su padre estaba sentado junto a él, rodeado por once médicos que no podían tomar la palabra sin ser interrogados. A Felipe II sólo le quedó la esperanza de un milagro, e hizo acostar en la cama de su hijo el cuerpo momificado de Diego de Alcalá, muerto en olor de santidad un siglo antes. Sin embargo, Vesalio practicó una trepanación. El príncipe entró inmediatamente en convalecencia y pudo levantarse un mes después.

En este párrafo que copio textualmente, Reparaz recoge datos falsos. Vesalio no practicó la trepanación: según una carta de Daza Chacón, quien hizo un raspado de pericráneo fue el cirujano español. A la operación asistió Vesalio, pero ni uno ni otro efectuaron trepanación alguna.

Don Carlos quedó, a pesar de todo, débil de espíritu. Tenía además una anomalía en los órganos genitales que le hacía impropio para el casamiento. Los médicos en vano habían intentado desarrollar su vitalidad. Tenía impulsos violentos, pegaba a las mujeres o las abrazaba brutalmente, aun cuando «fueran las más grandes del reino». Insultaba a su madrastra, muy buena y tierna para con él. Pegaba, insultaba o amenazaba con un cuchillo a los nobles de su corte. Su apetito era excesivo; comía glotonamente. En varias ocasiones se tragó piedras preciosas, que sólo devolvió a fuerza de purgas. El embajador veneciano decía de él: «Está atacado de alienación mental, como su bisabuela; habla con lentitud y dificultad, y sus frases son inconexas.»

Felipe V, primer rey de la casa de Borbón, estaba atacado del mismo mal.

He aquí un párrafo de una carta dirigida por Alberoni al duque de Parma, que se conserva en los archivos napolitanos y que fue publicada por Dom H. Leclerc en su *Historia de la Regencia bajo la minoría de Luis XV.*

«El 4 de octubre de 1717 fue atacado el rey por una melancolía tan negra que se creyó que iba a morir de un momento a otro. Las

Ruth Snyder. Foto de Thomas Howard en el momento de su ejecución en la cárcel de Sing-Sing de Estados Unidos, el 13 de enero de 1928.

Epicuro. Nada dado a los placeres de la carne ni de la mesa. Filósofo insigne cuyo nombre ha sido tergiversado.

súplicas del confesor y del médico, así como las amenazas no tuvieron efecto alguno. Se imaginaba y aún hoy no se le ha quitado del magín, que al salir a caballo el sol le había atacado aquella parte de la cabeza que cree tener enferma. A todas las razones que se le oponían respondía que le entristecía que no le creyeran, pero que su próxima muerte vendría a darle la razón.»

Saint-Simon, que le visitó en 1721, nos dice:

«La primera ojeada, cuando al llegar hice una reverencia al rey de España, me sorprendió tanto que tuve necesidad de apelar a toda mi sangre fría para reponerme. No vislumbré rastro alguno del duque de Anjou,[1] a quien tuve que buscar en su rostro adelgazado e irreconocible. Estaba encorvado, empequeñecido, con la barbilla saliente; los pies, completamente rectos, más de quince pulgadas uno de otro. Al hablar, arrastraba las palabras, y adoptaba una expresión tan necia, que quedé confundido.»

Se negaba obstinadamente a dejarse afeitar, cortar los cabellos y las uñas, ante el temor de que aumentaran sus males. Sus cabellos sobresalían de su peluca, que no se quitaba nunca; las uñas de los pies le molestaban hasta tal punto que no podía andar, y vivía en un estado de ansiedad horrible... Se mordía los brazos y se creía muerto, y preguntaba por qué no se le había enterrado, o bien afirmaba que carecía de brazos y piernas.

Tenía caprichos extravagantes, como mandar abrir las ventanas los días en que helaba y envolverse en mantas durante la estación calurosa, obligando entonces a mantener las ventanas herméticamente cerradas. El calor ahogaba en el interior de las habitaciones, pero esto no parecía molestarle más que la horrible suciedad que le rodeaba.

Tenía siempre una pierna hinchada fuera de la cama y la movía sin cesar. Cuando no se creía muerto se creía envenenado o transformado en rana, y entonces soltaba unos alaridos horrorosos que de noche despertaban a todo el palacio.

Felipe V iba siempre deplorablemente vestido. Un documento del 13 de julio de 1722 nos revela que no se había mudado de ropa desde un año antes. Así, su traje caía en jirones y llevaba el pantalón descosido desde la cintura hasta abajo: cuando se sentaba o su pantalón caía, se le veían los muslos al desnudo. Al principio, un ayuda de cámara de confianza remendaba el pantalón, pero se cansó de hacerlo. El propio rey de España cosía los remiendos con

1. Título que ostentaba Felipe en la corte de Francia antes de ser elevado al trono español.

seda que pedía a las camareras. A veces, cuando salía para ir a misa, la reina sostenía con alfileres los jirones del pantalón y él la dejaba hacer.

El material anecdótico que proporcionaba la locura de Felipe V es inagotable.

El 20 de junio de 1738 sucedió una escena singular. A las cinco de la mañana se levantó el rey y, en camisa y descalzo, quiso salir. La reina, que se despertó al oír el ruido, le hizo comprender lo indecente y ridículo de semejante idea, y logró que volviese a acostarse. Tenía el monarca en aquel momento puesta una camisa de la reina que le llegaba hasta los talones. Su locura consistía entonces en imaginar que querían envenenarle con una camisa; por esta razón sólo accedía a ponerse las de Isabel de Farnesio, después de haberlas llevado ella. Trató de huir varias veces. Cierto día golpeó a la camarera y después a la reina, que habían acudido para oponerse a la escapatoria. La reina le sermoneó severamente y le dijo que no se acostaría más con él. Lloró entonces Su Majestad durante todo el día y se negó a despachar con sus ministros. («La Folie de Philippe V», en *Feuilles d'Histoire* de Arthur Chuquet.)

A raíz de esto, puso la reina centinelas de vista y reforzó la guardia de su cuarto. Hizo cambiar varias veces las cerraduras de las habitaciones a fin de prevenir las múltiples tentativas de Felipe para escapar del palacio. Nadie podía ser admitido en su presencia sin una autorización especial, y los guardias tenían orden de impedir al monarca que saliera bajo ningún pretexto.

De todos modos, nuestros reyes no han sido los únicos con trastornos mentales. Jorge III de Inglaterra enloqueció, recobró la razón y la volvió a perder hasta su muerte.

Se dice que cuando el primer ministro presentó a su aprobación el discurso de la corona, que debía pronunciar en la apertura del Parlamento, el rey Jorge lo leyó atentamente e inquirió:

–¿Y por qué no se habla de mis cisnes?

El ministro quedó asombrado, pero viendo que su regio interlocutor continuaba insistiendo, con la mayor seriedad, en que debían incluirse los cisnes en el discurso, empezó un párrafo diciendo:

«Así como los cisnes de mis reales estanques se deslizan suavemente por el agua, así el reino...»

Los honorables componentes del Parlamento creyeron que la

imagen estaba un poco traída por los pelos; pero a la semana siguiente se enteraron de que Su Graciosa Majestad Británica no estaba en sus cabales.

También falleció alienado Gustavo IV de Suecia; el padre de Federico el Grande padeció verdaderos ataques de enajenación; Maximiliano de Austria, suegro de Juana la Loca, sucumbió de un atracón de melones, era excéntrico y llevaba su propio ataúd a todas partes; Federico I era un alucinado y murió de miedo por haber visto un fantasma. Portugal tuvo varios reyes considerados locos por los historiadores.

Gaspar Balaus, orador, poeta y médico del siglo XVII, cayó en tal debilidad mental, que creyó ser de mantequilla y no quería aproximarse al fuego ni que le matasen, por miedo a derretirse. Un día de mucho calor, temiendo por su consistencia, se arrojó de cabeza a un pozo y murió ahogado.

El cardenal de Noailles iba con frecuencia a visitar a los pobres, los encarcelados y los locos. En una de estas últimas visitas, un individuo de unos cuarenta años se presentó a Su Eminencia y le suplicó su libertad.

–Monseñor –le dijo–, os pido que os intereséis por mí. Tenía una regular fortuna y mis parientes, para apoderarse de ella, me hacen pasar por loco y me han recluido en esta casa. Pido a Vuestra Eminencia que hable conmigo de lo que quiera y me examine como le venga en gana; se dará cuenta, así, de cuán injusto es que se me mantenga aquí encerrado.

En efecto, el cardenal, tras una larga hora de conversación, se dio cuenta de que aquel hombre razonaba bien y no dudó un solo momento de lo arbitrario de su internamiento.

–Siento vuestra situación –le dijo– y os prometo que trabajaré para obtener vuestra libertad. Volveré la semana próxima y espero traer conmigo la orden de liberación.

–Dios os lo pague– respondió el pseudoloco–. Os ruego solamente que no vengáis el sábado, porque ese día tengo citadas a las almas del Purgatorio y debo estar aquí para recibirlas.

–Hacéis bien en advertirme –dijo el cardenal, suspirando al

pensar lo que había estado a punto de hacer. (*Mémoires anecdotiques des regnes de Louis XIV et Louis XV.*)

Un hombre fue a ver, por pura curiosidad, a los locos del manicomio francés de las Petites Maisons. Se paró ante uno que estaba encerrado en una habitación y sólo hablaba a través de una reja. Le preguntó por qué estaba allí, y el loco le dio la misma explicación que el orate de la anécdota anterior, y con tal seriedad y razón, que dejó convencido al pobre hombre, que también le prometió preocuparse de su suerte. Ya se iba, cuando el loco le llamó:

–¡Oiga! Que quiero decirle algo muy secreto.

Acercó el otro su cabeza a la reja y el loco dio un bocado tal que se le llevó media nariz.

–¡Anda, tonto! Así aprenderás a no fiarte de ningún loco. (*Contes* de D'Orville.)

El doctor Gall, creador de la frenología, visitaba un día a los locos de Bicêtre para examinarles. Le llamó la atención uno de ellos y le dijo:

–¿Cómo es que está usted aquí? Me parece que es usted un hombre tan normal como yo. En su cráneo no encuentro ningún signo de locura.

–No le extrañe, doctor, porque ésta no es mi cabeza, sino una que me puse para sustituir la que me cortaron cuando la Revolución.

Esto de la locura no debía ser tan malo para La Rochefoucauld, que dijo: *Qui vit sans folie n'est pas si sage qu'il croît* (*Maximes*, CCIX). *Il arrive quelquefois des accidents dans la vie, d'où il faut être un peu fou, pour se bien tirer* (*Íd.*, CCCX).

Mucha gente confunde la locura con la tontería. Aquélla se adquiere; con ésta se nace. No es ningún mal ser tonto; por lo menos nadie se queja de ello. Acostumbro repetir una sentencia que no sé si es mía por invención o por apropiación: «Los locos somos los únicos que no nos podemos volver tontos», y que nadie se extrañe de que yo mismo me considere loco, pues dice el refrán que de poeta y loco todos tenemos un poco. Por si la sabiduría popular no convence, añadiré la autoridad del gran Horacio, quien afirma: *Dulce est desipere in loco.* («Es dulce abandonar la cordura oportunamente»; *Carmina*, lib. IV, oda 13, v. 28.) O la de Chamfort: *Il y a plus de fous que de sages, et dans le sage même il y a plus de folie que de sagesse.* (*Maximes et pensées*, II, 149.) O la de Montesquieu: *On enferme quelques fous dans une maison, pour persuader que ceux qui sont dehors ne le sont pas.* (*Lettres persanes*, LXXVIII.) De Pascal: *Les hommes sont si nécessairement fous, que ce serait être fou par un tour de follie, de n'être pas fou.* (*Pensées*, VI, 414.)

CUANDO MADRID FUE CAPITAL DE ARMENIA

¿Sabían ustedes que Madrid dejó de ser española y fue capital de Armenia? ¿No? Pues lean la historia, que es curiosa.

León V de Lusignan era rey de Armenia desde que fue coronado en Sis en 1374. Al año siguiente fue hecho prisionero por los mamelucos, llevado a El Cairo y encerrado en prisión. Se le ofreció la libertad si abjuraba del cristianismo y se hacía mahometano. León se negó. Su esposa murió en el cautiverio. Envió mensajeros a las diversas cortes europeas pidiendo auxilio y rescate para obtener su libertad. Entre los que le contestaron figuran Juan I de Castilla y Pedro IV de Aragón y III de Cataluña. Una vez lograda su liberación, el monarca armenio se trasladó a Europa y visitó al Papa Clemente VII, del que sólo obtuvo buenas palabras, y al rey de Aragón, que le consoló como pudo pero no le socorrió con dinero. Por fin, Juan I de Castilla, en un arranque de generosidad, le otorgó el señorío de Madrid, Andújar y Villarreal (Ciudad Real) con sus rentas, amén de 150 000 maravedíes de renta.

Y ya tenemos a León V señor independiente de Madrid independiente. Se instaló en el Alcázar y durante tres días hubo fiestas en la nueva capital de Armenia para celebrar a su nuevo señor. De todos modos, aunque prometió confirmarles los privilegios de que gozaban, se desentendió de los madrileños hasta el punto que el 12 de octubre de 1383, pocos meses después del inicio de su reinado, el rey de Castilla tuvo que prometer a los pobladores de Madrid que aunque lo hecho hecho estaba, a la muerte de León V volvería la villa a ser castellana y prometía no enajenarla nunca más. Siete días después, León recibía el homenaje de sus nuevos vasallos consolados por la promesa del rey castellano.

Francisco Carlos Sainz de Robles, en su obra *Madrid, autobiografía* (Ed. Aguilar), hace hablar a la villa en primera persona y dice: «Mi nuevo señor se dejó ver en público diariamente reconociéndome de punta a punta, muy curioso y reanimado, con sonrisa afable, sobre un caballazo tordo y seguido de una lucida escolta de lanceros ataviados con el pintoresquismo con que ahora los vemos en alguna opereta. Vestía a lo oriental, con turbante blanco, guayabera de raso rojo, amplios calzones, botas de velludillo. Sobre el pecho lucía, pendiente de una gruesa cadena de oro, un sol enorme sobre un anagrama indescifrable para mí. A su paso, las gentes mostrábanse silenciosas, atragantados los vítores y rotos los aplausos. Yo me divertí mucho aquellos primeros días.»

Sainz de Robles lo describe todo como si lo hubiese visto. Paso por el atuendo que atribuye al nuevo rey de Madrid, pero dudo mucho del que dice ostentaban los hombres de su guardia, que no debían ser orientales –sólo se había librado del cautiverio el propio León V– sino mesnaderos de los andurriales de la que ya era entonces Villa y Corte, aunque lo último lo fuera de un país extranjero. Sainz de Robles dice que «las gentes mostrábanse silenciosas», etc. ¿Cómo lo sabe? En realidad, es que a él, madrileñista químicamente puro, se le atraganta el hecho de que durante unos años el Madrid de sus amores no fuese español sino armenio. Como un Gibraltar provisional. Y no por conquista traicionera sino por estúpida donación de un rey castellano.

León V se cansó pronto. No duró mucho su estancia en la entonces capital de Armenia. Se fue a Navarra y luego a Francia y murió en París en 1393, aunque ya antes, en 1391, las Cortes castellanas y el rey Enrique III habían revocado la donación, devolviendo a los madrileños la nacionalidad castellana. Sin embargo, conservaron la pensión de 150 000 maravedíes concedida al efímero rey de Madrid.

El madrileñismo de Sainz de Robles es tal, que me recuerda a aquel enamorado a quien un amigo le decía:

–Esa chica tiene un ojo más pequeño que el otro.

–¡Qué va! ¡Si tiene unos ojos grandísimos! Lo que pasa es que uno es más grande que el otro.

ISABEL II. REINA (I)

Cierto día le preguntaron al poeta inglés Milton por qué se coronaba a un rey a los quince años y no se le permitía casarse hasta los dieciocho.

–Porque es más fácil gobernar un reino que a una mujer –contestó.

Sustituyendo la palabra mujer por hombre y la cifra quince por trece, algo parecido podía aplicarse a Isabel II. En efecto, a los trece años, un mes y dos días de su nacimiento fue proclamada mayor de edad el 8 de noviembre de 1843.

Desde entonces, en las cancillerías europeas empezaron las cábalas y proyectos sobre el futuro esposo de la soberana española. Un día, el embajador francés Bresson telegrafió a su país: «La reina es núbil desde hace dos horas.» Lo cual indica el poco secreto que de esas cosas íntimas se guardaba en palacio. No es de extrañar, puesto que en reinados anteriores, cuando los cortesanos esperaban por la mañana la presencia de los reyes, era costumbre que el mayordomo de semana dijese en voz alta: «Su Majestad ha tenido sus reglas»; o bien «Su Majestad ha entrado en el tercer mes de su embarazo».

Esta costumbre se siguió hasta casi nuestros tiempos, y así, en la *Gaceta de Madrid*, se podía leer como primer texto la siguiente frase: «Sus Majestades el Rey y la Reina se encuentran en perfecta salud. Los restantes miembros de la Casa Real gozan del mismo beneficio.» Pero un buen día apareció en la *Gaceta* una nota redactada en estos términos: «Su Majestad el Rey goza de buena salud. Su Majestad la Reina ha entrado en el octavo mes de su embarazo. Los restantes miembros de la Casa Real gozan del mismo beneficio.»

Isabel II mostró desde muy joven un temperamento extraordinariamente sensual. Según parece, fue el general Serrano, el «general bonito», como le llamaba ella, quien inauguró el camino que habían de seguir los muchachos amantes de la reina. Pero lo importante era encontrar un esposo que satisfaciese no ya a la joven reina, sino en mayor medida los intereses dinásticos pero sin molestar a las cancillerías extranjeras. Uno de los pretendientes era el hijo primogénito de don Carlos, el rey de los carlistas, quien, comprendiendo que había perdido la guerra, deseaba el trono para su vástago ya que no había podido tenerlo él. Por supuesto, la reina Isabel II no fue consultada, pero el proyectado casamiento no tuvo lugar porque don Carlos exigía para su hijo el reconocimiento de «rey legítimo»; esto es, que no se le considerase rey consorte sino rey, de manera que el matrimonio se asemejase al de los Reyes Católicos.

Al final, el único pretendiente que quedaba era un primo de Isabel, hijo de la Infanta Luisa Carlota, llamado Francisco de Asís. Era ocho años mayor que la reina, y como su fortuna personal era escasa, hubo de recurrir a un banco parisino a fin de obtener fondos para organizar una conspiración a su favor.

La candidatura de don Francisco estaba patrocinada por la corte francesa, y así se lo comunicó el embajador francés, conde de Breson, a la reina madre María Cristina, quien al saberlo exclamó:

–Pero ¿dónde va a ir ese medio mariquita?

El conde, impertérrito, continuó haciendo la propaganda de su candidato.

–¿Es que no ha visto cómo anda, cómo se mueve, cómo habla? ¿No ha visto los encajes que lleva? No me negará que es un tipo raro. ¡Si a los veinticuatro años no se le conoce ninguna aventura con mujeres!

–Señora, si el infante don Francisco de Asís es tan reservado, se debe a que ya desde niño ha estado enamorado de la reina Isabel, y por ello se ha propuesto mantenerse virgen para ella y serle fiel hasta la muerte.

Al parecer, María Cristina se lo creyó y dio su visto bueno al proyectado enlace, que tuvo lugar el 10 de octubre de 1846. Fue una doble boda, pues al mismo tiempo que la reina, se casó también su hermana Luisa Fernanda con el duque de Montpensier, hijo del rey de Francia.

Isabel II había dicho a su madre el día antes:

–He cedido como reina, pero no como mujer. Yo no he buscado a este hombre para que fuese mi marido; me lo han impuesto y no le quiero.

La noche de bodas fue un fracaso. Más tarde diría Isabel II al diplomático León y Castillo:

–¿Qué voy a decirle de un hombre que en la noche de bodas llevaba en su camisa más bordados que yo en la mía?

En efecto, al parecer el rey Francisco de Asís no consumó el matrimonio. La musa popular aludía a sus aficiones cantando:

Rodríguez de la Fuente. Muchos españoles le deben saber algo sobre la fauna de nuestro país... y de otros.

Catalina II. Tal vez el loro fue regalo de Potemkin, su amante.

Paco Natillas
es de pasta flora
y se mea en cuclillas
como una señora.

En realidad, parece que don Paquito –así llaman al rey consorte en los ambientes madrileños– navegaba a vela y a motor, y se le atribuían repetidas visitas a cierta casa de mala nota donde se limitaba a hacer de *voyeur*, sin participar jamás activamente. En cambio, tenía tantos amantes masculinos como la reina. De estos últimos cuenta el ministro Salamanca, más tarde marqués del mismo nombre, que una vez «que llegó a ejercer el oficio que, según el gran clásico, tan necesario es con toda República, sólo por mantenerse en el cargo». Para los que no comprenden el sentido de la cita, puntualizaré que el gran clásico es Cervantes y el oficio, el de alcahuete.

Otro de los amantes atribuidos a Isabel II fue el compositor Emilio Arrieta, profesor de música de la soberana. Otros, Carlos Marfori y José María Ruiz de Arana, conocido éste en Madrid como «el pollo Arana». Otro, el militar Puig y Moltó, a quien se atribuía, junto con Arana, la paternidad del futuro Alfonso XII.

Por su parte, el pueblo cantaba mientras tanto:

Isabelona
tan frescachona
y don Paquito
tan mariquito.

De don Francisco se decía que mantenía relaciones íntimas con Antonio Ramos Meneses, más tarde duque de Baños, con grandeza de España. Aunque parece más bien que prestó a don Francisco favores más de tipo crematístico que pasional.

Sobre Arana hay una anécdota muy jugosa. Un día don Francisco le dijo a la reina:

–Mira, Isabelita, que me parece que el pollo Arana te la pega.

Mayor comprensión, imposible.

De todas las habladurías de las que me he hecho portavoz en un capítulo anterior, se pregunta uno qué hay de verdad. La murmuración es fácil y de ella a la calumnia no hay más que un paso.

Cuando el general O'Donnell fue a despedirse de los reyes antes de emprender la campaña de África, Isabel II le dijo:

–Adiós, Leopoldo. Si yo fuera hombre, te acompañaría.

Y el rey consorte apostilló:

–Lo mismo digo, lo mismo digo.

Otra vez fue presentado a los soberanos un muchacho de la nobleza que había vivido siempre entre palafreneros y criados, y empleaba un vocabulario más bien soez. Sus padres retardaban lo que podían su presentación en palacio, pero, no pudiendo demorarla más, amonestaron a su vástago para que contestase con las menos palabras posibles a fin de evitar alguna escena desagradable. Al llegar ante la reina ésta le hizo preguntas a las que el muchacho contestaba casi con monosílabos. En un momento dado, intervino el rey don Francisco, y al oír su voz aflautada, el muchacho no pudo contenerse y exclamó:

–¡Anda, qué voz de marica!

La audiencia terminó aquí, pero al parecer fue muy celebrada.

Pierre de Luz explica que el rey Francisco le decía al ministro de la gobernación, Benavides:

–Es forzoso que Serrano desaparezca. Se ha referido a mi persona en términos malsonantes. Eso no lo admito. ¡Serrano! ¿Sabes lo que es? Un Godoy fracasado. Al menos el otro para obtener los favores de mi abuela supo ganarse el afecto de Carlos IV.

A veces los amantes de Isabel II llegaban a influir en la política del país, como sucedió en el caso del marqués de Bedmar, que no parece ajeno a la destitución de Narváez. Se conservan varias cartas, llenas de faltas de ortografía, que han servido a Natalio Rivas y a Carmen Llorca para bucear en la intimidad de la reina, la cual llegó a nombrar dama de honor a la marquesa de Bedmar, llevándosela a vivir a palacio.

Fernando González-Doria, defensor a ultranza de la reina Isabel II, insiste en que la vida conyugal de la soberana y su esposo era si no normal sí bastante apacible, y por supuesto, no reconoce la homosexualidad de don Francisco. Cita a Balansó y escribe: «Hay que decir de una vez por todas que el rey consorte no poseía el ardoroso temperamento de Isabel II, pero no era ni mucho menos un eunuco. Se le conocen varias aventuras con aristócratas españolas. Ya exiliado, su idilio con la cantante Hortensia Schneider fue la comidilla de París. La correspondencia cruzada entre ambos hace sonrojar al más pintado.».

Como puede verse, todo ello es harto confuso. Son dimes y diretes que si bien hacen amena la historia no la aclaran del todo. Monárquicos y antimonárquicos, liberales, cristinos, isabelinos y carlistas aprovechan cualquier frase o rumor para llevar el agua a su molino. Así he visto dada por auténtica la siguiente frase pronunciada por Isabel II, ya destronada en París, a su hijo el futuro Alfonso XII, durante una discusión íntima:

–Y no olvides que todo lo que tú tienes de Borbón lo tienes sólo por mí.

Ante esta confesión de parte, dirán mis lectores, se puede creer en el origen adulterino de Alfonso XII. Pero si la conversación y discusión fue íntima, ¿quién diablos estaba allí para enterarse? ¿Es posible imaginar a la reina Isabel II diciéndole estas palabras a su hijo en público?

A cada uno de los varios embarazos de Isabel II se atribuye un hombre distinto. Es ya murmuración acostumbrada.

El 20 de diciembre de 1851 nació una niña. Entre los cortesanos que esperaban el acontecimiento, que tuvo lugar de madrugada, se encontraba el general Castaños, duque de Bailén, que, semiacostado en un diván, dormitaba de vez en cuando. Se le despertó para darle la noticia y el viejo vencedor de Bailén exclamó:

–¡Vaya por Dios! ¡Mala noche y parir hija!

A esa niña se le dieron los nombres de Isabel Francisca de Asís y sería conocida con el nombre cariñoso de *la Chata*, impuesto por el pueblo de Madrid. Desde su nacimiento fue princesa de Asturias, pero dejó de serlo al nacer Alfonso XII y recuperar el título desde la coronación de su hermano hasta que el rey se casó y tuvo su primera hija.

El rey Francisco dicen que se pasaba horas y horas al lado de la recién nacida para descubrir en sus rasgos alguno que pudiese relacionarla con un posible amante de la reina. Ésta, en cambio, no prestaba la menor atención a su hija. En cuanto a su matrimonio, atravesó crisis muy graves, como cuando don Francisco se recluyó en el Pardo y se negaba a regresar a Madrid. Superado este episodio, el rey consorte empezó a visitar con asiduidad a la condesa de Campo Alange. De nuevo se desataron las murmuraciones: se afirmaba que era la amante del rey, lo cual contradecía los anteriores rumores de homosexualidad. La condesa era mujer ingeniosa, característica ésta de su familia que se ha ido transmitiendo de madres a hijas. Demostró lo poco que le importaban las murmuraciones, abriendo los balcones de su salón cada vez que don Francisco iba a visitarla, sentándose al piano y tocando la Marcha Real.

El 2 de febrero de 1852, cuando la reina acudió a la basílica de Atocha, a la llamada «misa de parida», un cura, atravesando el cordón de alabarderos, le entregó un papel que llevaba en la mano izquierda. Doña Isabel le preguntó:

–¿Qué quieres?

–Toma... –dijo el sacerdote, y le asestó una puñalada.

La reina dio un grito y se preocupó de proteger a su hija.

–¡Ya lo tenemos! –le dijo un teniente de alabarderos.

Al ver que detenían al sacerdote, la reina exclamó:

–¡Que no le maten por mi causa! ¡Le perdono!

La herida era leve, pues una ballena del corsé había desviado la puñalada, y la reina sólo sufrió un leve rasguño. El regicida se llamaba Martín Merino, se dedicaba a la usura y, al parecer, tenía algo perturbadas las facultades mentales. Al ser preguntado si el puñal estaba envenenado, exclamó:

–¡Caramba, no había pensado en ello!

A pesar del perdón de la reina, Martín Merino fue ejecutado.

Que la reina tuvo amores resulta indiscutible, pues el escándalo llegó a tal extremo que su madre doña María Cristina le envió una carta en la que, entre otras cosas, le decía:

«Pude ser flaca; no me avergüenzo de confesar un pecado que sepultó el arrepentimiento; pero jamás ofendí al esposo que me destinó la Providencia, y sólo cuando ningún vínculo me ataba a los deberes de una mujer dependiente di entrada en mi corazón a un amor que hice lícito ante Dios.»

Por otra parte, el rey Francisco afirmaba ante el ministro Benavides: «... Se ha querido ultrajar mi dignidad de marido, mayormente cuando mis exigencias no son exageradas. Yo sé que Isabelita no me ama, y yo la disculpo, porque nuestro enlace ha sido hijo de la razón de Estado y no de la inclinación, y soy tanto más tolerante en este sentido cuanto que yo tampoco he podido tenerla cariño. Yo no he repugnado entrar en el camino del disimulo; siempre me he manifestado propicio a sostener las apariencias para evitar este desagradable rompimiento; pero Isabelita, o más ingenua o más vehemente, no ha podido cumplir con este deber hipócrita, sacrificio que exigía el bien de la nación. Yo me casé porque debía casarme, porque el oficio de rey lisonjea; yo entraba ganando en la partida, y no debí tirar por la ventana la fortuna con que la ocasión me brindaba, y entré con el propósito de ser tolerante para que lo fueran igualmente conmigo; para mí no habría sido nunca enojosa la presencia de un privado.»

Confieso que no sé qué pensar. No creo que Isabel II fuese ninguna santa, pero a mí su desgarro y chulaponería me resultan simpáticos.

El periódico *El Murciélago*, en el que se dice escribía el joven Cánovas del Castillo, publicaba que «al rey se le quedaría enredada su cabeza entre las ramas de una encina del Pardo», y añadía, y tomo lo que sigue del libro de García Ruiz, *Historias*, tomo II, pp. 555-556:

«En esa época de eterna vergüenza, aun cuando no la última para España, hallábase la reina con su marido en La Granja, en donde los comensales de Tiberio de Caprea no hubieran echado de menos las delicias proporcionadas por la sensualidad, ora natural, ora monstruosa... Entregado Francisco en el Real Sitio a toda clase de concupiscencias, porque todas ellas gustaba su estragado organismo, era hasta no más tolerante, como tenía prometido, a título de que lo fueran con él, y tal y tan hedionda su degradación, que decía con la mayor naturalidad a su mujer: "Mira, Isabelita, que el pollo Arana te la pega." Éste, dueño de los destinos de la patria, sumida en degradante servidumbre, sacaba allí fuerzas de flaqueza para complacer a la concupiscente reina, nueva Mesalina, siempre sedienta, nunca harta de torpes y libidinosos placeres; y como la Naturaleza tenga puestos sus límites a todas las cosas, hacíale llevar al valido, para forzarla, viandas estimulantes, así de tierra como de mar, y tomaba sendos baños en marmóreas pilas llenas de rico vino de Jerez... Con esto su influencia ante Isabel era omnipotente y él la aprovechaba para asuntos de interés particular, en los cuales habrían de servirle los ministros, bajo la pena de perder sus puestos...»

No parecen de la pluma de don Antonio Cánovas del Castillo estos farragosos párrafos, pero así lo afirmaba el citado García Ruiz, que había sido ministro de la Gobernación.

¡Pobre Isabel II! ¡Si fuese cierto la mitad de lo que de ella se dice! Se comprenden perfectamente las dos frases que pronunció cuando partió para el destierro. Le hablaba un cortesano de ir a Madrid, pues se hallaba en San Sebastián, donde le esperaban según él la gloria y el laurel, y respondió jacarandosa:

–Mira, hijo, la gloria para los recién nacidos y el laurel para la pepitoria.

En el momento de subir al tren no pudo contener las lágrimas, y exclamó:

–¡Adiós, España..., adiós! Creí tener raíces más profundas en este país.

Sucedía esto en 1868. Al llegar a Francia, el matrimonio se separó. Isabel II se instaló en París, en el palacio de Castilla. Don Francisco, por su parte, se estableció en Epinay, donde murió a los ochenta años de edad, en 1902. La reina le sobrevivió dos años: falleció el 9 de abril de 1904.

ANECDOTARIO, III

Sabido es que el gran escritor Mariano de Cavia era dado a la bebida. Borracho perdido, muchas veces su criado había de irle a buscar a la taberna, donde también consumía lo suyo el servidor.

–Pero, Cavia, ¿por qué bebe usted tanto? –le reprochó una señora.

–Para tener más energía durante el día.

–Pues los toros, que usted conoce mejor que nadie, no beben, y buena energía gastan.

Y Mariano de Cavia, que era conocido por sus crónicas taurinas, que firmaba con el seudónimo de *Sobaquillo*, contestó:

El príncipe don Carlos, hijo de Felipe II. Contrahecho de cuerpo y de alma. Anormal, convertido en héroe romántico por la leyenda negra, Schiller y Verdi. Retrato de Sánchez Coello.

Felipe V. Dos veces rey de España. Loco como una cabra.

–¿No beben vino? ¿Ni licores? ¿Ni aguardiente? Pues crea, señora, que, desde ahora, los compadezco con toda el alma.

Una actriz francesa célebre en su tiempo, la Denis, representaba la *Zaira* de Voltaire.

Un espectador fue a felicitarla y ella respondió:

–No, gracias; para representar este papel es menester ser joven y hermosa.

Y el «galante» caballero respondió inocentemente:

–¡Oh, no! Usted misma nos prueba lo contrario.

Decía Sterne que la conversación es un comercio de ideas: el que no tiene fondos no puede comerciar.

En tiempo de Fernando VII, y cuando mayor era su absolutismo, había un cómico llamado Delgado con el que el público se metía en cada representación. Un buen día, decidió:

–Voy a terminar con eso. De ahora en adelante me van a aplaudir.

Y al primer pateo se adelantó a las candilejas y gritó:

–¡Viva Fernando VII!

El público se vio obligado a gritar «¡Viva!» y a aplaudir.

Continuó la representación, y nuevo pateo. Delgado se adelantó otra vez y gritó:

–¡Viva Fernando VII!

Nuevos vivas y nuevos aplausos. La cosa se repitió cuatro o cinco veces hasta que el público, cansado, no se volvió a meter con el cómico.

Hay gente que odia las frases ingeniosas porque carece de ingenio y del vocabulario preciso para hacer frases.

Quinto Fabio Máximo se presentó un día montado a caballo ante su hijo el cónsul Fabio Máximo, quien le dijo:

–Baja del caballo.

Así lo hizo el padre.

–¿Qué querías?
–Nada; sólo ver si respetabas al cónsul.

Esta anécdota que los historiadores romanos presentan como ejemplar, me parece una memez. Bastaba con que el hijo estuviera en el ejercicio de sus funciones para que se pusiera de manifiesto la separación entre el padre y el ciudadano. Pero, así, fríamente, en vez de un ejemplo de disciplina me parece un ejemplo de poco respeto filial. Estas anécdotas clásicas tienen doble filo. Si el padre hubiese dicho: «Hijo, ayúdame a desmontar», y el hijo lo hubiese hecho, los historiadores que se llenan la boca con la anécdota anterior comentarían que por sobre el cargo oficial estaba el respeto a la paternidad. Para que se fíen los lectores de los clásicos.

Siendo comisario regio del Teatro Real de Madrid el duque de Tovar, le recomendaron un tenor como uno de los mejores del mundo. Antes de contratarle, el duque quiso probarle, y le hizo cantar una romanza de *La Bohème*. Fue un fracaso, y el duque, dirigiéndose a quien más le había recomendado al candidato, le dijo:
–No hay nada que hacer; es un tenor confidencial.

En ocasión semejante, Tristan Bernard dijo de un cantante:
–Es un tenor de primera fila; desde la segunda ya no se le oye.

Hay individuos que necesitan morirse para que se hable bien de ellos.

Enrique IV de Francia preguntó un día al embajador español si el rey de España tenía queridas.
–Señor –dijo el embajador–, el rey Felipe es tan religioso que sólo ama a la reina mi señora.
–Tal vez vuestro rey no tenga suficientes virtudes como para hacerse perdonar un vicio –comentó Enrique IV.

La anécdota que sigue la dejo en el anonimato porque la he leído atribuida a multitud de reyes, aristócratas y señores.
Un gran señor supo que en una aldea vecina a su residencia vi-

vía un joven que era su vivo retrato, quiso conocerle, y cuando le tuvo ante sí y comprobó que era verdad lo que decían, le preguntó:

–¿Por ventura no solía venir tu madre por mi palacio?

El joven contestó sencillamente:

–Mi madre no, pero mi padre sí acudía a diario.

El torero mexicano Rodolfo Gaona era muy amigo de un crítico taurino de San Sebastián que firmaba con el seudónimo de *Santo Mano*. Un día éste le pidió una fotografía dedicada y Gaona prometió enviársela. A los pocos días, *Santo Mano* recibía la foto y la siguiente nota: «Te envío la foto que me pediste. Ponle tú mismo la dedicatoria, porque como escribes en los periódicos lo sabrás hacer mejor que yo.»

Se dice que a la muerte de Abderrahman III, se encontró un pergamino escrito de su puño y letra que decía:

«Cincuenta años han pasado desde que soy califa, y de todo he gozado: riqueza, honores, placeres, venturas. Todo lo he agotado. Los reyes, mis rivales, me envidian y me estiman. Todo cuanto el hombre puede anhelar me lo ha concedido el Cielo. Pues bien; en ese inmenso espacio de felicidad aparente, he calculado con escrupulosidad los días que he sido verdaderamente dichoso, ¡y sólo han sido catorce! ¡Mortales, adorad la grandeza, el mundo y la vida!»

He copiado esta anécdota del libro *Diccionario anecdótico biográfico* de Federico Bravo Morata (Ed. Fenicia; Madrid, 1957). He controlado un dato: los años de reinado de Abderrahman III no fueron cincuenta sino cuarenta y nueve. Hago esta puntualización no tanto para corregir al autor cuanto para que el lector se dé cuenta de que compruebo los datos. Simple vanidad que espero me sea perdonada. Gracias.

Tengo un conocido que es resultado del cruce entre un pavo real y un asno circense.

ALGUNAS HISTORIAS DE NOMBRES PROPIOS Y, A LA VEZ, COMUNES. III

HERMAFRODITA

Ser humano, animal o planta que posee los órganos reproductores de los dos sexos. Los moluscos y los crustáceos lo son, pero en la especie humana el caso es muy raro, digan lo que digan los *travestis*. Hermafrodito era un muchacho hijo de Hermes, mensajero de los dioses, y de Afrodita, diosa del amor. Dotado de gran belleza, en un viaje por Asia Menor llegó a la ribera de un lago habitado por una ninfa que, al verle reflejado en las aguas, se enamoró de él. Hermafrodito se resistió, pero la ninfa le llevó a las profundidades de su reino y rogó a los dioses que jamás se separaran. Le fue concedido su deseo y los dos formaron un solo ser dotado con los dos sexos. Hasta aquí la mitología, pero ¿y la realidad? Las varias estatuas clásicas que he visto representando a Hermafrodito le muestran como un joven de sexo masculino, pero con pechos de mujer, igual que los *travestis* que se inyectan silicona. De poseer los dos sexos, ¿dónde estarán? ¿Uno al lado del otro? ¿Encima uno y abajo el otro? Las estatuas no lo muestran, la leyenda no lo indica. Debía ser un *travesti bisex* como los que se anuncian en los periódicos. Conviene distinguir, por ejemplo, el hermafroditismo de la cliptorquidia, en la que los testículos no han salido al exterior. El hermafrodita, repito, posee los dos sexos, es decir: pene, testículos, vulva, útero y ovarios. Y de la existencia real de un ser semejante yo no tengo noticia. Es lo que se llama hermafroditismo verdadero. El tranverso es el de aquel individuo que presenta órganos externos de un sexo e internos de otro, y masculino o femenino cuando hay predominio de órganos de uno u otro sexo.

HERTZIANO

Todos los aficionados saben que en los programas de radio, tras el nombre de la emisora, figuran las siglas KH2 o MH2, es decir, kiloherzios o megaherzios, según sean de onda media o de frecuencia modulada. Enrique Rodolfo Hertz nació en Hamburgo en 1857 y estudió en la Universidad de Berlín. En sólo treinta y siete años de vida –murió en 1894– realizó grandes descubrimientos en el campo de la electricidad, entre ellos el de las ondas que en su honor se llamaron hertzianas y en las que se basó Marconi para sus inventos. Ya lo saben, pues, los amantes de los programas radiofónicos –y especialmente los seguidores de *Protagonistas*, la emisión en la que sale al aire la mayor parte de las historias contenidas en este libro– cuando manejen los mandos de sus receptores y busquen una determinada emisora: los sonidos, músicas y voces les llegan por las ondas hertzianas.

LINCHAR

Ejecutar a un delincuente de forma tumultuaria, sin formación de proceso. En los Estados Unidos, en el año 1766, juró el cargo de juez de paz del condado de Bedford, Virginia, Charles Lynch, de treinta años de edad. De su padre, un emigrante irlandés, heredó una plantación y el odio a los ingleses, que estalló nueve años después en la guerra de la independencia. Era una época turbulenta en la historia del país, en parte por colonizar, con los problemas legales que ello comportaba, y donde la esclavitud seguía vigente. En 1789, Lynch fue nombrado senador por Virginia, pero en el ínterin había instituido un tribunal popular –y todos los que hemos sufrido los tribunales populares sabemos lo que esto significa– que, sin formación de causa, condenaba –casi siempre a muerte– o absolvía –casi nunca– a los acusados que se le presentaban. Los abusos a que ello dio lugar motivaron multitud de protestas de la gente sensata que, en 1780, llevó al Tribunal Supremo de los Estados Unidos un recurso contra la condena y subsiguiente ejecución de dos presuntos ingleses. El alto tribunal dio la razón a Lynch, tal vez por motivos políticos, y ello acrecentó el número de «juicios» que con arreglo a este sistema se celebraron. La llamada ley de Lynch se aplicó casi hasta la segunda guerra mundial, generalmente contra los negros y a cargo de la organización secreta Ku-Klux-Klan.

MACADAM

Pavimento, especie de empedrado de caminos, carreteras y calles, hecho con piedra machacada que se aglomera por medio de rulos compresores, regando al mismo tiempo la superficie de los fragmentos para favorecer su asiento. La palabra se inventó hacia 1800, a Francia llegó en 1828 y a España a finales del siglo pasado o a comienzos de éste. Su nombre deriva del ingeniero sir John-Loudon Mac Adam, inventor del sistema. Todos los que vivimos antes de la guerra recordamos a los peones camineros, que extendían uniformemente gravilla y pequeñas piedras duras y no calcáreas en las carreteras. A veces añadían arena. El resultado era una inmensa polvareda blanca cada vez que pasaba un vehículo. En las cunetas, se amontonaba ese polvo blanco, lo que hacía la delicia de los chiquillos excepto cuando llovía, porque la polvareda se convertía en repelente barro. Hoy, con el asfalto, eso ha pasado a la historia. Por suerte. En Francia se afirma que el inventor de este método fue un tal Trésaquet, inspector general de Puentes y Caminos en tiempos de Luis XVI, que lo habría puesto en práctica en el Lemosín bajo el gobierno de Turgot.

MACH

Pronúnciese Mac. ¿Cuándo se vuela a Mach? Quiere decir volar a dos veces la velocidad del sonido. La relación entre la velocidad del avión y las vibraciones sonoras de la atmósfera que atraviesa se miden por el «machmómetro». Ernesto Mach, filósofo y físico austríaco nacido en 1868 y fallecido en 1936, ideó el número que lleva su nombre: las velocidades subsónicas –M menor que 1–, transónicas –M comprendido entre 0,95 y 1,05–, supersónicas –M superior a 1– e hipersónicas –M superior a 5– le deben su nombre. Ello no quiere decir que tuvieran razón aquellas dos señoras que le decían al piloto del avión en el que iban a embarcarse:

–Por favor, no viaje más rápido que el sonido porque nosotras dos tenemos muchas cosas de qué hablar.

MAGDALENA

No me refiero a María de Magdala, cuya fiesta se celebra el 22 de julio, ni a ninguna de las Magdalenas, santas, pecadoras, vírgenes, casadas o viudas que puedan encontrarse en la historia, sino a lo que el diccionario define como un bollo pequeño de figura de lanzadera, aunque yo, y supongo que mis lectores también, las hayan visto redondas, cuadradas o de mil otras formas. Hacia 1840, una señora llamada Perrotin de Barmond, gran golosa y a la que imagino viuda, rica y menopáusica, encargaba a su cocinera Madeleine Paulnier una golosina cada día distinta. Un buen día, Madeleine dio con el bollo de marras, que tuvo gran éxito entre los amigos de la señora. Éxito que trascendió los ámbitos de la amistad e hizo que los comerciantes de Commeray pagasen una buena suma por la receta, que industrializaron. ¿Les gusta esta etimología? ¿No? Pues se debe a Alejandro Dumas. Pero, en fin, allá va otra. Una cocinera de Estanislao Leczinski, duque de Lorena, y que se llamaba Magdalena, inventó la golosina, que el duque envió a su hija María, reina de Francia. Ésta, humildemente, bautizó el bollo con el nombre de su descubridora. De todos modos, Lacam, en su *Memorial de la pastelería*, dice que la magdalena fue inventada por Avice, cocinero de Talleyrand. Pero no aclara el porqué de su nombre. Escojan ustedes. Por cierto, debe escribirse «Magdalena» y no «madalena», que es un vulgarismo.

MAGNOLIA

Charles Plumier, ya citado cuando hablamos de la fucsia, fue quien bautizó esta planta originaria de Asia, especialmente de la China y el Japón, pero que también se encuentra en algunas regiones de América. Le dio su nombre en honor de Pierre Magnol, profesor de botánica en Montpellier, donde había nacido en 1630. No han pasado a la posteridad sus teorías sobre la similitud del reino vegetal y el animal, sus clasificaciones de las plantas, árboles y arbustos, y otros estudios. Sí, en cambio, su entusiasmo por los vegetales, entusiasmo que contagió a sus contemporáneos y que le hizo tan popular, que Plumier creyó justo rendirle el homenaje de poner su nombre a una flor recién descubierta. Magnol murió en su villa natal en 1715.

MALTHUSIANISMO

En 1798 se publicó en Inglaterra un libro titulado *Ensayo sobre el principio de la población*, cuyo autor quedó en el anonimato. Seis ediciones fueron necesarias para que la obra apareciese con el nombre de Thomas Robert Malthus. Corría el año 1826 y ya se

Isabel II. Jacarandosa, castiza y fondona en este retrato de Casado del Alisal.

El general Serrano. Primer amante, según se dice, de Isabel II, que le llamaba «el general bonito».

había traducido a casi todas las lenguas europeas. ¿Quién era Malthus? Un pastor protestante de familia rica y cuyo padre, Daniel Malthus, era hombre de excepcional cultura y vasta erudición. Thomas, después de ordenarse sacerdote, viajó por Holanda, Noruega, Suecia, Finlandia, Rusia, Francia y Suiza. Se instaló definitivamente en el condado de Hertford, donde se casó y fue profesor de historia y economía política. ¿Qué decía el libro? Sentaba el principio de que la población del globo crecía en proporción geométrica, mientras los medios de subsistencia lo hacían en proporción aritmética. Por ello, preconizaba que los individuos no debían formar una familia si no estaban seguros de poder alimentarla. Éste sería un medio preventivo. Existen, según Malthus, otros medios, los destructivos, como son las guerras, las epidemias, etc., que contribuyen a mantener precariamente el equilibrio entre la población y el sustento. Un párrafo de la obra fue subrayado por sus enemigos: «El hombre que nace en un mundo ocupado, si su familia no le puede mantener o si la sociedad no precisa de su trabajo, no tiene ningún derecho a reclamar alimento y está de sobra en la Tierra. En el gran banquete de la naturaleza no hay cubierto para él.» Este malthusianismo extremo no tiene hoy vigencia más que entre algunos nietzscheanos rezagados, partidarios de un superhombre nazificado. Sí, en cambio, tiene partidarios, y muchos, el malthusianismo consistente en evitar la procreación, sea por medios naturales o artificiales. El método Ogino, el *coitus interruptus*, los anovulatorios, los esterilets, etc., son métodos que los malthusianos propagan. De todos modos, la comparación proporción geométrica – proporción aritmética antes citada no ha sido probada hasta el momento.

MASOQUISMO

«Ama dominadora desea esclavo sumiso fijo.» «Sólo tú, que careces de todo derecho, puedes entender mi lenguaje, y como bestia que eres recibirás los golpes dolorosos o el premio que tus amas consideren oportuno aplicarte. Eva y Patrik.» «Masoco.» «Humillación. Todo lo que tu mente puede desear.» «Dominadora sádica experta.» «Sado erótico. Castigo y humillación.» «Ven a sufrir las delicias del sado con tu ama Sandra.» Estos anuncios, copiados al azar del periódico *La Vanguardia* de Barcelona el día 1 de julio de 1985, p. 36, indican que la llamada algolagnia o voluptuosidad dolorosa tiene sus adeptos y sus oficiantes. Puede ser activa si el placer se obtiene haciendo sufrir a otro, o pasiva si se alcanza con el propio dolor. En el primer caso se llama sadismo, del que hablaré en otra ocasión, y en el segundo, masoquismo. El nombre proviene de Leopold Sacher-Masoch, escritor austríaco nacido en 1836 y muerto en 1895, que en sus novelas *Las mesalinas de Viena, Los señores azotados* y, sobre todo, *La Venus de las pieles* describe a la perfección este tipo de desviación sexual. Sacher-Masoch casó en 1873 con una novelista llamada Aurora von Rümlein, de la que se divorció para contraer nuevas nupcias en 1886 con Hulde Meister. Las dos mujeres aseguraron que el escritor tenía necesidad de azotes para conseguir una erección. Antes de Sacher-Masoch, ya Rousseau había hablado de ello recordando sus primeras armas eróticas.

MAUSER

¿Quién que haya participado en nuestra guerra dejará de recordar esta palabra? En 1871, un año después de su victoria en Sedan contra el ejército francés, el ejército alemán adoptaba en sustitución del fusil de aguja, un nuevo tipo de arma, que había sido inventada por los hermanos Guillermo y Pablo Mauser. El pedido fue tan importante que, al año siguiente, fundaron en Oberndorf, cerca de Stuttgart, una gran fábrica de armas de precisión dedicada principalmente a la producción del fusil que llevó su nombre. Al alemán se sumaron pedidos de otras varias naciones. Guillermo Mauser, que había nacido en 1834, murió en 1882; Pablo, nacido en 1838, falleció en 1914, cuando estalló la primera guerra mundial, llenando de máuseres las trincheras de toda Europa. Terminada dicha guerra, en 1918, el Tratado de Versalles obligó a la sociedad Mauser a transformarse y dedicarse a fabricar máquinas de coser e instrumentos de precisión. Volvió a manufacturar material bélico tras la subida de Hitler al poder.

MAUSOLEO

Mausolo, rey de Caria, reinó del 377 al 355 a.C. La capital del reino era Halicarnaso, considerada como una de las más hermosas ciudades del mundo griego. Cuando Mausolo murió, su esposa

Artemisa, que era también su hermana, hizo erigir una tumba gigantesca con altas columnas y rematada con un carro de combate. El monumento era tal, que fue incluido en la lista de las siete maravillas del mundo, y se conservó hasta el año 560 de nuestra era. Algunos de sus restos, esculturas y frisos, pueden admirarse en el British Museum de Londres.

MECENAS

Persona poderosa que protege a los hombres de letras. Eso dice el Diccionario, pero creo que debe incluirse a aquellos que patrocinan a cualquier persona o empresa cultural, aunque sea de carácter artesano, técnico, científico, etc. Cayo Cilnio Mecenas nació el año 67 a.C. y murió el 8 d.C. Amigo de Octavio Augusto, fue su confidente y consejero. Era hombre de vasta cultura y erudición, que supo ser guerrero cuando se presentó la ocasión, acompañando al futuro emperador en varios combates. Al regresar a Roma, Mecenas ayudó al César a administrar justicia y dirigir el Imperio. Hombre rico, no quiso nunca figurar en política, de la que se mantenía cuidadosamente apartado. Era el amigo de su amigo, no el cortesano del emperador. Un día, Augusto presidía el tribunal y daba signos evidentes de irritación y de ganas de condenar al reo. Mecenas, que estaba entre el público, le hizo enviar una tablilla en la que había escrito: *Surge, carnifex* (Levántate, verdugo).

Estas pocas palabras bastaron para avergonzar al emperador, que suspendió la sesión hasta el día siguiente en que, calmado, pronunció la sentencia absolutoria que procedía. La esposa de Mecenas, Terencia, era hermosa y buena, pero él, gran mujeriego, se peleaba continuamente con ella. Se divorció y volvió a casarse con Terencia una veintena de veces, lo que hacía decir a Horacio:

–No se puede vivir con ella ni sin ella.

Mecenas era un gran vividor, amante de los placeres y la tranquilidad. Decía:

–Me da igual quedarme impotente, ser lisiado, gotoso, cojo o manco; lo que me importa es vivir.

Y a Augusto le aconsejó:

–No abuses de tu poder. Cuanto mayor es el poder más límites debe imponérsele.

Amante de las cosas bellas, protegió a Virgilio, que le dedicó sus *Geórgicas*, y a Horacio, que hizo otro tanto con varias de sus obras. Por esa protección a los dos grandes poetas latinos, su nombre propio mereció ser elevado a común. En realidad, fue el francés Clément Marot quien lo hizo en 1526.

ANECDOTARIO, IV

Otra anécdota de esas a las que tan aficionados eran los griegos y que tenían por ejemplares.

Un filósofo cínico, hallándose un día en una casa llena de ricos muebles, objetos preciosos y magníficas alfombras, escupió a la cara del amo de la casa diciendo:

–Escojo el sitio peor para escupir.

¡Ni filósofo ni cínico ni qué niño muerto! El protagonista de la anécdota no es más que un gamberro mal educado, y dejémonos de cuentos «ejemplares».

Cuando Wagner compuso *Tannhauser*, las críticas se volcaron sobre él. Sabido es que Wagner escribía la letra a la par que la música de sus óperas, y sucedió que un crítico, que hasta entonces no pasaba por muy wagneriano, escribió que el compositor era superior a Goethe y a Beethoven. Pusieron el grito en el cielo los que atacaban al músico, y culparon al crítico de haber cambiado de bando, a lo que respondió:

–No habéis comprendido mi crítica. En ella digo que Wagner es mejor músico que Goethe y mejor poeta que Beethoven.

El gran escritor francés Marcel Achard fue al cine una noche con un crítico amigo suyo. Proyectaban una película de Marilyn Monroe. Al salir, el crítico comentó:

–Esta chica es muy mona, pero como actriz no vale nada. Mañana la voy a destrozar en mi crítica.

–Pues mándame los trozos a casa –dijo Achard.

Unas señoras de una asociación alemana de caridad invitaron al

canciller Adenauer y le pidieron que les diera sus trajes viejos para los pobres.
–No puede ser; lo siento.
–Pues ¿qué hace usted con los trajes viejos?
–Los llevo.

El célebre político gallego Eugenio Montero Ríos tenía un pazo en Lourizón. Un verano paseaba por sus alrededores cuando pasó por allí un labriego con el que trabó conversación.
El señor debe ser de Madrid, ¿no?
–Pues sí.
–¿Y conoce usted al amo de todo eso?
–¿A Montero Ríos? Desde luego.
–Creo que ha robado más...
–Hombre, no será tanto.
–Pues todo el mundo lo dice, y cuando el río suena...
Y el pobre político no osó proseguir la conversación.

Un malvado tiene, a veces, la inteligencia de ser bueno; un tonto, en cambio, no tiene nunca la bondad de ser inteligente.

Regnault de Sain-Jean d'Angely le preguntó al cardenal Maury:
–¿Os figuráis valer mucho?
–Creo valer poco cuando me considero y mucho cuando me comparo.
Esta frase la he encontrado atribuida a varios personajes. Me parece que ésta es la versión más antigua.

En unas elecciones celebradas en tiempo de Canalejas, salió diputado por Gerona Dalmacio Iglesias. Fue al Congreso precedido de la fama de gran orador, y por ello era temido por sus oponentes. La primera vez que le tocó hablar para hacer una pregunta al gobierno empezó diciendo:
–Señores diputados: he pedido la palabra en nombre de una ciudad benemérita, en nombre de una ciudad laboriosa y culta, en nombre de una ciudad histórica, en nombre de una ciu-

dad heroica, en nombre de una ciudad dos veces inmortal...

Y en eso le interrumpió Rodrigo Soriano, que era de la oposición:

–Tres, señor Iglesias, tres.

Don Dalmacio, con su fluida oratoria, le replicó:

–¡Oh señor Soriano...! Yo gusto siempre de recibir lecciones en todas partes, y me place que sea su señoría quien me las dé. Pero Gerona, aunque merecería serlo ciento, según la historia es dos veces inmortal.

–Dos veces –admitió Soriano– según la historia. Y una más por haber elegido como diputado a su señoría.

Los diputados siguieron diciendo: «cuatro... cinco... seis...», y Dalmacio Iglesias fracasó en el Congreso en aquella legislatura.

Un vanidoso literato decía:

–Yo tengo el secreto para hacer versos tan buenos como Lope de Vega.

–No he visto secreto mejor guardado –replicó un contertulio.

Voltaire acostumbraba decir:

–Señor, guárdame de mis amigos que de mis enemigos ya me guardaré yo.

Rafael Gómez *el Gallo* fue un torero célebre por su arte y sus *espantás*. Cuando un toro no le gustaba, no había manera de que lo toreara. Un día, en Madrid, le salió un toro negro como el carbón. *El Gallo* protagonizó otra de sus *espantás* y no había manera de que se acercase al morlaco. Al fin, un amigo suyo le gritó:

–¿Qué esperas, Rafael?

–¿No ves que es negro? A que le salgan canas; no puedo con los negros.

Tened éxito y se os otorgará talento.

El presidente de los Estados Unidos Calvin Coolidge era hombre de pocas palabras. Una vez, una señora se le acercó y le dijo:

Isabel II y Francisco de Asís en San Sebastián, camino del exilio. Última vez que fingieron una armonía conyugal inexistente. Al llegar a Francia se separaron.

Leopoldo O'Donnell. Gran general, conde de Lucena y duque de Tetúan.

–Señor presidente, he apostado con mis amigas a que le haría decir por lo menos tres palabras.
–Ha perdido –fue la respuesta.

Felipe II tenía como lector a don Diego de Córdoba. Una noche le dijo:
–Córdoba, venid a leerme para que me duerma.
–Sí, Majestad.
La lectura duró tres horas largas, y se lamentó el rey:
–Córdoba, no me duermo.
–Yo sí, Majestad.
Cerró el libro, se levantó y salió de la real estancia.

En cierta ocasión, un muchacho feo, muy feo, hablaba con don Miguel de Unamuno. En un momento dado, le preguntó:
–Don Miguel, ¿usted cree que el hombre desciende del mono?
–Lo malo –dijo Unamuno, mirándole– no es que el hombre descienda del mono, sino que vuelva a él...

Lo que sigue se atribuye a numerosos prelados.
En una cena, una señora muy escotada se hallaba sentada frente a un cardenal. La señora vio que el purpurado observaba su escote con cierta fijeza.
–Eminencia, ¿se fija en esta cruz de brillantes que llevo?
–Señora, no miraba la cruz... Admiraba el calvario.
Respuesta digna de un prelado del siglo XVIII francés.

Una mujer muy hermosa pero muy necia decía un día a madame de Genlis:
–No podéis suponer, señora, lo que me molestan mis admiradores. No sé cómo quitármelos de encima.
–Podéis libraros de ellos con facilidad. Basta que empecéis a hablar.

La Fontaine era un hombre muy distraído. Un día hablaba con una viuda a la que daba el pésame por la muerte de su marido.

–Os compadezco de veras; es verdaderamente un gran dolor perder a un esposo como el vuestro.

Siguió un momento de silencio, y el fabulista se distrajo de tal modo que, pensando en otra amiga suya que había perdido un hijo, continuó:

–Pero no os aflijáis demasiado, señora; por fortuna podéis consolaros con los otros que os quedan.

Sólo los paracaidistas y las vírgenes pueden cometer una sola vez el mismo error.

LA CONDESA SANGRIENTA

Hungría, año 1600. Castillo de Csejthe. El conde Ferencz Nadasky vio a una muchacha desnuda atravesar corriendo el parque del castillo. Lloraba a gritos y tenía los pies heridos por las piedras y las plantas espinosas, pero lo más curioso era que su cuerpo estaba untado con miel, y como se hallaban en el mes de agosto, los insectos se lanzaban voraces sobre la piel desnuda. El conde Nadasky interrogó a sus lacayos, quienes le contestaron que la joven era una sirvienta de la condesa, su esposa, y que había sido castigada por ella.

Otro día, el conde descubrió a la condesa, Erzebeth Bathory, mientras con un largo alfiler punzaba a una sirvienta en los pechos. Mientras unos regueros de sangre bajaban hasta el vientre, la condesa sonrió cuando su marido le preguntó por qué se entregaba a semejantes prácticas.

–Ha contestado groseramente a mis preguntas.

Erzebeth tenía hijos, a los que no cuidaba. Vivía confiada en su servicio: Ficzko, enano cruel y malvado; Lliona, jorobada y celestina; y Dorko, bruja y de aspecto no menos repulsivo. Erzebeth se complacía en contemplarles, pues ella era hermosa y bien formada. Y joven, además: contaba treinta y cinco años. ¡Treinta y cinco! Era joven todavía, en efecto, pero se hallaba ya a las puertas de no serlo. Y esto la espantaba.

En 1604, el conde Ferencz, de cuarenta y nueve años de edad, murió repentinamente. Erzebeth quedó viuda. Joven. ¿Joven?

¿Cómo podía serlo a los cuarenta años, en aquella época? Pero Erzebeth conservaba un hermoso cuerpo, un cutis sano, y carecía de arrugas y canas. ¿Cómo conservarse joven?

La condesa acudió a la magia. Sus consejeros fueron Ficzko, Lliona y Dorko. El único sistema para mantener la juventud consistía en bañarse en sangre de jóvenes o adolescentes. Y entonces empezó la cacería. Era menester que la sangre se vertiera sobre el cuerpo de Erzebeth. Se buscó primero a muchachas jóvenes, siervas del condado, que desaparecían una tras otra. Gracias a la inconsciente complicidad del párroco de una aldea próxima, que proporcionaba sirvientas prometiendo buenos salarios, empezaron a desaparecer luego decenas de muchachas de los pueblos vecinos. Pero un día el pobre sacerdote se inquietó por la suerte de sus ovejas. Le dijeron que en el castillo se oían gritos desgarradores y llamadas de socorro. El cura decidió entrar en el castillo y explorar por su cuenta. En un subterráneo encontró huesos humanos en cantidades enormes. El hombre no supo qué hacer ni qué decir. ¿Hablaría, según su deber? ¿Callaría, de acuerdo con el concepto que de la relación con los señores se tenía en la época? El sacerdote optó por callar, y de este modo se hizo cómplice de los crímenes: se peca por omisión como por comisión.

Pronto Erzebeth multiplicó sus acciones delictivas. No le bastaba con degollar a la sirvienta que murmurara, ni quemar viva a la criada torpe. Es menester más. ¿Y la juventud? ¿Había de perder su juventud?

La condesa buscaba a las jóvenes lejos del castillo. Cuando llegaban a él las metía en una jaula situada en uno de los torreones, donde eran degolladas. La sangre caía en el piso inferior donde Erzebeth se bañaba con ella. Dos, tres, cuatro muchachas eran necesarias cada día. Erzebeth examinaba ante el espejo su rostro y su cuerpo. ¿Una arruga? ¿Un pliegue? Se precisaba más sangre, más sangre, más sangre...

En seiscientas veinte se calculaba el número de sus víctimas cuando el rey de Hungría, Mateo II, alertado por los rumores y las acusaciones, intervino personalmente. Sus criados descubrieron en el castillo montones de osamentas, jóvenes aún vivas pero mutiladas, casos de canibalismo...

El proceso tuvo lugar en Budapest. Las actas del proceso, que se conservan, son tan horrorosas como las del proceso de Gilles de Rais, que describí en la segunda serie de estas *Historias de la Historia*. A Ficzko se le condenó a ser decapitado. Lliona y Dorko sufrieron la amputación de los dedos y luego fueron quemadas vivas.

¿Y Erzebeth Bathory? Según algunos fue condenada a vivir emparedada en una habitación de su castillo. La encerraron en ella, y vio cómo las piedras iban tapiando la puerta hasta dejar sólo un hueco por el que le pasaban pan y agua. Su suplicio duró tres años y medio.

Otra versión afirma que fue puesta en libertad por su condición de noble, y que en lo sucesivo se dedicó al canibalismo.

Murió en 1614.

CATALINA LA GRANDE, III

El poder de Orlof como favorito tocaba a su fin. Engañaba a la emperatriz a sabiendas de todo el mundo, incluso con una prima suya de trece años de edad. Catalina envió a Orlof a Turquía con una misión diplomática, y se dispuso a encontrarle sucesor. Durante un tiempo, pareció que iba a serlo un tal Wasseltchikof, pero su relación con la soberana duró poco. Enterado Orlof de su caída en desgracia, abandonó su misión, en la que, a decir verdad, no sobresalía, y regresó a la capital. En el camino recibió una orden de Catalina: debía quedarse en Moscú. Le concedió el título de príncipe, le entregó cien mil ducados para que se construyera un palacio, le asignó una pensión anual de quince mil rublos, le cedió seis mil campesinos y le obsequió con mil objetos valiosos. Catalina, que podía desterrarle, y aun hacerle ejecutar o desaparecer, se contentó con mantenerle alejado, prohibiéndole regresar a la corte.

Un amigo de la familia Orlof era aquel Potemkin que había entregado su tahalí a la zarina cuando ésta dio su golpe de Estado. Uno de los hermanos Orlof, Gregorio o Alejandro, le introdujo en la corte, ya que con sus imitaciones de grandes personajes creyeron que podría divertirse la emperatriz. Un día llegó a imitar a la propia Catalina, la cual, lejos de tomárselo a mal, se divirtió grandemente. Desde aquel día fue asiduo en las reuniones imperiales.

Alejandro Orlof riñó con Potemkin en el curso de una partida de billar, levantó el taco y, voluntaria o involuntariamente, lo dejó tuerto. Potemkin, afligido por aquella desgracia, abandonó la corte y partió a la guerra contra los turcos. Gracias a su talento y, sobre todo, a las recomendaciones de la zarina, su carrera fue fulgurante. Volvió a la corte y aplicó todas sus energías a luchar contra Orlof.

Potemkin era alto, rudo pero no grosero, con un físico que al pronto repelía. Más tarde, su simpatía se adueñaba del interlocutor. Gran histrión, fingía estar enamorado locamente de la zarina y afirmaba, a todo aquel que quisiera oírle, que, terminada la guerra, se retiraría a un convento, puesto que había perdido la esperanza de que Catalina lo amase. En parte era sincero: enamorado tal vez no lo estuviera, pero interesado y atraído, sin duda. Piénsese en la atracción y el deslumbramiento que la realeza absoluta ejercía sobre los cortesanos en particular y el pueblo en general.

Potemkin sustituyó a Orlof. La tan citada Gina Kaus afirma que el nuevo favorito adoraba a la zarina como ninguno de sus amantes, y pone como ejemplo el hecho de cuando Orlof se decidió a hacer un regalo a Catalina compró por cuatrocientos mil rublos –que ya podemos suponer de dónde salieron– un diamante, demasiado grande para ser llevado como adorno, y que por ello pasó a engrosar el tesoro imperial. Potemkin, en cambio, con una delicadeza que no podía sospecharse guiándose por su físico, le regaló en invierno rosas que mandó transportar desde Italia, o un cesto de cerezas maduras el día de Año Nuevo. En cierta ocasión contrató a un bailarín de París... El dinero para todo ello salía de los fondos de la zarina, es decir, del Estado. Pero ¡qué importaba!

Catalina hubo de hacer un viaje por el país, y Potemkin se encargó de organizarlo. Como un director de cine en un Hollywood ambulante, mandó construir pueblos de madera y contrató «extras» que, vestidos con trajes típicos, vitoreaban a la emperatriz a su paso. Por la noche, mientras la zarina dormía, el pueblo era desmontado y trasladado a varios kilómetros de distancia para repetir la comedia. Cinco o seis «compañías» se relevaban en el trabajo. Todos sus componentes ofrecían a la emperatriz la mejor de sus sonrisas y el más cálido de los entusiasmos. Ni que decir tiene que Catalina cayó en la trampa –¿y quién no?– y el viaje se desarrolló felizmente.

En Poltava, Potemkin organizó un espectáculo impresionante. Reprodujo con toda exactitud la batalla que en aquel lugar libraron Pedro el Grande y Carlos XII de Suecia. Catalina aplaudió la magnífica reconstrucción de la derrota sueca, y el emperador José II de Austria, que asistía a la representación, no pudo ocultar la emoción al ver al jefe del ejécito vencido ataviado con el mismo uniforme que llevaba el rey de Suecia aquel día para él infausto. Potemkin acababa de inventar las maniobras militares ahora tan corrientes en todos los ejércitos.

Hizo instalar en su palacio lo que ahora llamaríamos calefacción central. En su jardín de invierno, unas columnas sostenían una especie de anfiteatro destinado a la orquesta. Las columnas ocultaban unos tubos llenos de agua caliente que caldeaban el salón hasta el punto de que en él se cultivaban plantas tropicales traídas de los más lejanos confines del Imperio.

Catalina no sólo era generosa sino, a veces, dilapidadora. Potemkin gastaba sumas enormes y llevaba una vida fastuosa. En las fiestas que ofrecía a la zarina, los pintores, tapiceros, artistas de todas clases, bailarines, músicos, cocineros, pasteleros, etc., sabían que habían de superarse so pena de caer en desgracia. Incluso se repartían víveres y perfumes al pueblo que se agolpaba en las calles esperando el desfile de las aristocráticas carrozas, del mismo modo y con el mismo papanatismo con que hoy el gentío espera el paso de su estrella de cine preferida.

En una de sus fiestas, Potemkin recibió a la emperatriz vestido con un traje cubierto de diamantes. Su sombrero estaba tan cargado de ellos que, a causa del peso, lo sostenía un lacayo.

Su prodigalidad le llevó a extremos a veces incomprensibles. Algunos proveedores debían esperar meses y meses para ser pagados. Tenían que tratar con administradores que se pasaban los acreedores uno a otro. Algunos llegaban a conseguir una audiencia con Potemkin. Éste les recibía y, claro está, representaba una comedia. Llamaba a su secretario y le increpaba:

–¿Por qué no has pagado a este señor? ¿Qué has hecho del dinero que te he dado para pagar a todo el mundo? ¡Paga inmediatamente o te doy de baja en mi administración!

El acreedor se iba satisfecho, pero ignoraba que Potemkin actuaba en combinación con su secretario: si abría las manos, el acreedor debía ser pagado, pero si las unía se debía dar largas al asunto y hasta sabe Dios cuándo.

Potemkin alternaba períodos de gran actividad con otros de vagancia absoluta. Durante la campaña contra los turcos en 1790, se encontró ante la fortaleza de Ismail y se quedó inmóvil ante ella sin intentar ningún ataque ni asalto.

–Una gitana ha predicho que tomaréis Ismail dentro de tres semanas –le dijeron.

–¿Cómo, dentro de tres semanas? ¡Dentro de tres días!

Y, efectivamente, ordenó al día siguiente el asalto a la fortaleza. No ahorró hombres ni medios. A los tres días, en efecto, Ismail capitulaba y Potemkin escribía a la zarina: «Ismail está a vuestros pies.»

Catalina era una mujer valiente. En cierta ocasión comentó con el príncipe de Ligne:

–De haber sido yo soldado, no hubiese llegado a capitán. Hubiese muerto antes en una batalla.

Una prueba de su valentía la dio al acceder a vacunarse antes que nadie en 1768, a pesar de las opiniones de muchos médicos, que creían peligrosa la operación. Baste decir que se ordenaron rogativas públicas en todo el país para que la salud de la soberana no sufriera daño. Un niño de seis años, Markof, fue inoculado previamente a fin de que pudiera proporcionar vacuna a la emperatriz. El niño fue ennoblecido con el título de Ospienny, es decir, «Vacunado». Ser el barón Vacunado no deja de tener gracia.

Catalina fue una trabajadora incansable. El célebre erudito alemán Grimm le preguntó un día si se aburría:

–No me aburro porque amo estar ocupada. Creo que el hombre no es feliz más que cuando trabaja.

Personalmente, no comparto la opinión de la zarina.

Decía también:

–La política está hecha de tres c: circunstancias, conjeturas y coyunturas.

Esto lo he sacado de un libro italiano de Palazzi. Ignoro el ruso y, por lo tanto, no puedo precisar si en este idioma las tres c corresponden exactamente a la frase de Catalina.

La señora Bielke se burlaba de la gente devota y se vanagloriaba de ser atea, lo que suscitó este comentario de Catalina:

–Señora, yo en cambio me felicito de ser uno de esos imbéciles que creen en Dios.

Se daba cuenta de la dificultad de reinar:

–En mi situación me veo obligada a leer cuando quisiera escribir y a hablar cuando quisiera leer. Debo reír cuando tengo ganas de llorar y no me dejan tiempo para reflexionar. No debo nunca mostrar cansancio. Y, enferma o sana, debo mantenerme alerta en todo momento. No crean que es fácil.

Por ello, como se exigía mucho a sí misma, quería reinar como verdadero monarca absoluto:

–Soy siempre del parecer de mis ministros cuando ellos son de mi parecer.

Cuando estalló la Revolución francesa, ella, tan liberal en sus manifestaciones y tan amiga de los filósofos que la habían protagonizado, se declaró en contra de los principios de libertad, igualdad y fraternidad:

–¿Igualdad? ¿Desde cuándo los zapateros entienden de política? Los zapateros sólo entienden de zapatos.

Y más adelante:

–Si la Revolución triunfa en Francia, surgirá un Gengis Kan o un Tamerlán que reducirá sus ímpetus y creará un nuevo imperio.

Presintió a Napoleón.

Potemkin fue el último de sus favoritos, pero no el último de sus amantes. Cuando la relación terminó, ella contaba cuarenta y seis años, y murió a los sesenta y seis. Entre sus amantes, se cuentan Zabadwski, veinte años más joven que ella, y Zubov, al que llevaba cuarenta años.

Ya no importaba el qué dirán, no ya de la corte, que eso siempre le importó muy poco, sino la opinión de Europa. Los filósofos, que la tuvieron por una protectora, la consideraban ahora una Mesalina depravada.

Escogía a jovencitos, que pasaban previamente por los brazos de dos amigas de la emperatriz. Si ellas daban su visto bueno, pasaban al lecho de la zarina; en caso contrario, las «experimentadoras» –así las llamaban en palacio– debían reclutar nuevos mancebos. ¡Ah! Catalina era mujer «moderna», y mandaba someter a sus candidatos a amantes a un examen médico. Todas las precauciones son pocas.

Cuando se cansaba de un amante, lo que sucedía con harta frecuencia, lo despedía sin contemplaciones. Se le destinaba a un sitio remoto, hacia el que debía partir en el acto y sin despedirse de la soberana.

Y así durante veinte años. Hubo amantes que duraron un mes; otros, una sola noche. Uno de ellos, Lanskoi, murió tal vez intoxicado por unos afrodisíacos. Otro, Mamonov, se enamoró de una de las damas de honor de la zarina.

–¡Qué cruel lección! Pero ¡que Dios os acompañe! ¡Sed felices!

Y quiso ser madrina de boda. Incluso cedió sus aposentos a la novia para que vistiera sus galas nupciales.

Potemkin gobernaba, pero cada día se encontraba más enfermo. Los médicos le prescribieron un régimen estricto que él no

Isabel II y su marido Francisco de Asís. Él «imposibilitado física y moralmente para hacer la felicidad privada de Su Majestad y de la nación española». Así dijo, con razón, lord Palmerston.

Mariano de Cavia. Hizo célebres sus seudónimos de «Sobaquillo» en las crónicas taurinas y «Un chico del Instituto» en las dedicadas a defensa del idioma. Propugnó el uso del término «balompié» en sustitución de «fútbol». Creo que sólo le ha seguido el Betis.

siguió. Comía carne salada y bebía un par de litros diarios de vodka. A veces más. En el curso de un viaje se agravó su enfermedad, mandó parar el coche y murió al borde del camino, sin más compañía que el cochero y dos lacayos. Catalina le lloró y decidió levantarle un mausoleo, que no pasó de mero proyecto. El hijo de Catalina hizo exhumar el cadáver y ordenó que lo arrojaran a la fosa común. Unas manos piadosas le desenterraron de nuevo –¿se trataría realmente de su cuerpo?–, y ahora en el convento de Nevski se enseña su tumba.

Cinco años después que Potemkin, el 16 de noviembre de 1679, murió Catalina de un cólico, estando sentada en un sillico en el que hacía sus necesidades.

ALGUNAS HISTORIAS DE NOMBRES PROPIOS Y, A LA VEZ, COMUNES. IV

Mentor

Consejero, instructor, guía. El que sirve de ayo o preceptor. Amigo fiel de Ulises, Mentor se encargó de la administración de sus bienes y de la educación de su hijo Telémaco. Cuando Atenea o Minerva quería guiar a Telémaco por el buen camino, tomaba la figura y la voz de Mentor, y también se aparecía a Ulises de esa guisa para protegerle y mostrarle el camino. La palabra tomó su significado común tras la aparición del libro *Las aventuras de Telémaco* de Fénelon. Debo consignar en honor a la verdad que pocas veces me he tropezado con un libro más indigesto y pesado. Como es un clásico de la literatura francesa, debo atribuir a mi incapacidad tal opinión. De todos modos, Cervantes creía que su mejor obra era el *Persiles y Sigismunda*, que en cuanto a aburrimiento supera, a mi juicio, la obra de Fénelon. Este último autor era un hombre muy modesto, por lo que creo que mi opinión, si la hubiese podido saber, le tendría sin cuidado, tal como debe ser. Un día, unos amigos le preguntaron por qué iba a pie pudiendo viajar en coche, y él contestó:

–Tendría siempre miedo de encontrar a un peatón que valiese más que yo.

Era también comprensivo. Siendo arzobispo de Cambrai, el párroco de un pueblo se vanagloriaba ante él de haber suprimido el baile en su parroquia.

–Mi querido párroco –le respondió Fénelon–, es justo que nosotros, los sacerdotes, no bailemos, pero ¿por qué impedir a nuestros pobres campesinos que olviden sus miserias en la danza?

Pasemos aquí por alto sus doctrinas quietistas que, con las de madame Guyon, trastornaron toda su época. Fénelon se sometió siempre a la disciplina de la Iglesia, dando con ello ejemplo de su humildad y bondad. Esta última virtud le hacía decir cuando se hablaba de la patria:

–Amo a la familia más que a mí mismo, amo la patria más que a la familia, pero amo al género humano más que a la patria.

Su bondad era tal, que se decía, comparándole con el gran orador sacro Bossuet:

–Bossuet prueba la religión; Fénelon la hace amar.

Cuando fue nombrado arzobispo de Cambrai, restituyó al rey el único beneficio que tenía, el de la abadía de San Valerio, diciendo que su conciencia no le permitía acumular beneficios. Un obispo que disfrutaba de muchos exclamó:

–Pero ¡este hombre arruina el oficio!

Nació en 1651 y murió en 1715. Su nombre completo era François-Marie Salignac de la Mothe Fénelon.

MOISÉS

Canastillo especial, acolchado, forrado de tela y adornado con encajes, que sirve de cuna a los recién nacidos. Eso dice el diccionario, pero creo que si los encajes faltan no dejará por ello de ser un moisés. Su nombre viene del gran profeta y legislador judío, que fue abandonado por su madre en una cuna lanzada al Nilo, del que le recogió la hija del Faraón. Los niños de hoy son algo escépticos. Un maestro preguntó a uno de sus alumnos:

–¿Quién fue Moisés?

–El hijo de la hija del Faraón.

–No; la hija del Faraón lo recogió de las aguas.

–Eso es lo que dijo ella –respondió el repelente alumno.

El episodio puede leerse en la Biblia: *Éxodo*, cap. 2, versículos 1-10.

Morfina

En 1787 nació en Mahón Mateo José Buenaventura Orfila, creador de la ciencia de la toxicología. En 1818, cuando ya era célebre, adquirió la nacionalidad francesa, y en francés publicó todas sus obras. Su *Tratado de medicina legal* y el *Tratado de toxicología general* fueron traducidos a varias lenguas, sentando autoridad durante mucho tiempo. Murió en París en 1853. Fue él quien en 1818 dio el nombre de morfina a un poderoso analgésico y soporífero descubierto en 1804 por Seguin. El nombre deriva de Morfeo, el dios del sueño en la mitología griega, que para dormir a los mortales se contentaba con rozarles con la flor de la adormidera. Hoy, cuando los toxicómanos son una terrible y dolorosa plaga del mundo entero, desearíamos un nuevo Morfeo que durmiese a los hombres sin entontecerlos.

Morse

S.O.S. S.O.S. S.O.S. Esta señal de socorro es conocida universalmente. Se le han dado diversas interpretaciones. La más sencilla es la verdadera: S.O.S. se traduce en el alfabeto ideado por Samuel Finley Breese Morse por ...---...; es decir, tres puntos y tres rayas, tres sonidos cortos y tres largos, los más fáciles de emitir y, por ello, los más fáciles de descifrar y los más apropiados para situaciones de emergencia. Morse se dedicó primero a la pintura, en la que creía poder distinguirse. Pintó a industriales, gente de mundo e incluso a un presidente de la república, pero fuerza es confesar que sus cuadros son mediocres, hablando con benevolencia. Además de cultivar este arte, había estudiado en Yale los problemas de la electricidad y, en especial, el electromagnetismo. Viajó a Europa a fin de perfeccionar sus conocimientos pictóricos, pero durante la prolongada travesía de regreso surgió entre los pasajeros del barco, el *Sully*, una discusión sobre el telégrafo. Corría el año de 1832. ¿Se podrían enviar mensajes a larga distancia mediante la electricidad? Morse desarrolló allí mismo sus primeras ideas sobre el telégrafo eléctrico, pero tardó doce años en convencer a los capitalistas norteamericanos, hasta el punto de que su invento fue patentado antes en Francia que en los Estados Unidos o Inglaterra. Cuando le creyeron, tuvo que esperar dos años más a fin de que se reuniese el dinero suficiente para construir una línea telegráfica entre el Tribunal Supremo, en Washington, y Baltimore. Se inauguró el 24 de mayo de 1844. El primer texto telegrafiado fue un versículo de la Biblia. Hasta conseguir en 1866 la instalación de un cable trasatlántico, tuvo que luchar contra mil tropiezos. Gracias a su tenacidad logró triunfar, y cargado de honores y reconocido su saber por todo el mundo, murió en Nueva York en 1872.

NICOTINA

La pintoresca historia del tabaco ocuparía varias páginas. Baste decir aquí que Jean Nicot, embajador francés en Lisboa, envió en 1560 a su reina Catalina de Médicis varias semillas de tabaco para que fueran plantadas en el invernadero real. Iban acompañadas de algunas hojas secas y de una explicación sobre sus propiedades salutíferas. Se debían usar pulverizadas –lo que luego se llamó rapé– y se tomaban para combatir las jaquecas. Nicot había recibido la planta de un mercader flamenco, y nunca creyó que su nombre pasaría a la historia gracias a ella. Estaba más interesado en una obra, *Tesoro de la lengua francesa*, que le acredita como gran erudito.

OHMIO

Unidad adoptada para medir la resistencia de los conductores eléctricos. Como tantos nombres científicos y técnicos, lleva el nombre de su descubridor, en este caso George Simon Ohm, nacido en Erlangen el 16 de marzo de 1789. Su padre, que era cerrajero, hizo lo posible para dar estudios a su hijo, aficionado a la física y las matemáticas. Pasó tiempos duros en Berlín, pero en 1831 fue nombrado director de la escuela politécnica de Nuremberg, y en 1847, catedrático de física en Munich. Era la consagración de sus estudios. En Munich murió en 1854 y, años después, en 1881 exactamente, los científicos decidieron dar su nombre a la unidad eléctrica al principio mencionada.

PÁNICO

Pan, dios de los rebaños y de los pastores, hijo de Hermes y de la ninfa Oríope, era una divinidad originaria de Arcadia y encarnaba la fertilidad y la naturaleza. Pan significa también en griego *todo*. Ejemplos: panamericano, toda América; panteísmo, todo es dios, etc. Se le representaba como una divinidad deforme, medio hombre, medio macho cabrío, con barba y cuernos, coronado de agujas de pino y tocando el caramillo. Eso en sus días de calma, porque como también era el dios de la fecundidad y de la potencia sexual, cuando se ponía flamenco atacaba a mujeres y jóvenes de uno y otro sexo gritando estruendosamente, producía el llamado «terror pánico». Perseguía a sus presas por valles y montes, y no se sabe si las villas y las ciudades estaban libres de sus acometidas. Plutarco dice que, durante el reinado de Tiberio, sobre el mar Egeo se oyeron voces de «el gran Pan ha muerto», lo que luego se interpretó como una alusión a la llegada de Cristo, que acababa con toda la mitología del Imperio.

PANTALÓN

En Venecia viví un tiempo en la Pensione alla Mora, en el barrio de San Pantalón, deformación veneciana del patrono, san Pantaleón. De allí precisamente deriva el nombre de esta prenda. Un personaje de la comedia dialectal veneciana representaba el viejo avaro, mezquino, grosero e interesado, vestido con unas calzas viejas que le llegaban hasta los tobillos. Se le llamaba *Pantalon dei Bisognosi*: Pantalón de los Necesitados. Vestir de Pantalón era no vestir calzones cortos, como era entonces la moda, sino con la prenda, a la sazón extraña, que hoy seguimos designando con el nombre del personaje de la farsa. Sucedía esto en los siglos XVI y XVII, y alcanzó por fin carta de ciudadanía en Francia a fines del XVIII, cuando los *sans culottes*, los sin calzones, fueron protagonistas no de una farsa sino de la trágica Revolución. De Francia pasó a toda Europa durante el siglo XIX. En nuestros días, hasta las mujeres lo usan corrientemente, con gran sentido de la comodidad. Recuerdo todavía el escándalo que, por los años 30, causó Marlene Dietrich cuando se presentaba en público luciendo unos masculinos pantalones.

Hermafrodito. Lo que quisieran ser los travestidos de hoy.

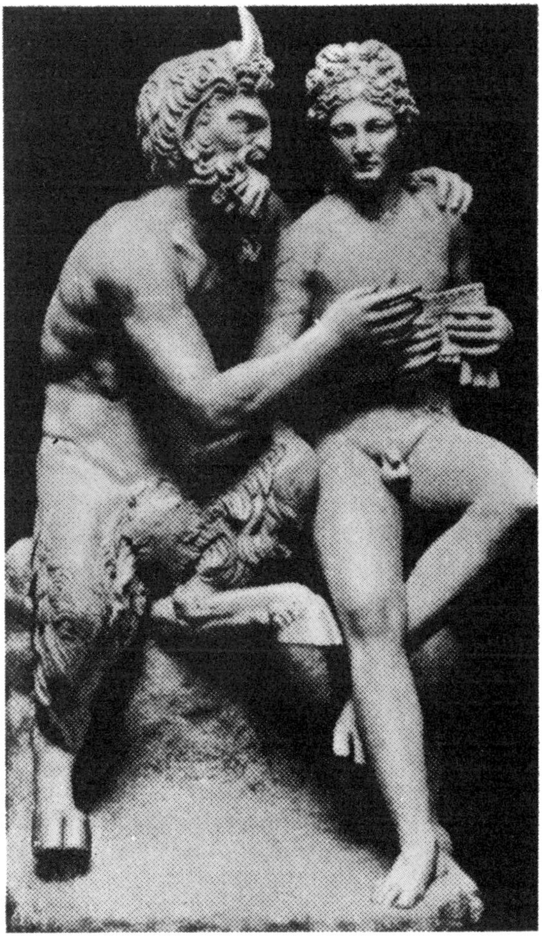

ESCLAVO experto en beso negro busca relación estable con Sra. tipo matrona y matrimonio mayor. Mis fijaciones abarcan toda gama de servicios en lavabo, higiene íntima, urofagía y coprofagía. También todo tipo de tareas domésticas, sin int. econ. Máx. discr.

Masoquismo. Anuncio aparecido en el periódico barcelonés «La Vanguardia» el día 11 de agosto de 1985.

Por entonces sólo se veían en algunas playas de moda. Eran muy anchos y, según decían, bastante incómodos.

PARMENTIER

Cualquier aficionado a la buena mesa sabrá que cuando en el menú aparece esta palabra, el plato está cocinado con patatas. ¿Por qué? Simplemente, porque fue Antonio Agustín Parmentier quien las popularizó en Francia, y como este país ha sido el creador de buena parte del vocabulario culinario, el nombre quedó en los recetarios galos y luego pasó a los demás países. Pero la historia de la patata, que creo interesante, se relatará en otro capítulo de este libro.

PASTERIZAR O PASTEURIZAR

Esterilizar la leche, el vino y otros líquidos según el método de Pasteur, sometiéndolos a la acción del calor para matar los gérmenes de fermentos. Esto dice el diccionario, pero ¿quién era Pasteur? Luis Pasteur, contrariamente a lo que mucha gente cree, no era médico sino químico y biólogo. Nació en Dôle en 1822 y falleció en Villeneuve en 1895. Fue el fundador de la bacteriología moderna. A los quince años su padre le envió a estudiar a París, pero el joven Pasteur sentía tal nostalgia de la tenería paterna, que sólo deseaba volver a sentir el olor de las pieles. Tuvo que volver a casa y continuar sus estudios en Besançon, que distaba pocos kilómetros de su villa natal. Se licenció a los dieciocho años, y el director del colegio, atraído por su voluntad de estudio y su capacidad de asimilación, le encargo una clase con el estipendio de ciento cincuenta francos al mes, que a Pasteur le parecieron una fortuna. Al notificarlo a su familia escribió: «Tres cosas son necesarias para la existencia humana: voluntad, trabajo y éxito. Para lo último son menester las dos primeras.»

Pasteur había encargado al vigilante del colegio despertarle cada día a las cuatro de la madrugada para así poder dedicar tiempo a sus trabajos personales. El vigilante le llamaba diciéndole:

–¡Ánimo, señor Pasteur, eche afuera el diablo de la pereza!

Luego de doctorarse en París, entró en el departamento de Claude Bernard, en el hospital de la capital francesa.

–Hubo un tiempo en que en los hospitales la sangre corría a torrentes –decía Bernard–. Ahora, como no se hacen sangrías, es difícil encontrarla para los experimentos. Suerte tengo de mi ayudante, Pasteur, que se deja sangrar para contentarme. Cuando le dije que era un sacrificio muy grande, me dijo seriamente: «¡Oh, no se preocupe, doctor, yo cada día me sangro, y con mi sangre riego los tiestos de mi balcón!»

Había hecho ya algún descubrimiento importante cuando se casó con la hija de un profesor de Estrasburgo. Fue un matrimonio fiel y feliz, sobre el que se decía:

–La señora Pasteur ha amado a su marido hasta el punto de comprender lo que hacía.

El gran sabio había descubierto la ley de polarización del paratartrato, que el ilustre cristalógrafo berlinés Mistcherlich negó como imposible. Pasteur exclamaba, contento:

–¡Cómo me gustaría que estuviera aquí Mistcherlich! ¡La alegría que iba a tener!

Un amigo le expuso sus dudas.

–¿Cómo? ¿Por qué no debería estar contento?

–Verá, señor Pasteur, Mistcherlich es un gran científico y quizá no le agradará verse desautorizado con toda la razón por un...

–Ya puede decirlo: por un chisgarabís como yo... He comprendido, pero ¿qué importan ante la ciencia unas pequeñas luchas personales? Yo, por mi parte, estoy dispuesto a cederle mi descubrimiento.

En Provenza, una terrible y misteriosa enfermedad atacaba a los gusanos de seda, lo cual producía grandes daños a la industria sedera. Las autoridades, reunidas, eligieron a Pasteur, que con sus estudios sobre la fermentación alcohólica había salvado la industria vinícola, para que estudiase el asunto. Llegado a Provenza, los campesinos le dirigieron a Montpellier, donde debía entrevistarse con Juan Enrique Fabre, el gran científico, llamado después el Homero de los insectos, que acogió a Pasteur con gran entusiasmo:

–Es un honor para mí recibir a un sabio tan importante.

Pasteur estrechó sencillamente la mano de Fabre y le habló del encargo que le habían hecho. Visitando el estudio de Fabre se quedó mirando una caja repleta de gusanos.

–Perdone, señor Fabre, pero ¿qué diablos es esto?

Fabre se echó a reír.

–¿Cómo? ¿Ha venido usted a estudiar la enfermedad de los gusanos de seda y no los conoce? Éstos son precisamente los tales gusanos.

Pasteur rió también, y poco después había descubierto lo que buscaba.

En cierta ocasión, el ilustre bacteriólogo invitó a comer a un amigo, y como postre le sirvió cerezas. El amigo cogió una y se la comió. Pasteur le riñó, diciendo que era menester lavarlas antes:

–Cada cereza lleva en su piel millones de microbios que tú, insensatamente, te llevas a la boca.

Y dando ejemplo, empezó a lavar sus cerezas en un vaso de agua. Sólo que, en un momento de distracción, cogió el vaso y se bebió su contenido.

–¿Qué haces, desgraciado? –le dijo el amigo–. ¡Has tragado millones y millones de microbios!

Pasteur sonrió.

–No te preocupes. Esto no tiene importancia.

En 1885 descubrió la vacuna contra la rabia, lo que le proporcionó renombre universal. Imaginó entonces crear un centro de estudios e investigaciones, para lo cual pidió dinero a través de una cuestación popular. Él mismo iba a visitar a quienes creía que le podían ayudar. Una tarde se presentó en casa de la viuda Boucicaut, propietaria de los grandes almacenes Bon Marché. La criada que le abrió la puerta le comunicó que la señora no recibía a nadie. Pasteur insistió tanto, que la criada fue a avisar a la señora. Cuando regresó, preguntó:

–¿Es usted el señor Pasteur, el de la rabia?

–El mismo.

–Pues entre usted, que la señora le recibirá.

Ante la señora Boucicaut, Pasteur explicó con entusiasmo su proyecto: un instituto en el que sabios de diversos países investigarían los secretos de la vida y la manera de combatir las enfermedades.

–Ya sé que parece una utopía, pero es necesario para la humanidad y eso, señora, requiere dinero. Cualquier suma con la que usted pueda contribuir será bien recibida por pequeña que sea.

La señora Boucicaut sonrió, se dirigió a una cómoda y de uno de sus cajones extrajo un libro de cheques. Firmó uno y lo entregó a Pasteur. Éste lo miró, se echó a llorar y abrazó a la señora Boucicaut, que también lloró emocionada. El cheque, de un millón de francos, fue el inicio del Instituto Pasteur, que se inauguró en 1888.

Luis Pasteur era creyente, y un día en que se hablaba de varios filósofos incrédulos de su tiempo, exclamó:

–Los metafísicos elaboran teorías sobre teorías, todas fundadas sobre la nada, que desaparecen aventadas por una nueva moda. Sobre el origen y el fin de todas las cosas sabe mucho más mi madre, que es una pobre campesina, cuando está arrodillada en la iglesia de su pueblo.

Napoleón III le preguntó un día por qué no había explotado económicamente sus descubrimientos.

–Señor –contestó Pasteur–, hubiese sido un bochorno para la ciencia.

Al mismo Napoleón III le pidió ayuda para sus investigaciones.

–Se encuentran millones para la ópera, Majestad, y no se hallan cien mil francos para mi laboratorio.

Napoleón III sonrió y mandó llamar a uno de sus ministros:

–Éste es mi amigo Pasteur, que creo tiene toda la razón. Mirad de satisfacerle.

Y pudo disponerse del dinero.

Se hallaba un día Pasteur en Compiègne, en la corte de Napoleón III, cuando le pidieron que diese una charla sobre cuestiones científicas. En un punto de su disertación, dijo que le sería útil una gota de sangre, y la emperatriz Eugenia se pinchó un dedo para ofrecérsela. Pasteur, que no era hombre de mundo ni cortesano, se limitó a comentar:

–Hubiese preferido sangre de rana.

La emperatriz rió, y al día siguiente hizo llevar a la habitación del sabio un saco lleno de ranas vivas. Pasteur le dio las gracias, y cuando se fue de Compiègne las olvidó por completo. La habitación fue asignada aquella noche a una dama extranjera, a la cual despertó aquella noche un extraño ruido. Encendió una vela y lanzó un grito: la habitación estaba llena de ranas, que habían escapado del saco y saltaban, croando, por todas partes.

Cuando en 1870 estalló la guerra entre Francia y Prusia, Pasteur devolvió a los alemanes todas las distinciones y diplomas que le habían concedido. En la carta que les acompañaba decía: «La ciencia no tiene patria, pero los científicos sí.»

A lo largo de su vida tuvo que sacrificar miles de animales para el bien de la humanidad, pero jamás pudo matarlos personalmente. Veía al animal en sus manos, empezaba a acariciarlo, a pedirle disculpas, a explicarle que aquello tenía que hacerlo por el bien de todos... y luego se ausentaba y dejaba que sus ayudantes hicieran el penoso trabajo.

Un célebre duelista parisino, Casagnac, creyendo que su honor había sido ofendido por Pasteur, le desafió enviándole a sus padrinos para que concertasen el duelo. Pasteur les recibió muy serio y les dijo:

–El señor Casagnac me desafía. Muy bien; pero como a mí me toca elegir las armas escojo estas salchichas. Una de ellas contiene triquina; la otra, no. Que el señor Casagnac se coma una y yo me comeré la otra. Ya ve que, a simple vista, no se distinguen.

El singular reto terminó con una sonrisa por parte de los padrinos de Casagnac, que se retiraron para reconciliar después a Pasteur con su apadrinado.

ISABEL II. REINA (III)
(ALGUNAS ANÉCDOTAS SUELTAS)

Quedaron en el tintero, o detrás del micrófono, multitud de anécdotas de la reina castiza.

Cuando ya estaba desterrada en París y Alfonso XII era rey de España, nombró éste embajador en Francia al general Serrano, alma de la conspiración que derribó a Isabel II y que, según se ha dicho, pasaba por haber sido el primer amante de la reina. Como tenía que hacer una visita de cortesía a Isabel II pasó la noche anterior sin conciliar el sueño, ignorando cómo le recibiría la augusta señora. Cuando llegó al palacio donde residía, entró en el gabinete de doña Isabel inclinándose cortésmente ante ella, que le dijo:

–¡Qué viejo estás! Pasa y siéntate aquí. ¿Cómo se encuentra mi hijo? Pero ¡qué viejo estás!

Para un antiguo amante no podía ser peor el recibimiento.

Cuéntase que Escosura, enemigo un tiempo de O'Donnell, hizo con él la amistad e ingresó en el partido llamado de la Unión Liberal. De este modo fue nombrado para un cargo importante, quizá la intendencia de La Habana.

Cuando el nuevo intendente fue a presentarse a la reina, ésta le dijo sonriendo:

–Hace tiempo que no te veía. ¡Qué caro te vendes!

Allá por el año 1866, el general Izquierdo, que se hallaba de reemplazo, solicitó con insistencia el apoyo de la reina para obtener en activo un cargo que le sacase de apuros pecuniarios. Recomendóle Su Majestad a Narváez varias veces sin resultado, y a la tercera o cuarta dijo a éste en tono que revelaba algún enfado:

–Haz el favor de decirme de una vez si quieres colocar a Izquierdo o no.

A lo que Narváez repuso:

–Señora, si Vuestra Majestad tiene empeño en que se dé a Izquierdo un empleo en activo, buscará primero Vuestra Majestad a otro ministro de la Guerra que le nombre: yo no puedo hacerlo porque me consta que está conspirando contra Vuestra Majestad.

Calló doña Isabel y transmitió la negativa a Izquierdo, aunque ocultando la causa de la resolución de Narváez, y como aquél se mostraba pesaroso y se lamentara de la estrechez a que se veía reducido, díjole:

–Pues, mira, toma seis mil duros y arréglatelas como puedas por ahora.

Murió Narváez poco después, y siendo ministro de la Guerra el general Mayalde, obtuvo de él la reina el nombramiento de Izquierdo para segundo cabo de la capitanía general de Andalucía. Desde este punto siguió conspirando, y al estallar el alzamiento de Cádiz sublevó la guarnición de Sevilla, depuso al capitán general (Vasallo) y dio el grito de «¡Abajo los Borbones!».

De todos los generales sublevados, acaso fue el que más encono mostró contra la desdichada soberana.

Conocida de todos es la parte activa y principal que el general don Francisco Serrano y Domínguez, duque de la Torre, tomó en la Revolución de 1868, que arrojó del trono de España a la reina doña Isabel II. Según un autor, «en las capitulaciones matrimoniales del general Serrano figura esta cláusula: don Francisco Serrano y Domínguez aporta tres millones de reales que debe a la generosidad de Su Majestad la reina Isabel».

Animábala un cortesano, después de la Restauración, para que regresara a Madrid.

–En una habitación chica no se debe poner una mesa grande, porque todo el mundo tropieza con ella –comentó la soberana.

Regaló una vez la reina a su peluquera un vestido de *moiré antique* morado, y ésta se lo dio para arreglar a una modista, cuyo hijo, grande amigo nuestro, nos ha referido el caso. Al deshacer la falda se encontraron en su bolsillo varios billetes de banco que la modista, mujer de conciencia, entregó a la peluquera, y ésta, no menos escrupulosa, quiso devolver a Su Majestad. Pero Isabel, rumbosa como siempre, los rechazó diciendo:

–Quédate con ellos; son el adorno del vestido.

Estas anécdotas están extraídas del libro de Carlos Cambronero *Isabel II, íntima*, publicado en Barcelona en 1908.

ANECDOTARIO, V

Hallábase en Londres Weber, autor de *Freischütz*, en 1811, y paseaba en un bote con dos señoras. Tocaba Weber la flauta, pero viendo que en otro bote le seguían muchos oficiales jóvenes, se metió el instrumento en el bolsillo.

–¿Por qué no seguís tocando? –le preguntó uno de los oficiales.

–Por la misma razón por la que empecé a tocar.

–¿Y qué razón es ésa?

–Mi gusto.

–Ah, ¿sí? Pues volved a tocar ahora mismo, o será mi gusto echaros al Támesis de cabeza.

Conociendo Weber que la reyerta había espantado a las señoras que con él iban, cedió a la presión de las circunstancias, sacó otra vez la flauta y tocó. Al saltar a tierra, dirigióse a su interlocutor, a quien no había perdido de vista, y le dijo:

–Señor mío, por evitar disgustos a las personas que conmigo

iban y a las que iban con vos, he sufrido vuestras impertinencias; pero mañana me daréis cuenta de ellas. En Hyde Park nos veremos a las diez de la mañana. Reñiremos con espada, si os parece, y como el duelo es entre nosotros dos solos, creo inútil comprometer a gente extraña.

Aceptó el oficial, acudió el día siguiente al sitio, halló en él a su adversario y tiró de la espada para ponerse en guardia, pero Weber le apuntó a la garganta una pistola.

–¿Qué es esto? –gritó, sorprendido, el oficial–. ¿Queréis asesinarme?

–No –respondió tranquilamente el músico–, pero tened la bondad de envainar en seguida y poneros a bailar el minué acto continuo, si no queréis que os mate.

Quiso resistirse el oficial, pero la firmeza y el severo lenguaje del músico le hicieron tal mella, que de buena o mala gana no tuvo más remedio que bailar.

–Señor mío –le dijo después Weber–, ayer toqué yo la flauta por fuerza; hoy habéis danzado vos de mal grado: estamos en paz. Ahora, si queréis satisfacción por armas, estoy a vuestras órdenes.

El oficial le alargó la mano, estrechándosela Weber, y desde entonces hasta la muerte de éste se trataron como buenos amigos.

Hablamos siempre mal del gobierno, sea el que sea. Es un defecto o una característica universal. Y siempre nos sorprendemos al ver que figuran a la cabeza de los diversos departamentos ministeriales personas desconocidas o que, al menos, ignoramos por qué diablos han llegado a ocupar su poltrona. Ello no es nuevo y ahí va esta anécdota que lo demuestra.

Paseaban un día por el Retiro don Eduardo Dato y el gran político andaluz Francisco Bergamín. Iba preocupado el primero porque le habían encargado de formar gobierno y no acababa de completar la lista ministerial.

–¿A quién haré ministro de la Guerra? –se preguntó en un momento dado.

Pasaba por allí una bella muchacha, a la que siguieron los ojos de Bergamín que, encandilado, dijo con su acento andaluz:

–Haga uzté miniztro a éza.

Dato, que no había visto nada, se paró y dijo:

–¿A Eza...? Pues no es mala idea.

Y así, el vizconde de Eza llegó a ser ministro.

Mauser. En una foto de legionarios nacionales en el frente de Madrid.

Marilyn Monroe. Denostada por los críticos y deseada por todos.

Los jansenistas –seguidores de Jansenio o Jansen, teólogo holandés– opinaban que todas las acciones humanas se debían a la gracia y no al mérito. El regente Felipe de Orleans repartió un día varios beneficios eclesiásticos a algunos sacerdotes sin ninguna cualidad, recomendados por varias damas de la corte, y dijo:

–Hoy he obrado como el más rígido jansenista: lo he concedido todo a la gracia y nada al mérito.

Un mediocre actor molestaba continuamente a Bernard Shaw pidiéndole una carta de recomendación para un empresario importante de Londres. Para librarse de una vez del importuno, le dio la carta, redactada en los siguientes términos:

«Mi querido amigo: El dador de la presente representa a Shakespeare, a mí y a otras celebridades del teatro. Además, toca la flauta y juega al tenis. Esto último es lo que hace mejor. Afectuosamente, BERNARD SHAW.»

Hay gente partidaria de la igualdad..., pero sólo con sus superiores.

Le preguntaron a un gran industrial americano (el anecdotario del que copio no dice cuál):

–¿Quién es el hombre feliz?

–Un hombre feliz es aquel que durante el día por su trabajo y de noche por su cansancio no tiene tiempo para pensar en sus cosas.

Opinión que no comparto.

Anécdota que he visto atribuida en Francia a Clemenceau y en España a Romanones.

Comprobaba el político la asiduidad del personal de su departamento y entró en una oficina: nadie. Entró en otra: desierta igualmente. Lo propio sucedió en la tercera y la cuarta. En el quinto despacho, un oficinista dormía con los codos apoyados en la mesa. El secretario del político quiso despertar al durmiente. Pero el ministro le detuvo, diciendo:

–No le despierte; si lo hace, se marchará como los otros.

Hoy esto no sucede. Lo que pasa es que si no se encuentra al funcionario deseado se le dice que «está por la casa» o «está despachando» o «está reunido». Luego, no es difícil dar con él en la cafetería de la esquina. Eso si no está en otra oficina, no ministerial, claro. Y que nadie se moleste, por favor. Es lo que dice la gente.

Cuando Carlos I de Inglaterra fue decapitado, su enemigo Oliverio Cromwell quiso ver el cadáver y dijo:

–Perfecta constitución; hubiera podido vivir muchos años.

Cuando la Asamblea Constituyente francesa, formada a raíz de la Revolución, suprimió las órdenes religiosas, recibió un escrito que decía entre otras cosas:

«Creo que sería útil conservar y perpetuar un fraile de cada especie para que los artistas tuvieran un modelo y las razas futuras un ejemplo del delirio de los siglos de ignorancia y de barbarie.»

Firmaba el escrito un ex padre capuchino llamado Macleu, y es que no hay cuña peor que la de la misma madera.

Siendo ministro de Fomento Rafael Gasset, era visitado a diario por un ex diputado que terminó haciéndose amigo suyo y obtuvo de él muchos favores. Cesó Gasset como ministro, y pasó mucho tiempo, años, sin que tuviese noticias de su amigo. Volvió a la poltrona ministerial en 1923, antes del golpe de Primo de Rivera, y la primera persona que encontró en la antecámara fue al ex diputado.

–¡Cuánto tiempo hace que no le veía a usted...! Me ha abandonado –le reprochó el ministro.

–No es verdad. Es usted quien me ha abandonado. ¡Yo he seguido viniendo aquí todos los días!

Se es viejo cuando al ver a una mujer hermosa se piensa en recuerdos en vez de pensar en proyectos.

No sé si esta anécdota la he explicado alguna vez. Le preguntó una dama al poeta francés Piron:

–Pero ¿vos no hacéis nunca el amor?

–No, señora, lo compro hecho.

El rey Guillermo el Conquistador de Inglaterra cayó enfermo, y el rey de Francia, enemigo suyo, burlándose de la obesidad del inglés, mandó a un propio para que le preguntase si había dado a luz con felicidad. El Conquistador respondió:

–Todavía no he parido, pero podéis decir a vuestro señor que, después del parto, iré a misa a Nôtre Dame de París y no con cirios, sino con diez mil lanzas.

Se celebraba la cabalgata de los Reyes Magos en Sevilla. Jacinto Benavente hacía de rey Melchor. De pronto, se oyó un grito entre la multitud:

–¡Viva el rey de la pluma!

Don Jacinto se inclinó agradeciendo el cumplido. Se oyó la continuación del grito:

–Si no es a ti... ¡Es al tío ese que tienes al lado, con una pluma en el gorro!

La siguiente anécdota sucedió en la Argentina.

Era ministro del Interior el doctor Joaquín V. González. Un comerciante de Tucumán le envió el telegrama siguiente: «Señor, se nos amenaza con subir impuestos exportación de burros Punto Solicitamos intervención nuestro favor.»

Contestación del ministro: «Preocúpame cuestión burros Punto Puede usted estar tranquilo Punto No será molestado.»

Un admirador de Berlioz escuchaba su composición *Romeo y Julieta*. En un momento dado, le dijo un amigo:

–Aquí describe la música los primeros síntomas del envenenamiento.

Y el admirador, de buena fe, exclamó:

–¡Divino, divino! No se podría describir mejor el cólico.

A una duquesa francesa del siglo XVIII, la de Formont, la felicitaron por haber dado a luz a un hermoso niño, y ella respondió:

–Gracias, gracias; pero no digáis nada a mi marido, que quiero sorprenderle.

No es forzosamente quien mejor habla de amor aquel que mejor lo hace. No siempre, en la escuela, los primeros premios de redacción han sido los primeros premios de gimnasia.

TEODORA DE BIZANCIO

Nadie sabe cómo conoció Justiniano a Teodora. Se dice que ésta llevaba una carta de presentación de un amigo común. Se dice también que Justiniano la encontró cuando, al pasar por una calle de un barrio humilde, la vio hilando con una rueca. Otros afirman que fue en una fiesta a la que asistió Teodora en compañía de otras prostitutas, porque Teodora era eso: una mujer pública. (Las noticias que poseemos sobre su vida antes de su encuentro con Justiniano provienen, en su mayor parte, de la *Anécdota arcana*, del Procopio de Cesarea, y deben tenerse por ciertas aunque exageradas, debido a la antipatía que a Procopio le inspiraba la pareja imperial, a la que adulaba en público por ser su historiador oficial. Sin embargo, no se puede suponer que la vida de Teodora difiriese en nada de la de las otras cortesanas de la época. Así pues, si los hechos deben ser admitidos como verdaderos, no así la interpretación que les da Procopio. El hecho de que la profesión de Teodora fuese la del amor venal aclara muchos extremos de su actuación, pero no autoriza a creerla ninfómana o depravada como indica Procopio. Sabemos que multitud de prostitutas son frígidas, pero si debiéramos juzgarlas por lo que cuentan a sus clientes, lo que éstos les exigen o lo que explican después...)

Durante el descanso que sucede a las lides amorosas, los hombres hacen siempre las mismas preguntas: ¿Cómo has llegado a «esto»? ¿Cómo empezaste? ¿Qué opinas de tus colegas? Y, naturalmente, ¿qué opinas de mí? Si la prostituta es medianamente inteligente, esta pregunta no llega a formularse porque ya se ha preocupado ella de decirle que es un tipo estupendo, que «para mí es como si hubieras sido el primero». Cabe suponer que Justiniano no era, en este sentido, diferente a los demás hombres y que las preguntas debieron ser las mismas a excepción de la primera: demasiado sabía que la profesión de cortesana, como la de recaudador de contribuciones, pasaba, si no de padres a hijos, sí de madre a hija sin remisión. Teodora podía contestar con sinceridad. Sabía que su nuevo amigo tenía suficientes medios a su alcance para enterarse de su vida sin necesidad de preguntarle a ella. Por otro lado, Justiniano era un hombre notable y un político, y sabía comprender que la vida de una mujer pública, al igual que la del hombre público, está hecha de concesiones, ambiciones y bajezas.

Teodora había nacido en el año 500, probablemente en Chipre; contaba pues unos veinticinco años cuando conoció a Justiniano que tenía entonces cuarenta y tres. El mero hecho de haber nacido en la isla le debió servir de mucho en su profesión, pues las chipriotas tenían fama de estar excepcionalmente dotadas para las artes del amor; no en vano Chipre fue la isla escogida por la propia Venus. La madre de Teodora pasó de Chipre a Constantinopla, donde vivió con un guardián de los osos del circo, llamado Acacio. A la muerte de éste, se encontró sin dinero, expulsada de su miserable habitáculo y rodeada de sus hijas: Comito, la mayor, de ocho años; Teodora, de cinco; y Anastasia, de dos. Nadie, empezando por ella misma, podía saber quiénes eran los padres de cada una de las niñas: ¡tantos hombres pasaban por su lecho o por los taludes que rodeaban las murallas! Su cuerpo ya no llamaba la atención, y sus obscenos ofrecimientos no hacían mella en la concupiscencia de los hombres, que fácilmente encontraban mejor y más joven compañera para sus escaramuzas eróticas.

Un día de carreras en el Hipódromo, en el momento en que todos esperaban la salida de los carros, se abrió una puertecilla y aparecieron tres niñas que, vestidas de blanco y con palmas verdes en la mano, se dirigieron al centro de la recta que discurría frente al palco imperial, en aquellos momentos vacío. Tal vez Justiniano se encontraba en una de las plazas cercanas, y acaso vio entonces por primera vez a la mujer que iba a cambiar su vida e influir en la del Imperio. La multitud que llenaba los graderíos, tras el primer momento de estupor, empezó a reír y a gritar; unos preguntaban qué significaba aquella tontería, y otros, impacientes por presenciar la iniciación de la carrera, exigían la intervención de los vigilantes para que expulsaran a las tres niñas de la arena.

Una voz potente se impuso al griterío: la del oficial anunciador, que con toda la fuerza de sus pulmones –que, teniendo en cuenta que los anunciadores eran elegidos por su potencia vocal, debía ser considerable–, explicó la presencia de las tres criaturas en la arena:

–Oíd, oíd. Estas niñas suplican compasión al bando verde. Su padre, Acacio, era guardián de osos y murió durante su trabajo.

Felipe II, por Sánchez Coello, Museo del Prado. Mejor rey de lo que pregona la leyenda negra y más humano de lo que dice la leyenda blanca.

Konrad Adenauer. El hombre que salvó a Alemania después de la derrota. Ahorrativo hasta el extremo.

Su madre se casó de nuevo –eufemismo que no engañaba a nadie– con el que tenía que ser nombrado su sucesor, pero el cargo ha sido confiado a otro. Las niñas ruegan a los Verdes que asignen el cargo a su nuevo padre para no morirse de hambre.

El problema no interesaba ni poco ni mucho en el Hipódromo: si morían de hambre, que murieran. Había tantas personas en su caso que no valía la pena preocuparse. Las carreras tenían que haber empezado, y eso era lo único que importaba. El anunciador intentó hablar una vez más, pero los gritos de protesta le hicieron callar: «¡Fuera, fuera!» «¡Ya llevamos demasiado retraso!» «¡Dejémonos de cuentos y vengan las carreras!» Los gritos, más fuertes que los del oficial anunciador, indujeron a éste a encogerse de hombros y a ordenar a las tres niñas que se fuesen por donde habían venido. Pero ellas no entendieron el gesto o no lo supieron interpretar bien; el caso es que se sentaron en el suelo, agitando las verdes palmeras y sin saber qué hacer. La gente reía y gritaba, y los empleados del circo acabaron por salir y retirar a las tres muchachas.

En aquel momento, otro vozarrón se dejó oír a la derecha del palco imperial. Era el vocero de los Azules, que vio la ocasión de atacar a sus rivales y cogió la ocasión por los pelos:

–¡Oíd, oíd! ¿Qué es esto? ¿Es así como los Verdes ayudan a los que les han servido? Se ve que no tienen entrañas ni corazón. Ea, muchachas: ¿los Verdes no tienen compasión? ¿Los Verdes os abandonan? Los Azules os ampararán; los Azules no dejan en la estacada a los suyos; los Azules cuidan de sus amigos. Decid a vuestro padrastro que los Azules le dan trabajo, que los Azules son misericordiosos y humanos, que los Azules no son como los Verdes...

Los gritos de los Verdes no dejaron oír las últimas palabras del vocero azul: las ironías y los insultos se cruzaban entre unos y otros, mientras los empleados del circo retiraban de la arena a Comito, Teodora y Anastasia. Por lo menos, algo habían conseguido las niñas.

Cuando tuvo la edad conveniente, Comito fue dedicada, naturalmente, a la prostitución. Las hermanas habitaban con su madre una de las *fornices* (de esta palabra deriva el verbo «fornicar» y sus derivados) del Hipódromo, habitáculos innobles en los que se acumulaban familias y más familias en total y despreocupada promiscuidad. Teodora hizo las veces de sirvienta de su hermana, ya que aún era demasiado niña para trabajar. Comito, en cambio, tenía ya trece años y no sólo podía dejar de ser una carga para la familia, sino también aportarle la mayor contribución pecuniaria. No es probable que entrara en uno de los *lupanares*, abundantes en Bizancio, último refugio de las profesionales en decadencia; debió empezar por ser *pedana*, pequeña prostituta callejera, alquilando sus caricias a los hombres de paso, interesados en la fruta verde y ácida. Teodora debía estar atenta a que un *vigile* no estorbara los retozos de la pareja albergada tras una puerta, o tras el matorral de un jardín si es que el cliente no tenía posibles para alquilar una habitación. Alguien que debió advertir su presencia, la llevó a una taberna, donde su belleza sirvió para elevarla al rango de *copa*, cabaretera que diríamos hoy. Lo cual, para una niña de diez u once años, era ya un gran paso hacia la profesión.

Teodora llegó también a la edad lógica que la obligaba a ayudar a la familia, y siguió el camino de su madre y su hermana, pero con mayores facilidades, dado que Comito le abría camino y porque, según parece, sentía verdadera vocación por el oficio. No se puede llegar a nada sin voluntad de llegar, dice la sabiduría popular, y las personas graves añaden que es menester amar el trabajo que se hace y sentirse autor del producto realizado. Teodora es un excelente ejemplo para esta literatura «estimulante» tipo Smiles, Marden o Dale Carnegie, que es el alimento espiritual de tanta y tanta gente que se refugia en el trabajo porque no sabe hacer nada más. Especialmente si es un trabajo que no necesita ideas propias.

En poco tiempo, Teodora llegó a ser conocida en su barrio y entre sus gentes, pero ello no bastaba a su ambición. Como todo buen trabajador –más aún, como todo buen artesano o artista– necesitaba el reconocimiento público de su saber, su buena labor y su talento artístico. Impulsada por su vocación, y como todos los principiantes, empezó por entusiasmarse a sí misma, es decir, a engañarse, único camino para engañar a los demás. En poco tiempo llegó a ser *delicata*, un grado elevado en su carrera en el que ya podía escoger su clientela y subir los precios a su capricho. Poco después ya era una *famosa*, es decir, una de esas mujeres cuyos favores escapan a toda tasa o tarifa y cuyo éxito se basa más en el entusiasmo mental que producen que en el placer corporal que proporcionan; una de esas mujeres cuya posesión confiere prestigio a su afortunada pareja; una de esas mujeres en las que se entra para poder salir con ellas. No poseía ninguna de las habilidades tradicionales de las grandes hetairas. No tocaba ningún instrumento, a pesar de que en sus inicios de cortesana se había exhibido en un circo, pero al no tener talento para la recitación no podía disimular su condición tras la máscara de actriz. No pasaba de ser lo que hoy llamaríamos una *starlette*. Lo cual no tenía mayor importancia, puesto que si no todas las cortesanas eran actrices, todas las actrices eran cortesanas. Estaba dotada, en cambio, de un gran talento mímico y de un sentido de observación excepcional. Su éxito más relevante, entre los confesables, era imitar a personajes conocidos, a tipos populares de Constantinopla. Podría haber sido una buena actriz de variedades; pero, por desgracia para ella, ni los teatros de variedades ni los *music-halls* eran conocidos en Bizancio. Era además una buena gimnasta y sabía contorsionar su cuerpo como una profesional circense.

Si, al parecer, pudo evitar uno de los dos grandes peligros del amor –la enfermedad–, no pudo sustraerse al otro: el embarazo. Según parece, además de algunos abortos, provocados hábilmente por alguna *saga* especializada en estos menesteres y en otros no menos importantes, tuvo por lo menos una hija de la que nada se sabe y un hijo llamado Juan, que apareció años después en Constantinopla. La primera corresponde a sus años de actriz y el segundo, a sus aventuras africanas.

Procopio de Cesarea nos dice que su lascivia sobrepasaba todo lo imaginable. Entre otras cosas, afirma que «Teodora se reunía con diez o doce amigos y se entregaba a ellos sucesiva y repetidamente en varias posiciones, y no teniendo bastante con ellos llamaba a sus criados y esclavos, y aun éstos no eran suficientes, pues podía ser abatida por el cansancio pero satisfecha por todos». Las reminiscencias de Suetonio nos prueban que Procopio era un gran conocedor de los clásicos. Otras frases del propio cronista, que no nos parecen menos novelescas, dicen que «ella afirmaba que había abierto a los embajadores de Eros las tres puertas naturales de su cuerpo, y lamentaba no tener otra entre los senos para ofrecérsela también». También da pruebas de su imaginación cuando describe algunas de las exhibiciones o posiciones adoptadas por Teodora para atraer a sus clientes. Si un biógrafo íntimo de cualquier cortesana de hoy, y aun de algunas jovencitas del gran mundo, descendiese –o ascendiese, que no es muy seguro el verbo– a detalles parejos, podría reunir un catálogo muy superior al de Procopio, aunque con detalles distintos. Sería difícil, en efecto, que una mujer que hoy se tendiese «en el suelo completamente desnuda o ceñidas tan sólo sus caderas por una cinta para no infringir la ley que prohibía a las mujeres mostrarse desnudas en público, y unos esclavos esparcían sobre su cuerpo semillas que patos y palomas iban a picar, buscándolas entre los repliegues, en especial los más íntimos y generalmente recatados». Asimismo recalca cómo su habilidad gimnástica y contorsionista le permitía entregarse al placer en posiciones totalmente imposibles para una mujer corriente.

Un alto funcionario de la Pentápolis Africana, Hacébolo, la retiró de la profesión al menos en su aspecto público, y se la llevó consigo a Apolonia, capital de aquel pequeño territorio. Se dice que la huida de Teodora de Constantinopla fue debida a unas leyes contra la prostitución dictadas por Justino. Leyes que no dieron ningún resultado, como no lo dan ahora ni lo han dado nunca. ¿Se dejó llevar Teodora por la creencia de que iba a ser la virreina de un territorio exótico y pintoresco? Si así fue, su desilusión debió ser tan grande, pues las ciudades de la Pentápolis –Apolonia, Portus, Ptolemais, Berenice y Cirene– no pasaban de villorrios, etapas obligadas de las caravanas o las tribus de nómadas que vagabundeaban por el desierto. Cirene conservaba más ruinas que casas en pie, y Apolonia era una pequeña aglomeración de viviendas polvorientas, quemadas por el sol y azotadas por el viento del desierto. Hasta la brisa marítima era cálida y abrasadora, cargada de sal, asfixiante. Teodora no pudo resistir el clima, el ambiente ni a su amante, y escapó.

Se ignora cuál fue su vida hasta su vuelta a Constantinopla. Según parece, siguió ejerciendo su profesión, pagando así el transporte de un puerto a otro hasta llegar a su destino. Durante un tiempo, se dice que estuvo en el desierto, quizá huyendo de la justicia, quizá de los esbirros de Hacébolo, tal vez atormentada por una de esas crisis de conciencia habituales en las prostitutas inteligentes. Allí es probable que conociese a algunos eremitas y a monjes monofisitas huidos de la persecución decretada por Justino y que, entre ellos, se interesase por los problemas teológicos. No debía ser ésta, empero, su única fuente de conocimientos de ese tipo. Una mujer de su clase, que había ocupado un puesto importante entre las de su oficio, tenía que saber perfectamente que las discusiones filosóficas y teológicas estaban a la orden del día en Bizancio e, inteligente como era, debía conocer al dedillo los principales temas que se debatían. No obstante, es probable que la relación con los proscritos incidiese más tarde en su evolución espiritual, y desde luego es seguro que marcó profundamente sus sentimientos.

Llegó Teodora a Constantinopla y tampoco sabemos cuál fue exactamente su vida. Ya hemos dicho que según algunos autores el encuentro con Justiniano tuvo por escenario una fiesta, y según otros se conocieron mientras ella hilaba. Una tercera versión es la ya citada de la carta de presentación de un personaje desconocido. Sabemos que las prostitutas que deseaban cambiar de vida debían dedicarse por un tiempo a hilar por cuenta de unas instituciones benéficas que cuidaban de la regeneración de las mujeres caídas. Ello nos autoriza suponer que Teodora se encontraba ya en el camino de la redención, e imaginar una historia de color de rosa, pese a lo turbio de sus inicios: una especie de Dama de las Camelias adaptada por Hollywood, con su inevitable *happy end*. La versión de la fiesta se presta a otra novelización: la de la orgía bizantina en cuyo transcurso Justiniano es cautivado por una *vedette* semidesnuda al estilo del Folies-Bergère parisino.

Las dos o tres versiones pueden ser verdaderas. Teodora pudo haber decidido abandonar su vida de galanteo profesional y dedicarse a hilar a ratos perdidos. Nada nos hace suponer que se retirase de su existencia llamémosla desarreglada o que cayese en la miseria, como dicen algunos autores, novelistas la mayor parte de ellos. Y bien pudo asistir a fiestas más o menos privadas a reserva de hacer el amor con quien le pareciese y como le viniese en gana. Pudo muy bien haber sido lo que hoy se llama una mujer libre, con la única diferencia de que ella procedía de los bajos fondos de la sociedad, y las que hoy se califican así provienen en general de las capas más altas de la misma. Pero da igual: ascendiendo y descendiendo hay siempre un punto de coincidencia.

Teodora salió del pueblo, del más bajo, del que pululaba por la *Mesé*, del que sufría como esclavo sin serlo, del que teóricamente era libre pero cuya suerte no preocupaba lo más mínimo al Estado ni al conjunto de la sociedad. Los orígenes de Justiniano se sitúan en la mesocracia agrícola, pero por su instrucción, su cultura y su parentesco era el representante de la más alta aristocracia, que en Bizancio venía dada no tanto por la antigüedad de la familia como por la proximidad al emperador. Justiniano y Teodora se encontraron y se complementaron. En la política y la prostitución, como en la música, para triunfar es menester empezar desde la más tierna edad. Justiniano y Teodora tenían madera de triunfadores y estaban en el camino del éxito.

Luis XVIII de Francia preguntó al vizconde de Chateaubriand:

–¿Cómo juzgáis el futuro inmediato?

–Señor, permitidme que me reserve mi opinión.

–No; quiero que me la digáis.

–Pues bien, señor, y perdonad mi atrevimiento: creo que la monarquía se muere y todo se irá a pique.

–Señor de Chateaubriand, comparto vuestra opinión.

Y ambos tuvieron razón.

El célebre torero Rafael Gómez, *el Gallo*, en cuanto veía el más insignificante peligro era capaz de las mayores *espantás* que se han dado en los ruedos. Un día, un toro le dio un achuchón que le hizo llegar cojeando a su casa. Su madre, la *señá Grabiela*, al verle, le preguntó:

–¿Te ha cogido el toro?

–Sí, madre.

–Pero ¿es que el toro ha saltado la barrera?

Cuando el arqueólogo inglés conde de Provok llegó a la Arabia para realizar sus exploraciones, fue a visitar al rey Ibn Saud, el cual le preguntó:

–¿Qué, viene en busca de petróleo?

–No, Majestad; voy tras la reina de Saba.

–¿Una reina? ¿No cree que es demasiado mayor para dedicarse a las mujeres?

En una reunión, don Ramón del Valle-Inclán quería hablar y no lo conseguía. En vano intentaba meter baza: los demás seguían hablando como si él no existiese. De pronto, cansado, sacó un revólver y disparó un tiro bajo la mesa. Se hizo el silencio y él, muy tranquilo, dijo:

–Pues como intentaba decirles...

De una mujer muy graciosa y muy alegre, pero muy vieja, decía un amigo:
–Es como una colección de cuentos amenos encuadernada en pergamino.

Era ministro de la Gobernación el conde de Gimeno. Cierto magnate de las finanzas, queriendo influir en su ánimo en la resolución de cierto asunto, le envió dos magníficos frascos de cristal tallado.
El conde hizo llenar con el mejor de sus vinos los dos frascos y los devolvió, diciendo al criado que se los había entregado:
–Diga usted a su señor que mi bodega está a su entera disposición.

Un verdadero orador sabe lo que quiere decir, pero no sabe nunca lo que dirá.

El padre Isla se burló de los predicadores de su tiempo en su célebre libro *Fray Gerundio de Campazas.* Hoy nos parece exagerada la sátira; pero que ello no es así lo confirma este hecho auténtico. Un predicador tomó por tema de su sermón «las siguientes palabras del profeta Jeremías»:
«¡Ah! ¡Ah! ¡Ah!» Tales son las palabras, hijos míos, que oyó María en el Cielo cuando apareció en él, adornada de pies a cabeza con todas las virtudes y gracias de que el poder divino puede enriquecer a un alma de un orden sobrenatural. El Padre Eterno le dijo: «¡Ah! Buenos días, hija mía.» Jesucristo le dijo: «¡Ah! Buenos días, madre mía.» El Espíritu Santo le dijo: «¡Ah! Buenos días, esposa mía.» Ah, ah y ah serán, pues, las tres partes de mi sermón.
Y en eso consistió la prédica.

Un general, bastante limitado, decía en cierta ocasión al conde de Schwerin, célebre general prusiano de Federico el Grande:
–Me gustaría que hiciésemos una campaña juntos; me parece que nos entenderíamos muy bien.
–Sin duda, sin duda. Podéis estar seguro de que yo os daría mis

órdenes con tanta claridad que no podríais dejar de cumplirlas con exactitud.

Y hablando de generales. El general duque de Vivonne, en el curso de una campaña, escribía al rey Luis XIV de Francia: «Señor, para que vuestras armas salgan triunfantes, necesitaremos diez mil hombres.» El secretario que cerró la carta añadió: «Y un general.»

El célebre maestro Caballero, autor de *Gigantes y cabezudos*, entre otras obras conocidas, trabó conversación con un señor que viajaba en el mismo departamento del tren.

–Si va a Madrid –dijo el maestro– utilice mi nombre. Soy amigo de Mata, el gobernador. Aquí tiene mi tarjeta.

El otro señor correspondió a la fineza dándole la suya, en la que el maestro Caballero leyó con asombro:

Pedro Mata Fontanet
Gobernador civil de Madrid

Un autorzuelo sin mucha inteligencia ni cultura decía a Valle-Inclán:

–El crítico Tal no sólo dice que no sé sintaxis sino que me trata de bípedo.

–¿Le llama bípedo?

–Sí, y eso es intolerable.

–Claro, como que le ha partido por la mitad –replicó don Ramón.

El pasado de una mujer es una posible confesión; el de un hombre, un seguro exhibicionismo.

El obispo de Oviedo don Julio Manrique de Lara se hallaba en un balcón de su quinta de Contrueces una tarde de romería. Como el prelado quería ver la fiesta y conversar a gusto, mandó que no se cantara ni se danzara debajo de sus balcones. Los capellanes fue-

Don Miguel de Unamuno, por Solana. «Contra esto y aquello», contra todo y contra todos. Pero ¿quién le quita el «don»?

Catalina II. Cuando sus amantes se los escogían sus cortesanas.

ron a cumplimentar la orden y la muchedumbre obedeció, pero inmediatamente las mozas, desde cierta distancia, le endilgaron a grandes voces esta copla improvisada:

El señor obispo manda
que se acaben los cantares;
primero se han de acabar
obispos y capellanes.

Fue testigo de este suceso, siendo niño, don Gaspar Melchor de Jovellanos y es él quien lo refiere en su carta octava a don Antonio Ponz.

De Dumas padre, que era mulato, decía su hijo:
–Es tan vanidoso que sería capaz de sentarse en la trasera de su coche para hacer creer a la gente que tenía un criado negro.

En una de sus cartas, madame de Sevigné dice que no le gustan los relojes que marcan los segundos, porque parten la existencia en pedacitos demasiado pequeños.

El conde de Urquijo se hallaba una tarde en el Aero-Club de Madrid. Al salir a la calle se dio cuenta de que hacía frío. Llamó a un botones y le dijo:
–Ve a casa y que te den el gabán treinta y siete.
Varios de sus contertulios se echaron a reír y el conde, sin inmutarse, continuó:
–Ve a casa y que te den mis treinta y siete gabanes.
Poco rato después se paraba un coche frente a la aristocrática sociedad. Estaba lleno de gabanes y el señor conde de Urquijo escogió, ante todos, el gabán treinta y siete que había solicitado.

Cristóbal de Mora fue el último privado de Felipe II. Se retiró a Lisboa, donde pasaba sus ocios pescando con caña. Un día, uno de sus secretarios le dijo que su sucesor en el favor del rey, al perderlo, había muerto de tristeza en el destierro.

–¡Lástima! –comentó don Cristóbal–. Si se hubiera dedicado como yo a pescar con caña, no muriera.

Se atribuye a una gran dama barcelonesa, y lo he visto en un libro adjudicado a la actriz francesa Michèle Morgan:

–Mi marido y yo –dice la protagonista, sea quien fuera– no discutimos nunca.

–¿Ni siquiera cuando él tiene razón?

–No sé. Eso no ha sucedido nunca.

La fortuna no cambia a los hombres, los desenmascara.

ALGUNAS HISTORIAS DE NOMBRES PROPIOS Y, A LA VEZ, COMUNES. V

Príapo

Según el diccionario, falo, pene, órgano sexual masculino. Desde 1480, los humanistas italianos empezaron a usar esta palabra para designar al miembro viril, que tenía varios sinónimos vulgares y obscenos. El nombre procede de la mitología, a la que tan dados eran los renacentistas. Príapo era hijo de Afrodita y Dionisos. Hera, que creyó que el hijo de la diosa de la belleza y del dios de la naturaleza sería de gran hermosura, hizo que el recién nacido viniese al mundo con un falo desmesurado. Afrodita abandonó a su hijo en un bosque, donde fue cuidado por unos pastores que luego rindieron culto a su virilidad celebrándolo como protector de la fecundidad. Las pastoras soñaban al ver a Príapo con lo que sus maridos y sus amantes no les podían ofrecer. En honor de Príapo se celebraban las *priapeas*, fiestas y canciones de tono más bien obsceno. En medicina, el priapismo designa un estado patológico caracterizado por una erección casi constante y terriblemente dolorosa.

PULLMAN

Desde finales del siglo pasado, sinónimo de confort en los transportes. Primero fueron los vagones Pullman de los trenes de lujo, ahora los autocares Pullman de las excursiones y giras turísticas. George Mortimer Pullman nació en 1831 en el estado de Nueva York. Su primer oficio fue el de ebanista. Por razones comerciales tuvo que viajar mucho, y en sus viajes echó de menos cierta comodidad, lo cual le sugirió la idea de introducir algunas mejoras: un servicio de restaurante y camas plegables para pasar la noche. Un prototipo de vagón circuló el 1 de septiembre de 1859, pero el primer coche cama moderno, el *Pioneer*, no se construyó hasta 1864 gracias a la ayuda de Ben Feld, amigo de Pullman. Éste fundó en 1867 la Pullman Palace Car Company, cuyo éxito impuso la construcción de una fábrica tan grande, que el conjunto de sus edificaciones y las viviendas para los obreros dio nacimiento a una ciudad: Pullman City, cerca de Chicago. Fundada en 1880, se anexionó a Chicago en 1894 a causa de una gran huelga y de los disturbios consiguientes, que necesitaron la intervención de la policía de la capital de Illinois, de la que ahora Pullman es un barrio periférico. George M. Pullman murió en 1897.

QUINQUÉ

Lámpara con tubo de cristal y depósito de combustible, por lo común con bomba o pantalla. La invención de esta lámpara se debe a un físico suizo llamado Argand, y data de 1780. Uno de los alumnos de Argand era Antonio Quinquet, nacido en Soissons en 1745. Fue farmacéutico, y en 1785 añadió al invento de Argand un cilindro de cristal llamado *fluit glass*, fabricado en la manufactura de Sèvres. Ello popularizó el aparato, que fue conocido como *quinquet*. En castellano perdió la *t* final, convirtiéndose en «quinqué», como chalé, carné, etcétera.

RAGLÁN

Todas mis lectoras sabrán definir esta palabra que, según el diccionario, designa ciertas mangas de tres costuras, que forman con el hombro una sola pieza. Doy por buenas estas explicaciones porque en cuestión sartoria y vestimentaria no entiendo nada, al menos en lo que se refiere a la parte técnica. Como decía aquel donjuán de nuestros tiempos:

–Me preocupo de la moda femenina sólo para saber cómo se desabrocharán los vestidos la próxima temporada.

Lord James-Henry Fitzroy Somerset, barón de Raglan, nacido en Badminton en 1788, era conocido por su valor y sangre fría. Junto a Wellington intervino en la guerra de la Independencia española, en cuyo transcurso, en 1812, se distinguió en la batalla de Badajoz. En 1815 perdió un brazo en la batalla de Waterloo y, desde entonces hasta 1819, se dedicó a actividades diplomáticas. Ocupó, entre otros cargos, la secretaría de la embajada de París. Asistió al Congreso de Verona en 1822. Durante la guerra de Crimea fue nombrado general jefe, pero el fracaso de su asalto a Sebastopol le hizo impopular. De ello no pudo darse cuenta porque en el mismo año 1855 murió del cólera ante la ciudad que sitiaba. Debido a su manquedad le era más fácil ponerse un abrigo que un sastre le confeccionó según sus deseos, que las prendas habituales. Ello dio lugar al tipo de mangas que llevaron, desde entonces, su nombre.

REMINGTON

Eliphalet Remington, nacido en Lichfield, Nueva York, en 1793, construyó un fusil para su uso particular, pues era muy aficionado a la caza. Después lo fabricó para el ejército de los Estados Unidos, en cuyas filas el arma se hizo popular. Murió en 1861. Su hijo Philo Remington, nacido en 1816 y fallecido en Silver Springs, Florida, en 1889, hizo célebres en el mundo entero los productos de sus fábricas, que iban desde los fusiles hasta las máquinas de escribir. Del fusil de repetición de su padre, reproducido mil veces en los filmes del Oeste, hasta la máquina que usa una mecanógrafa en cualquiera de las oficinas del mundo, el nombre de Remington forma parte del vocabulario corriente del hombre de la calle. En 1870 se dedicó a las máquinas de coser. Fueron un éxito. Luego, a las de escribir. Otro éxito. Pero las armas, que ocuparon luego un lugar secundario en sus industrias, son las que han dado a su nombre una resonancia universal. Cosas de las novelas y las películas de aventuras: dos drogas para el pueblo. Ojalá todas fueran como ésas.

Rocambolesco

Cuando el 13 de abril de 1931 se conoció el resultado de las elecciones municipales españolas, que al día siguiente darían lugar a la proclamación de la segunda república, un periodista preguntó al almirante Aznar, presidente a la sazón del Consejo de Ministros:

–Y usted ¿cómo ha pasado la noche?

–Leyendo a Rocambole.

No se sabe qué resaltar más, si la inconsciencia del político o su falta de gusto literario. Rocambole es el héroe de una serie de aventuras increíbles aparecidas en los periódicos franceses desde 1859 a 1870, y debidas a la pluma de Pedro Alejo vizconde de Ponson du Terrail, nacido en 1829 y fallecido en 1871. Era un hombre curiosísimo. Cuando escribía una novela –y escribía varias al mismo tiempo– colocaba una figura correspondiente a cada personaje de la misma en una estantería. Cuando desaparecía de la obra la retiraba y la guardaba en un cajón. Una vez, una asistenta mezcló unas figuras con otras, de lo que se sucedió un galimatías indescriptible. Los lectores del folletín diario no se dieron cuenta. A pesar de su origen noble, el vizconde de Ponson du Terrail cometió errores no concebibles en una persona de su alcurnia. En una de sus novelas escribió: «El barón había hecho enganchar a su coche el caballo ganador del Derby del año precedente.» En otro lugar dice: «El comandante se paseaba con las manos a la espalda leyendo el periódico.» Si llevaba las manos a la espalda, ¿con cuáles sostenía el periódico? El día en que, distraídamente, hizo morir a su héroe Rocambole, los lectores se sublevaron y escribieron cartas de protesta al periódico que publicaba el folletín. Ponson du Terrail emprendió al día siguiente la redacción de una nueva novela titulada *La resurrección de Rocambole*, que empezaba con estas palabras: «Como la perspicacia de nuestros lectores había adivinado, Rocambole sigue vivo.» Y vivió mil páginas más.

Rolls-Royce

Una célebre artista de *strip-tease* del Crazy Horse de París se hacía llamar Rita Cadillac por lo hermoso de su carrocería. Le salió una rival que se puso en el cartel Sonia Rolls. Y es que ese nombre, Rolls, es sinónimo de riqueza y calidad. Rolls-Royce es el resultado de la asociación, en 1904, de dos ingleses: Charles Stewart Rolls (1877-1910) y Frederic Henry Royce (1863-1933). El primero, de familia rica, apasionado por los coches, se unió a Royce, que había fabricado artesanalmente, pues no tenía dinero, un automóvil de dos cilindros. Rolls se entusiasmó por la calidad extraordinaria de la máquina, que era, contrariamente a las de su época, silenciosa y manejable. Rolls-Royce, como se denominó la nueva sociedad, produjo desde entonces, y sigue produciendo, coches y, en mayor medida, motores de aviación. Por cierto, que los coches llevaban en sus inicios en el radiador dos R enlazadas de color rojo. Al morir Rolls, una se grabó en rojo y la otra en negro. Desde el fallecimiento de Royce, ambas R son de color negro.

SADISMO

Lubricidad acompañada de barbarie o crueldad refinada, como se describe en algunas novelas del marqués de Sade. Esto dice el diccionario. Donaciano Alfonso Francisco era conde de Sade y no marqués, aunque con este título figurase en sus obras. Nació en París en 1740. Gilbert Lely, entre otros, ha exaltado al obra de este autor obsceno, pornográfico, demencial, poniéndolo por las nubes como un gran poeta del sufrimiento y de la voluptuosidad.

Sus obras son un amazacotado amasijo de escenas repugnantemente eróticas, entreveradas de aburridas disquisiciones. Así, por ejemplo, en *La filosofía del camarín, o los maestros inmorales*, tras una sarta de violaciones, sodomías e incestos, se interrumpe la narración para dar paso a una disquisición pesadísima, titulada: «Franceses, un nuevo esfuerzo si queréis ser republicanos», que ocupa ochenta y tantas páginas de un libro que, en la edición que manejo, cuenta trescientas diez. *Los ciento veinte días de Sodoma*, novela inconclusa, en la que se inspiró Pier Paolo Pasolini para su filme *Salò*, está dedicada a escenas de coprofagia y coprofilia, amén de las sodomizaciones a las que tan dado era el que algunos llamaron «el divino marqués». No hablemos de la *Juliette* o la *Justine*, que llevan como subtítulos *Las prosperidades del vicio* o *Las desgracias de la virtud*, respectivamente. Todos los vicios y formas de vicio más complicadas se encuentran mezcladas con blasfemias y panfletos antirreligiosos y ateos.

La familia Sade era de antigua nobleza. Uno de sus antepasados era Hugo de Sade, esposo de Laura de Noves, la amada cantada

Fénelon. El dulce y santo obispo que hacía amar la religión que Bossuet demostraba.

Bossuet, por Hyacinthe Rigaud. Sus oraciones sacras, modelo de estilo y galanura, no se aguantarían hoy.

por Petrarca. Como era costumbre en aquella época, Domiciano entró a servir en el ejército y combatió en la guerra de los Siete Años. En 1766 contrajo matrimonio con Renée-Pelagie de Montreuil, de rancia familia y con grandes influencias en la corte. Aun antes de su matrimonio, Sade había dado muestras de su desequilibrio sexual. En 1763, una prostituta llamada Juana Tertard le había acusado de vejaciones, azotes y tormentos. También la obligó a pisotear un crucifijo. Ya estaba entonces comprometido con la Montreuil, gracias a cuya influencia Sade fue condenado a sólo quince días de cárcel.

Su matrimonio no arregló las cosas: su pasión se volvió tan frenética, que en los burdeles no le querían como cliente. Tuvo que buscarse pacientes aficionadas o no abiertamente profesionales. El domingo de Pascua de 1768 una mendiga que, por dinero, se sometió a los caprichos de Sade, fue azotada con un látigo de nudos, lo que le causó graves heridas. Sade no se detuvo hasta que, al final, oyendo los desgarradores ayes de la pobre paciente, experimentó un orgasmo. Esa mujer u otra llamada Laura de Lauris le contagió la sífilis, que agravó la locura del marqués. Fue encerrado varias veces en la cárcel, y siempre que salía organizaba orgías tales que no tardaba en dar de nuevo con sus huesos en prisión.

Célebre fue el escándalo que organizó en Marsella en compañía de otros depravados como él y de cinco prostitutas: Mariette Bovelly, de veinticinco años; Mariannette Laugin, de veinte; Rose Corte, también de veinte; Marianne Laverne, de dieciocho, y Margueritte Costa, de veinticinco. Tras una cena regada con múltiples vinos sirvió a las muchachas unos bombones rellenos de cantáridas, lo que provocó, amén de lujuriosos transportes, una intoxicación tal, que las pobres muchachas tuvieron que ser llevadas al hospital, desde donde cursaron la oportuna denuncia. Sade huyó a Italia, y cuando regresó fue nuevamente encarcelado. Su esposa le adoraba, y a pesar de ser frígida, lo cual explicaría que no comprendiese las actividades de su marido, siempre le ayudó y le protegió. Fue buena esposa y buena madre, y procuró apartar a su prole de los escándalos de Sade.

La vida de este hombre daría materia, y la ha dado, para un grueso volumen. Resta decir que, al final, fue encerrado en el manicomio de Charenton, donde escribió parte de sus obras, algunas de teatro, para ser representadas por los internos. A los setenta y dos años tuvo su última amante, una tal Madeleine Leclerc, de quince, cuyos favores consiguió con la complicidad del director del asilo mental. Murió el 2 de diciembre de 1814. El título nobiliario no fue llevado por sus descendientes, que temían el escándalo. Sólo hacia 1960 fue reivindicado por uno de sus sucesores, no sé si como conde o como marqués. En una entrevista que se le hizo al sucesor en el título, dijo que en el castillo de la familia se encontraban obras inéditas de Sade y que no se harían públicas porque eran todavía más escandalosas que las publicadas. ¡Dios mío, cómo serán!

HISTORIA DE UNA CORTESANA: LA PAIVA

Alguno de mis lectores conocerá París. Sitúese en el Rond Point des Champs Elysées: es aquella plaza redonda que separa la parte ajardinada de la avenida que empieza en la plaza de la Concorde, y la parte comercial que termina en el Arco de Triunfo. Al inicio de este segundo tramo, mirando hacia el Arco y a mano izquierda, se encuentra un palacete que alberga la redacción de una revista del corazón: es el 25 de la avenida. Del mismo modo que se ha situado en el espacio, sitúese ahora el lector en el tiempo: julio de 1838. La avenida no es más que un proyecto; a ambos lados de la incipiente calzada hay unos bancos de piedra, y el resto son solares y descampados. En uno de los bancos duerme una muchacha hasta que dos guardias la despiertan:

–¿Cómo te llamas?

–Teresa Lehman.

–¿Qué edad tienes?

–Diecinueve años.

–Tú no eres francesa; tu acento es extraño.

–Soy rusa, nací en Moscú.

Los guardias le impidieron seguir durmiendo en el banco y le advirtieron que si la volvían a ver por allá, la conducirían al albergue de vagabundos.

–Pues un día tendré un palacio en este mismo lugar y los guardias me saludarán.

Poco podían pensar aquellos servidores del orden que la profecía se cumpliría con exceso.

Teresa era una pequeña prostituta que se había escapado de su casa y que se había pagado el viaje desde Moscú hasta París con su cuerpo. No sólo era hermosa, sino interesante e inteligente. Sabía lo que quería y también que no tendría escrúpulos para conseguirlo.

Tres años más tarde, Teresa Lehman se había casado con un tal Villoing y continuaba ejerciendo su profesión, pero ya no como prostituta callejera, sino como cortesana de altos vuelos. No tenía aún su soñado palacio, pero estaba segura de conseguirlo.

Teresa Villoing se exhibía en los mejores teatros, frecuentaba los restaurantes más lujosos y tenía por amantes a los más distinguidos aristócratas y a los más ricos negociantes y banqueros de París. Un día conoció a un músico célebre, Henri Hertz, que se enamoró de ella y la convirtió en su amante fija, lo que no impidió a Teresa serle bastante infiel. Una noche, Henri Hertz cometió una grave equivocación: acudió con Teresa a una recepción ofrecida en el palacio de las Tullerías por el rey Luis Felipe y la reina María Amelia. Se les hizo el vacío, pues Hertz no consiguió que la creyeran su esposa. La conocían demasiado, y le dieron a entender que tanto él como Teresa debían abandonar la recepción.

La reacción de Teresa fue la de una mujer inteligente: puesto que ella no podía ir a ciertas reuniones de la alta sociedad, las organizaría en su propia casa. En efecto, invitó a hombres y mujeres célebres: los primeros acudían sin sus esposas; las segundas, con sus amantes. Entre los invitados figuraron Richard Wagner, Théophile Gautier y otras personalidades de las letras y las artes. Pero eso no bastaba para satisfacer su ambición. Quería ascender en la escala social, y si bien Hertz, además de un amante impetuoso y asiduo, ganaba mucho dinero, no llegaba a cubrir los gastos de Teresa. Otros amantes pusieron lo que faltaba. La vida de la cortesana se desarrollaba entre lujos, caprichos, joyas, coches, caballos, como si de un personaje de novela se tratase. Al fin, Hertz decidió emprender una gira por los Estados Unidos para volver con más dinero, pero Teresa decidió no esperarle, y los amantes se sucedían con rapidez. Se trasladó a Londres en busca de un hombre que colmase su ambición, y al propio tiempo que conquistaba a lord Stanlay, supo que su marido había muerto en Moscú en 1849.

Su ambición parecía irrefrenable: ya no eran el lujo y la fastuosidad sus únicos objetivos, ahora quería regularizar su vida. Regresó a París, y luego decidió ir al balneario de Baden-Baden, donde se reunían la aristocracia y los representantes de las fortunas más importantes de Europa. Un portugués, el marqués Albino Francisco de Paiva Araujo se enamoró de ella, pero era pobre y no podía pagar lo que Teresa exigía por una noche de amor. El marqués le propuso el matrimonio y ella aceptó. Se casaron al cabo de un mes. A la ceremonia asistieron unos cuantos amantes de Teresa; no todos, porque en la iglesia no había cabida para tantos.

Al día siguiente de la boda, la Paiva se dirigió a su marido y le dijo:

–Has querido acostarte conmigo y sólo lo has conseguido haciéndome tu esposa. Estamos en paz. Me he conducido como una mujer honesta. Te dije que quería una posición social, pero ya sabes que yo no soy más que una puta. No podrás llevarme a ningún sitio ni podrás presentarme ante nadie. Así pues, debemos separarnos. Vuelve a Portugal. Yo continuaré aquí llevando tu nombre y haciendo de puta.

El marqués de Paiva desapareció de su vida y se suicidó en 1872.

La Paiva, como se llamó desde entonces a Teresa, se dedicó con más ahínco, si cabe, a su profesión. El desenfreno al que se lanzó fue incomparable; jamás había habido en el mundo una cortesana más ambiciosa ni tampoco más brillante.

Un día confesó a uno de sus admiradores que le gustaba mucho y que no tendría ningún inconveniente en acostarse con él gratuitamente.

–Lástima que no pueda hacerlo, porque mi profesión me impide entregarme gratis, pero haremos una cosa: tú me entregas diez mil francos, los quemaremos, y así ni yo perderé mi prestigio ni tú dejarás de gozarme.

Así lo hicieron. El joven aportó la suma convenida, que fue quemada en una bandeja de plata antes de irse a la cama. A la mañana siguiente, al despedirse, el efímero amante le dijo desde la puerta:

–¡Ah, me olvidaba! Los billetes de banco que te traje ayer eran falsos.

La broma fue la comidilla de todo París.

Sus fiestas eran célebres en la capital francesa. En el curso de una de ellas conoció al conde prusiano Henckel de Donnersmarck. Era uno de los hombres más ricos y poderosos de Europa, amigo del káiser e influyente cerca de la mayor parte de los gobiernos de Europa. ¿Se enamoró la Paiva de él? Resulta dudoso, pero lo cierto es que le estuvo persiguiendo a dondequiera que fuese. El conde viajaba mucho: Constantinopla, San Petersburgo, Nápoles, París... A todas partes le seguía la Paiva, que al fin hizo de Donnersmarck el más rendido de sus admiradores. El conde le ofreció una renta anual de un millón y medio de francos oro, y Teresa, marquesa de Paiva, se hizo construir en los Champs Elysées, frente al sitio en que había un banco de piedra sobre el que durmió años antes, un palacete fastuoso que aún existe y lleva el número 25 del citado paseo. Todo en él era suntuoso: los salones tapizados de seda mandada tejer expresamente en Lyon, las paredes y las escaleras de mármol y ónice, los cuartos de baño –cosa rara en la época– de mármol y los grifos con piedras preciosas incrustadas. Los muebles, desde la mesa del comedor hasta las camas, estaban fabricados con maderas exóticas y marfil. Los banquetes que en ese palacio se daban constituían un despilfarro excepcional. Pero el lujo no se paraba ahí. Cuando la Paiva salía de paseo llevaba joyas evaluadas en varios millones. En la Ópera poseía un palco frente al imperial –no se olvide que corrían los tiempos de Napoleón III–, pero aunque había llegado a amasar una fortuna considerable, seguía estando apartada del gran mundo. Hoy las revistas del corazón la habrían puesto en el candelero y su nombre figuraría en las fiestas más empingorotadas de la *jet society*.

Dotada de una gran inteligencia, ayudó a su amigo en sus negocios, y el 28 de octubre de 1871, poco tiempo después de la derrota de Sedan, que puso fin al Segundo Imperio francés, Teresa, que había hecho anular su matrimonio con el marqués de Paiva, se casó en la iglesia luterana de París con el conde Henckel de Donnersmarck. Como regalo de bodas, su marido le ofreció un collar de brillantes que había pertenecido a la emperatriz Eugenia y que ésta se vio obligada a vender. En aquel momento, quizá Teresa recordó que, cruzándose con la emperatriz en un pasillo de la Ópera, la soberana se quejó de calor y la Paiva le ofreció su abanico, que fue desdeñosamente despreciado. Ahora poseía las joyas de la emperatriz, una gran fortuna y una elevada posición social.

En 1878 tuvo que abandonar París, pues se le atribuyeron actividades de espionaje en perjuicio de Francia. Se retiró a uno de sus castillos en Silesia, donde murió el 21 de enero de 1884 a los sesenta y cinco años de edad.

Años más tarde, la segunda esposa del conde Henckel de Donnersmarck quiso entrar en una habitación cuyo acceso le prohibiera su marido. Se hizo con un duplicado de la llave y, aprovechando la ausencia del conde, abrió la puerta y cayó desmayada. La habitación contenía un gran depósito de alcohol en el que flotaba el cadáver de la que había sido la Paiva. Su marido no había podido soportar la idea de separarse de la mujer a la que tanto amó.

LOS BOTICARIOS

–Doctor, yo fui a consultar a un farmacéutico y me aconsejó...

–¡Así hacen todos! Antes de acudir al médico, van a ver a un farmacéutico. ¿Qué imbecilidad le aconsejó ese farmacéutico?

–Que viniera a verle a usted.

La idea que expresa la anterior anécdota pertenece a las anticuadas y mandadas arrinconar. A lo largo de las tres series de estas *Historias* se ha hablado varias veces de farmacéuticos y farmacopea, y se comprende que con algunas de las recetas y procedimientos que hemos narrado se lograse que los enfermos se dirigiesen al farmacéutico o herbolario, que les podía ofrecer medicamentos maravillosos, en vez de recurrir al médico, que no dejaría de proporcionarles una buena dosis de purgas y sangrías.

Cuando se concedía positiva aunque oculta virtud para sacar saetas enclavadas en las carnes al emplasto confeccionado con cabezas de rana, de lagartijas o caracoles; cuando se creyó que la carne de las culebras, sapos, escuerzos, ratones, perrillos y gatos ejercían benéfico influjo en las pasiones del corazón, cerebro y matriz; que las cataplasmas de escorpión atraían el veneno depositado por el animal y su aceite sacaba las piedras de la vejiga; que los metales y piedras preciosas, los ídolos, los estiércoles, las entrañas de animales dañinos, la sangre menstrual, las glándulas seminales, los amuletos, las oraciones, etc., gozaban de propiedades asombrosas, como curar los males del cuerpo y del espíritu, mudar el destino, trocar las pasiones, provocar la felicidad y la desgracia, despertar el amor, engendrar a voluntad varones y hembras, etc. Cuando se creía todo eso, era muy natural que la gente del pueblo, siempre dispuesta a dejarse embaucar (véase el éxito de los curanderos), tuviese puesta en el farmacéutico una confianza que negaba al médico y que éste viese todos los consejos que podía dar el boticario con ojo nublado por la suspicacia.

De todos modos, ya que no esa época de los sesos de rana y el pelo de cabrón, se echan de menos los récipes complicados y al farmacéutico como hombre de laboratorio, y no, como ahora, tendero con diploma. No niego que aún hoy en día tengan alguna que otra ocasión de despachar recetas que necesitan elaboración, y tampoco se me escapa que gracias al progreso de la ciencia ya no se necesitan las manipulaciones del farmacéutico. Pero se ha esfumado la poesía del oficio.

Los medicamentos actuales, sin embargo, no son menos maravillosos. Hace poco, un médico alababa las virtudes de no sé qué específico:

–¡Sencillamente prodigioso! Desde que lo toma parece que tenga cuarenta años.

–Pero ¡si sólo tengo treinta! –exclamó la paciente, alarmada.

Los boticarios han tenido siempre lo que ahora se llama mala prensa. Cervantes, en una de sus *Novelas ejemplares*, se expresa de este modo:

«Cuando esto decía, estaba a la puerta de un boticario, y volviéndose al dueño le dijo:

»–Vuesa merced tiene un saludable oficio, si no fuese tan enemigo de sus candiles.

»–¿En qué modo soy enemigo de mis candiles? –preguntó el boticario.

»Y respondió Vidriera:

»–Esto digo porque en faltando cualquier aceite, la suple el del candil que está más a mano; y aún tiene otra cosa este oficio, bastante a quitar el crédito al más acertado médico del mundo.

»Preguntándole por qué, respondió que había boticario que, por no decir que faltaba en su botica lo que recetaba el médico, por las cosas que le faltaban ponía otras que, a su parecer, tenían la misma virtud y calidad no siendo así; y con esto, la medicina mal compuesta obraba al revés de lo que había de obrar la bien ordenada.»

Cervantes tomaba en esta ocasión partido por los médicos contra los farmacéuticos. He aquí una anécdota en que, al contrario, se eleva a los segundos por encima de los primeros.

Pasteur. El gran investigador, gran creyente y hombre de bien. ¿Qué mejores cosas se pueden decir de un hombre?

Napoleón III. A mí me cae bien. Fue su enemigo Zola quien me lo hizo simpático, a pesar de lo que dice de su época en sus novelas.

Cierto anciano farmacéutico se quejaba a un cliente suyo de la pésima letra de algunos facultativos.

–Las recetas que nos traen no se pueden leer.

–Y eso será lo que salva a los enfermos, ¿no?

Anécdota que recuerda otra más que célebre.

Octavio Mirbeau invitó a comer a su amigo el doctor Deschamps. Pero éste, no teniendo el día libre, le escribió declinando la invitación. Al recibir la nota, Mirbeau fue incapaz de leerla. Por más que se esforzó no entendía una sola palabra. Creyó que quien más probabilidades tenía de descifrarla sería un farmacéutico.

En efecto, el farmacéutico examinó atentamente la nota, abrió un armario, sacó un frasco y se lo entregó a Mirbeau, diciendo:

–Son ocho francos, señor.

Quevedo, como no podía ser menos, dedicó también sus dardos a la cofradía farmacéutica.

«Ver esta asperísima penitencia me confirmó de nuevo en que íbamos bien. Mas duróme poco, porque oí decir a mis espaldas:

»–Dejen pasar los boticarios.

»¿Boticarios pasar? (dije yo entre mí). Al infierno vamos. Y fue así, porque al punto nos hallamos dentro por una puerta como de ratonera, fácil de entrar e imposible de salir por ella...

»Volví la cabeza a un lado, y vi en un seno muy grande apretura de almas, y dióme un mal olor.

»–¿Qué es esto? –dije; y respondióme un juez amarillo, que estaba castigándolos:

»–Éstos son los boticarios, que tienen el infierno lleno de bote en bote; gente que como otros buscan ayuda para salvarse, éstos la tienen para condenarse. Éstos son los verdaderos alquimistas, que no Demócrito Abderita en la Arte Sana, Aviceno, Jever, ni Raimundo Lull, porque ellos escribieron cómo de los metales se podía hacer oro, y no lo hicieron ellos; y si lo hicieron nadie lo ha sabido hacer después acá; pero estos tales boticarios de la agua turbia (que no clara) hacen oro, y de palos: oro hacen de las moscas y del estiércol; oro hacen de las arañas, de los alacranes y sapos; y oro hacen del papel, pues venden hasta el papel en que dan el ungüento. Así que sólo para éstos puso Dios virtud en las yerbas, piedras y palabras, pues no hay yerba, por dañosa que sea y mala, que no les valga dinero, hasta de ortiga y cicuta; ni hay piedra que no les dé ganancia, hasta el guijarro crudo, sirviendo de moleta. En las palabras también, pues jamás a éstos les falta cosa que les pidan, aunque no la tengan, como vean dinero, pues dan por aceite de matiolo aceite de ballena, y no compra sino las palabras el que compra. Y su nombre no habría de ser boticario, sino armero; ni sus tiendas no se habían de llamar boticas, sino armerías de los doctores, donde el médico toma la dama de los lamedores, el montante de los jarabes; y el mosquete de la purga maldita, demasiada, sentada a mala razón y sin tiempo. Allí se ve todo esmeril de ungüento, la asquerosa arcahuería de melecinas, con munición de calas. Muchos de éstos se salvan: pero no hay que pensar que cuando mueran tengan con qué enterrarse.» (QUEVEDO, *Zahúrdas.*)

En otros tiempos, los farmacéuticos podían estudiar su ciencia en verso en el *Sumario de la Medicina*, escrito a los diecinueve años por el doctor Villalobos, en verso mayor. He aquí una muestra:

DE LA PURGA ERRADICATIVA

De píldoras indias tomad quince granos
y treinta de píldoras de palomina,
y diez de hermodátiles blancos livianos,
de spica y almástiga diez granos sanos;
todo esto mezclado es gran medicina,
y con su xarabe las puede amasar
y hacer siete píldoras por la presente.
Mediada la noche la debe tomar,
y el físico puede amenguar y esforzar
la purga, según la virtud del paciente.

¡Y pensar que todos estos potingues los cobraban carísimos! Fernando el Católico pagó cincuenta doblas de oro castellanas a su boticario Jaime Pascual, de Barcelona, con motivo de las medicinas que facilitó para la curación de la herida en la nuca que el loco Canyamás infirió al soberano en 1493.

En cambio, el rey Juan I concedió a Esteban de Torre, boticario de cámara, mil florines de oro de Aragón (once mil sueldos barceloneses) por los servicios prestados al monarca, en una enfermedad que afligió a Su Majestad durante más de dos años. No pudiendo pagar de una vez el soberano los mil florines, asignó a su *apotecary* una pensión anual de mil sueldos, firmando el documento en el monasterio de Valldoncella el 15 de abril de 1388.

En lo que atañe a la legislación de apotecarios en Cataluña, puede asegurarse que fue copiosa y encaminada al mayor esplendor y perfección creciente de la clase, ya que en la mayoría de las ocasiones estuvo inspirada en el deseo de disminuir los efectos de la codicia y mala fe de los traficantes de drogas y preparadores de afeites y remedios. (Comenge, de quien tomo estos datos, que publicó en la revista *El restaurador farmacéutico*, establece la distinción entre apotecarios y especieros, distinción que prácticamente no existía en épocas pasadas, como se trasluce de los párrafos que siguen.)

Alfonso III de Aragón (fallecido de peste bubónica en 1291) ya ordenó que ningún boticario ni especiero pudiera exigir el valor de los medicamentos pasado un año del día en que los despachó. Las recetas debían estar firmadas por el médico.

Pedro IV el Ceremonioso, hallándose en Perpiñán, dispuso en 1351, y a fin de evitar que las enfermedades se alargaran o murieran los pacientes por «avaritia, imperitia e malitia de molts speciayres, que el Veguer o Balle de cascuna ciutat o villa», con asentimiento de los concellers jurados, eligieran cada año a tres prohombres –un mercader, un físico y un especiero– encargados de reconocer la bondad de todas las medicinas y preparaciones pertinentes al oficio de especiero, y denunciaran al *balle* o *veguer* las infracciones, aconsejando las medidas precisas para evitar los daños. La inspección de las medicinas debía ser semanal como mínimo.

Y si se acuerda, amigo lector, de unas anécdotas anteriormente narradas sobre la mala letra de los farmacopolas (farmacopola es palabra de origen griego, que significa vendedor de productos farmacéuticos, y que sólo se usa en caso de pedantería aguda; enfermedad que se cura leyendo el periódico y viendo la tele), he aquí un curioso detalle de las *Ordinations fetes sobre speciers y apotecarys*, de Alfonso el Magnánimo (1433).

En ellas se prohíbe que el médico administre y el especiero despache medicina alguna sin receta clara, «scrita en romans y en vocables que vulgarment poden esser nomenats com es per eximpli que si hu dels materials es ffulçia e non diguin Capilli veneris e aixi dels altres materials nomenant aquells per vocables vulgars e coneguts e no noms peregrins e no coneguts a les gents». (En 1537 ordenaron también don Carlos I y su madre doña Juana, desde Valladolid, que los médicos recetasen en romance.)

La costumbre de que los específicos lleven en el envase indicación de la fecha en que fueron confeccionados o aquella hasta la que se garantiza su eficacia, no es nueva, según se desprende de un texto de Comenge.

Los boticarios del siglo XV habían de proceder a la provisión de los fármacos más usuales y exquisitos, de tal manera que calculando el consumo no se debían guardar más tiempo que el aconsejado por los tratadistas, y no incurrir así en multa a raíz de las visitas de inspección que efectuaban periódicamente peritos delegados por la autoridad.

Para facilitar la tarea a los inspectores *(catadores y caladores de melezinas)*, tenían los boticarios la obligación de consignar en el vaso el año, mes y día de la confección, práctica que además tenía el saludable objeto de que supiera el médico el tiempo que contaban las medicinas.

El refranero está lleno de alusiones a los farmacéuticos: «Boticario que equivoca el tarro, manda el enfermo a mascar barro.» «Boticario sin botica, nada significa.» «Boticarios y médicos no toman medicinas cuando caen enfermos.» Una seguidilla vulgar dice:

En cama el boticario
dice a su hija:
–No me des cosa alguna
de la botica.

Dice también el refranero que: «Con un pozo y un malvar, boticario de un lugar.» «Cuando va el enfermo a las boticas, una persona pobre y dos de ricas», es decir, el médico y el boticario. «De etcétera de escribano y *quid pro quo* de boticario, líbreme Dios o el diablo.»

«El buen boticario tiene que tener tres ces: ciencia, conciencia y cojera.» Esta última en sentido metafórico, para indicar que debe permanecer en su botica como si fuese cojo y no ausentarse confiando al mancebo el despacho de las recetas. A estas ces se ha añadido modernamente una cuarta: capital.

Luis XIV leyó a Boileau unos versos que había escrito y le pidió su opinión.

–Señor –respondió cortésmente el gran poeta–, para Vuestra Majestad no hay nada imposible. Os habéis propuesto escribir malos versos y lo habéis conseguido.

Rafael *el Guerra* mantuvo una discusión con el empresario de la plaza de Córdoba, y el torero dijo que para torear en esa ciudad se le había de pagar lo que él exigiera. Cuando el empresario se enteró, dijo:

–¿Pagarle lo que él quiera...? ¡Y un jamón!

Intervinieron amigos comunes y consiguieron que hicieran las paces torero y empresario. Éste aceptó el precio de Rafael, pero a la hora de firmar *el Guerra* dijo:

–Aquí farta argo.

–¿Qué falta?

–Un jamón.

–¡Cómo! ¿Un jamón?

–Zí. Uzté dijo que me pagaría lo que le pidiera y un jamón, y hay que ponerlo.

Y se puso. *El Guerra* cobró cuatro mil pesetas y un jamón.

Don Esteban Collantes, diputado conservador, ha pasado a la historia del parlamento español por lo que le sucedió un día durante una intervención: se le rompieron los tirantes y se le cayeron los pantalones. Sin inmutarse, Collantes se los subió y continuó diciendo:

–Puestas las cosas en su sitio...

El mismo don Esteban Collantes se hallaba en una reunión en la que se hablaba del problema sindicalista en Cataluña, entonces en uno de sus momentos más sangrientos. Uno de los contertulios dijo:

–Yo cogería a los sindicalistas del Único y del Libre y los desterraría a Fernando Poo.

Y Collantes:
–Nada de Fernando Poo; a una isla los llevaría yo, a una isla de esas rodeada de agua por todas partes. ¡Ya verían lo que es bueno!

El poeta Malherbe comió un día en casa del obispo de Rouen, y después se dejó caer en un sillón y se quedó dormido.
Al cabo de una hora, el obispo le despertó:
–Vamos, un pequeño esfuerzo. Venid al sermón.
–No es necesario que vos prediquéis; ya duermo bien sin ello.

Decía Sacha Guitry que las mujeres serían los seres más deliciosos del mundo si para estar en sus brazos no se tuviera que caer en sus manos.

Sucedió hacia el año 1920, que conste. El periodista Adolfo Suárez de Figueroa llevaba en *El Nacional* una campaña contra cierto director general. Más de una vez decía el periódico: «Si nosotros hablásemos...»
Mosqueado, el político se encaró un día con el periodista:
–¿Qué tienen que decir contra mí? Mi vida es honrada, no tengo nada que ocultar. Vamos, vamos, ¿qué pueden decir de mí?
–Pues que tengo una carta en la que usted escribe de su puño y letra «abrir» y «echar» con hache y, a pesar de ello, es director general de Enseñanza.

De un revistero taurino muy sucio se decía que en cierta ocasión se puso un clavel en la solapa y prendió. Y de un célebre escritor y erudito de nuestro tiempo se contaba que cuando leía un libro, como punto ponía una anchoa.
–Y lo que es peor –decía uno– es que lleva el desayuno en el bolsillo.
–Hombre, eso es corriente.
–Sí, pero él desayuna un huevo frito.

Le preguntaron al papa Clemente XIV si tenía confianza en sus secretarios.

Carlos I de Inglaterra por Van Dyck. Elegante, señor, débil. Supo morir como el gran señor que era. Su sacrificio hizo posible el retorno de la monarquía en Inglaterra.

Oliverio Cromwell. Una piedra en la vejiga le impidió finalizar su obra. Si no, ¿Inglaterra no sería ahora una república?

–Son tres y muy callados –respondió–. Aquí los tenéis.
Y enseñó los tres dedos con los que sostenía la pluma.

Cierto general se enteró en París de las relaciones íntimas de su esposa con Murat, y fue a quejarse a Napoleón, que le contestó:
–Si tuviera que encargarme de vengar a todos los cornudos de mi corte, no me quedaría tiempo para ocuparme de los asuntos de Estado.

El bufón de la reina Isabel I de Inglaterra habló una vez harto desvergonzadamente de la soberana. Ésta se indignó y, temeroso, el bufón estuvo un tiempo sin acercarse por la corte. Volvió un día y le dijo Isabel:
–¿Vienes otra vez a echarme en cara mis defectos?
–No, señora; yo no me ocupo nunca de lo que es tema de conversación de todo el mundo.

Un tesorero del rey Alfonso el Magnánimo le hizo entrega de diez mil escudos de oro.
–Esta suma –dijo un cortesano– me haría feliz toda la vida.
–Sedlo –contestó el rey, dándosela.

Pasando Napoleón revista a sus tropas, se le cayó el sombrero. Lo recogió un cabo y se lo entregó. El emperador, distraído, dijo:
–Gracias, capitán.
–¿De qué regimiento? –preguntó serenamente el cabo.
Napoleón se dio cuenta de su equivocación y respondió:
–De mi guardia.
Y el cabo fue ascendido.

A la clarividencia molesta se la llama pesimismo.

Trabajaba en la empresa Duro Felguera un obrero sin instrucción alguna, pero de gran talento natural. Un día, discutiendo con un técnico, éste le dijo:

–No creas que tienes razón, pues careces de conocimientos para discutir conmigo.
–Que nos lleven al laboratorio de la fábrica, a ver cuál de los dos da más cenizas –fue la fulgurante respuesta.

A Alejandro Dumas, hijo, le decía en una ocasión una amiga suya:
–Debe ser desagradable para usted ver que su padre tiene unas costumbres tan relajadas.
–No, señora, porque si bien no puede servirme de ejemplo, me sirve de excusa.

Enrique Liniers y Muguiro iba una noche a la ópera, y se dirigió a una parada de taxis para tomar uno que le llevara al teatro Real. No había ningún chófer a la vista, y como estaban reunidos en una taberna cercana, allí se dirigió Liniers.
–Se espera usted, si quiere –le dijo un chófer al oír su petición.
La respuesta fue una sonora bofetada. Los compañeros del agredido salieron en su defensa y se armó una batalla fenomenal. Liniers, apoyado en su bastón, pues era cojo, repartió puñetazos a diestro y siniestro. Intervino la policía y los llevó a todos al cuartelillo. Allí el comisario pidió el nombre a los detenidos:
–Cosme Fernández, chófer –respondió uno.
–Saturnino Gómez, chófer.
–Pedro López, chófer.
–Ramón Suárez, tabernero.
–Enrique Liniers y Muguiro, diplomático.
Y uno de los chóferes, recordando la leña repartida, exclamó:
–¡Anda, y es diplomático!

Un predicador estuvo muy pesado refiriéndose al episodio evangélico de la Samaritana. Para disculpar lo extenso de su sermón, terminó diciendo:
–No os extrañéis, hermanos míos, de que el Evangelio de hoy haya sido tan largo, pero es que en él habla una mujer.

Y continuando con los predicadores: uno de ellos, en París y en tiempos de Francisco I, hablaba de María Magdalena.

–...Y no os figuréis que la Magdalena era una cualquiera; era una real moza, como madame D'Etampes.

La aludida se ofendió y consiguió que prohibiesen predicar al sacerdote.

Años después, le devolvieron las licencias, y la iglesia en la que iba a predicar se llenó.

–Hijos míos, voy a hablar de la Magdalena, pero como por haber hecho cierta comparación me han causado muchos perjuicios, me referiré a ella en su segunda época, es decir, como santa. La Magdalena de la primera época que cada uno se la imagine como quiera y a mí que no me meta en líos.

Cuando el lazo conyugal se afloja, se convierte en cadena.

ALGUNAS HISTORIAS DE NOMBRES PROPIOS Y, A LA VEZ, COMUNES. VI

SAFISMO O LESBIANISMO

Homosexualidad femenina también llamada tribadismo. En la isla de Lesbos, en el mar Egeo, nació hacia 625 a.C. la poetisa Safo, que allí murió el 580 a.C., aproximadamente. Mujer de gran sensibilidad, amiga del poeta Alceo, estuvo casada y fue madre por lo menos de una niña a la que ella compara con un ramillete de crisantemos o con un montón de botones de oro. Se dice que Arión, un poeta vagabundo y errante, se detuvo en Mitilene, capital de Lesbos, y tuvo amores con ella. También se le atribuye como amante a un joven llamado Faón. Se dice que era guapa, que era fea, que murió anciana –¿a los cuarenta y cinco años?– y –al menos así lo sostiene Ovidio– que se suicidó. Todo ello se dice, se cuenta, pero la vida de Safo está entreverada de leyenda. ¿Era homosexual? Se ha negado también: pero ello no sería nada extraño, dadas las costumbres de la época. El poeta Alceo cantaba la belleza de las mujeres y la de los efebos, y nadie se extrañaba por ello: Suyos son estos versos: *Pura Safo la de los cabellos de violeta, la de la dulce sonrisa, quisiera decirte muchas cosas pero la timidez me detiene.* Estrabón dirá de ella: *Safo es una maravilla; en vano se buscará a lo largo de la historia una mujer que se le pueda comparar.* Safo, la poetisa más delicada de la antigüedad, se mostró sensible a la belleza de las flores, al viento, al pájaro, al cuerpo humano, sea de hombre o de mujer; en sus sentimientos no hay «literatura», nada inauténtico. Se la tratará de viciosa, de lasciva; pero también hay quien elogia su pureza y su candor. Resultaría además absurdo juzgarla según la moral de nuestra época, si fuera cierto todo lo que de ella se ha dicho. Sus obras las quemaron los monjes bizantinos, y es una lástima porque nos habría dado noticia muy exacta de las costumbres y los sentimientos de su época. ¡Es tan sincera! ¡Y tan moderna!

Amo la flor de la juventud. Un amor me ha tocado en suerte: es el resplandor del sol, es la belleza.

Eso ha estremecido mi alma como el viento de la montaña que se derrama sobre las encinas.

Platón la llamó «la décima musa». Su obra se componía de nueve libros, el primero de los cuales tenía 1 500 versos. De todos ellos, quedan unos ochocientos.

Eros rompe de nuevo mis miembros, me atormenta Eros amargo y dulce, invencible criatura.

En cuanto te he visto, sólo un instante, no puedo pronunciar palabra.

Mi lengua se traba, un fuego sutil se desliza bajo mi carne, mis ojos nada ven y mis oídos nada oyen.

Me inunda el sudor, el temblor se apodera de mí, más verde que la hierba se pone mi rostro y, en mi desamparo, me siento morir.

Quisiera reproducir todos y cada uno de los versos, pero soy mal traductor y no sabría transmitir la dulzura, la ternura de que están empapados. De ellos brotan la pasión, el deseo, la tristeza, el ansia, el desaliento, la esperanza, sin ninguna descripción malsana, sin la más leve obscenidad. ¿Amó Safo a las mujeres? Tal vez sí; pero de su dulzura, comprensión y ternura, deberían aprender muchos hombres, especialmente los machistas.

En Mitilene, Safo creó y dirigió una escuela femenina que contó con numerosas alumnas. Les enseñaba no sólo canto y las llamadas labores propias de su sexo, sino también filosofía, poesía y ciencia. Fue una adelantada del feminismo. Y muy femenina, por cierto.

En los años 60 de nuestro siglo, un grupo de lesbianas intentó proclamar en Lesbos miss Safo a la más destacada de todas ellas. Un año, una cantante francesa, D. D., coronó a una princesa italiana, P. di B. di A. C., casada, madre de familia, que había protagonizado en Roma un escándalo mayúsculo al abandonar marido e hijos. Las fotos del acto se publicaron en todo el mundo. En España no, por mor de la censura. Creo que fue la puntilla final de la organización.

Salmonelosis

Por desgracia, esta palabra aparece con demasiada frecuencia en los periódicos. Designa una enfermedad producida por la salmonella, un género de bacterias descubierto en 1913 por Daniel Elmer Salmon (1850-1914). Este médico y bacteriólogo norteamericano se fijó en las alteraciones que sufrían las carnes tras un prolongado transporte o que se dejaban al aire libre sin refrigeración. Especialmente, se encuentran en las carnes picadas –hamburguesas o bistés rusos–, platos precocinados no consumidos a tiempo, etc.

Sandwich

Emparedado: lonja de jamón u otra vianda fiambre entre dos pedacitos de pan. Manuel Seco, en su magnífico *Diccionario de dudas de la lengua española* (Ed. Aguilar), dice: «Su plural es *sandwiches*: pero en la lengua hablada suele ser *sandwich* como el singular, y –añade– a veces *sandwich* se emplea impropiamente por *bocadillo*.» Consulto el diccionario y leo: «Bocadillo. Panecillo relleno con una pequeña lonja de jamón u otro manjar apetitoso, casi siempre untado con manteca de vaca.» No alcanzo a ver la diferencia.

John Montagu, cuarto conde de Sandwich, nacido en Westminster en 1718 y fallecido en Londres en 1792, fue un hombre muy importante en su época. Educado en los más selectos colegios y con los mejores profesores, entre 1738 y 1739 realizó un viaje por el Mediterráneo cuyo relato fue editado después de su muerte. Durante su transcurso, recogió o se apoderó, según la mejor tradición inglesa, de mil objetos de arte, entre ellos una lápida de mármol con una enigmática inscripción que no fue descifrada hasta 1743 por el profesor Taylor, que llamó a la pieza «mármol de Sandwich». Hombre político de gran ambición, ocupó cargos importantes: en 1744 fue nombrado segundo lord del Almirantazgo; en 1746, embajador plenipotenciario; dos años después, primer lord del Almirantazgo. Sucesivamente fue lord Justicia, vicetesorero adjunto de Irlanda, otra vez primer lord del Almirantazgo y así sucesivamente. Su vida fue, por lo demás, un tanto escandalosa. Todo ello, sin embargo, hubiera quedado en el olvido a no ser por la pasión que le inspiraba el juego. Éste era tal, que no se levantaba de la mesa ni para comer, por lo que su cocinero imaginó servirle un filete de buey entre las dos mitades de un panecillo. La idea tuvo éxito y pronto se puso de moda, hasta tal punto que en las reuniones aristocráticas se empezó a servir lo que, desde entonces, se llama un Sandwich. Claro está que la invención fue imitada rápidamente por las clases populares; pero durante un tiempo se reservó a la nobleza e incluso se sirvió en reuniones de la corte. Según parece, el cocinero del conde de Sandwich tuvo la genial idea en 1762.

SAXOFÓN

Hay familias de músicos como las hay de ebanistas o de fabricantes de calcetines. Ejemplo de las primeras es la familia Bach, conocida por todos; pero más olvidada es la familia Sax, que vivió en Bruselas. Carlos José Sax (1791-1865) creó en dicha ciudad una fábrica de instrumentos musicales de metal, trompetas, trombones, cornetas, etc. Sus productos se vendían en toda Europa, pero si su nombre ha pasado a la posteridad se debe a su hijo Adolfo Sax, nacido en Bélgica, concretamente en Dinant en 1814 y fallecido a los ochenta años en París, donde se había instalado en 1845 después de haber inventado el instrumento que lleva su nombre y haber registrado la patente correspondiente. En 1857 se creó en el conservatorio de la capital francesa la primera cátedra de saxofón del mundo, de la que, como es natural, él fue titular. Le protegieron Berlioz y Meyerbeer. En realidad, más que un invento se trató de una modificación de instrumentos preexistentes.

SILUETA

Dibujo que se traza siguiendo los contornos de la sombra de un objeto. Forma que presenta a la vista un objeto oscuro proyectado sobre un fondo claro. Perfil, contorno aparente de la figura. Cuando el señor Esteban de Silhouette, nacido en Limoges en 1709, llegó a inspector general de Hacienda el 4 de marzo de 1759, gracias al apoyo de la marquesa de Pompadour, bien ajeno podía estar a que su nombre pasase a la posteridad en forma tan poco halagüeña.

La Hacienda francesa estaba en bancarrota y el tesoro de la nación, exhausto. Silhouette se propuso remediar aquel desbarajuste con impuestos territoriales y reduciendo las pensiones. La primera de estas medidas perjudicaba a la nobleza, propietaria de la mayor parte del territorio francés, y la segunda lesionaba los intereses de la burguesía. Cuando la moda impuso los calzones sin bolsillos, las capas sin pliegues y los dibujos esquemáticos, a tales novedades se le llamó *à la Silhouette*, expresión que en 1835 fue admitida en el vocabulario oficial francés. El vocablo estaba lanzado y la sátira logró su objeto, ya que Silhouette fue cesado de su cargo el 21 de noviembre del mismo año 1759. Una de las disposiciones que tomó consistió en que los particulares enviasen a la Casa de la Moneda sus vajillas de plata para que fuesen fundidas y convertidas en monedas. Luis XV dio ejemplo, y reconvino a uno de sus cortesanos que se mostraba reacio.

–Señor, cuando Jesús murió sabía que a los tres días iba a resucitar –comentó el cortesano.

Y, en efecto, Luis XV no se quedó sin vajilla, pues si no recuperó la que había entregado, tuvo otra no sé si mejor o peor, pero más a la moda.

Existe una variante sobre el origen de la palabra que nos ocupa. Se dice que cuando el ministro se retiró a Bry-sur-Marne, donde moriría en 1767, «se divertía trazando una línea alrededor de la sombra de una cara, con el fin de ver el perfil dibujado en la pared. Varias salas de su castillo estaban llenas de esos dibujos que, desde entonces, se llamaron siluetas, por el nombre de su autor». Así lo afirma el *Journal Officiel* del 21 de agosto de 1869.

SOSIA

A veces, erróneamente, se dice Sosias. Persona que tiene perfecta semejanza con otra. En la comedia de Molière *Amphitryon*, inspirada en otra de Plauto, Júpiter toma la figura de Anfitrión, para seducir a Alcmena, su esposa. Mercurio, que es el servidor del gran dios, se metamorfosea en Sosia, criado de Anfitrión. Sosia, con gran espanto y sorpresa, se ve a sí mismo en otro que conoce todos sus secretos, de modo que acaba por no saber quién es quién. Es el personaje cómico de la comedia.

STRASS O ESTRÁS

Vidrio incoloro que se colorea para imitar piedras preciosas. Georges-Frédéric Strass o Strasser inventó en 1746 las joyas en cristal imitando diamantes. Strass nació en Estrasburgo en 1700 y murió en París en 1773. Montó una tienda en el Palais Royal, donde sus imitaciones tuvieron tanto éxito que se pudo permitir el lujo de traspasar su negocio y vivir de renta sus últimos años.

TAYLORISMO O TAILORISMO

Quien haya visto la película *Tiempos modernos*, de Charlot, podrá comprender la aberración a la que puede llegar la «organización del trabajo» inventada por Federico Winslow Taylor para que no se desperdicie el tiempo. Taylor nació, ¿cómo no?, en los Estados Unidos, Pennsylvania, en 1856. Más que el trabajo en sí en los talleres y fábricas, desde joven le interesó cómo se realizaba. Cronometró las diversas fases de una tarea para conseguir lo que llamaba «una honesta jornada para que el obrero se sienta a la vez recompensado y estimulado». Introdujo un método en una acería y allí inventó el corte rápido de los metales. En realidad, convertía al obrero en una pieza más del engranaje de una máquina industrial. A pesar de sus propósitos, lo que consiguió fue deshumanizar totalmente al trabajador. Tal vez sus métodos den resultado entre gente de mediana inteligencia, pero tengo para mí que no convienen a quien conserve la conciencia de ser hombre. Por lo menos yo acabaría loco.

Don Jacinto Benavente. Ingenio sutil, irónico, semblante mefistofélico. Su teatro era pasado, pero es reflejo de toda una época.

La emperatriz Teodora y su corte. Mosaico de San Vital en Ravena.

Justiniano instaló a Teodora en el palacio Hormisdas, donde él moraba, con lo que su amiga se convertía en una moradora más del Palacio Imperial. Al hecho no se le dio importancia alguna, que el cónsul tuviera una concubina era lo más natural del mundo, y no constituía materia de asombro ni escándalo para nadie. Pero el «romance» empezó por durar más de lo corriente y, lo que fue más importante todavía, la gente se dio cuenta de que la pequeña cortesana de Constantinopla influía cada vez más no sólo en la vida de Justiniano, sino también en sus actividades políticas.

¿Quién era Justiniano? Pues nada menos que el sobrino del emperador Justino y su sucesor. La murmuración cedió paso a la indignación de los nobles y de las personas decentes o que querían pasar por tales. Éstas son, en general, quienes más ruido meten y más aspavientos exhiben, y tanto más cuanto más necesitadas están de disimular aspectos de su propia vida privada. Por aquel entonces Justiniano estaba al frente del ejército en la frontera persa, pero dejó el mando al joven general Belisario y volvió a Constantinopla, donde le esperaba Teodora.

Las relaciones entre los amantes se habían cimentado sólidamente. En principio Teodora creyó ser un capricho pasajero del gran señor, pero más adelante comprendió que no era así. Justiniano se reveló ante ella como el hombre ingenuo y candoroso que a los cuarenta años y pico de edad aún no sabía lo que era una mujer. Sus contactos hasta entonces con el sexo femenino habían sido sólo físicos y circunstanciales. Enfrascado en sus estudios y en sus negocios políticos, era todavía virgen en el sentido espiritual, y Teodora sintió por él el amor y el interés que una cortesana experimentada puede sentir por la doncellez, y si todo hombre que sólo ha conocido a una mujer es prácticamente virgen, el que sólo las ha conocido en el terreno sexual lo es de forma virtual. Entre los brazos de su amiga, Justiniano dejaba de ser el cónsul, el hombre público, para convertirse en hombre a secas, ávido de placer pero, sobre todo, embrujado por el hechizo que emanaba de Teodora. Hasta entonces no había encontrado más que bestezuelas para el placer, mientras que ahora se hallaba en brazos de una mujer refinada que sabía que el hombre olvida con facilidad el placer que ha recibido, pero recuerda siempre con agrado el que ha proporcionado. Teodora supo adular de esta forma el ingenuo orgullo masculino que Justiniano tenía como todos, pero que en él revestía la mayor importancia por no ser hombre voluptuoso. Precisamente porque no era sensual esa adulación fue tanto mejor acogida.

Pero Teodora no podía soñar que Justiniano quisiera casarse con ella. Una prostituta, una actriz circense cuyo máximo talento había sido el mimo satírico y su habilidad para desnudarse en público, no podía casarse con un senador, con un cónsul, con el hijo adoptivo del emperador, con el más que probable futuro *basileus*. Lo impedían las leyes que prohibían el matrimonio de las cortesanas, las disposiciones según las cuales un senador no podía unirse a una mujer de costumbres ligeras. Cuando Teodora se contemplaba al espejo, veía ante sí a una mujer delgada, más bien bajita, de piel cetrina, senos pequeños, firmes y altos, negros cabellos y ojos brillantes que miraban fijamente. Tenía ya veinticinco años y se empieza a vivir... ¿a qué edad? ¿Qué es vivir? Desde que pudo abrir los ojos, no dejó de recibir lecciones desagradables de la vida. Su infancia estuvo rodeada de los amantes de su madre y de las amigas de su madre; el abrazo sexual no tuvo nunca secretos para ella, como tampoco las aberraciones y los vicios, pues había vivido entre ellos como lo más natural del mundo. ¿Qué es vivir? Las jovencitas de la corte podrían, tal vez, hablar de su primer amor, de su primer abrazo, de la revelación de su cuerpo. Ella, no. Mirando hacia atrás no veía más que a una serie de hombres... ¿Hombres? No contaban: cuando, desde siempre, el amor físico ha sido una profesión, no cuenta el individuo sino el rendimiento. Era curioso: por primera vez sentía ante un hombre algo desconocido para ella. ¿Amor? Lo había fingido tantas veces que acaso no imaginaba que pudiera hacerse realidad. Justiniano era veinte años mayor que ella, pero ¡tan niño! Ante él se sentía un poco madre, ella que había abandonado a sus hijos, Dios sabe dónde, cuando no pudo impedir que nacieran. Pero Justiniano ¡era tan débil! Le recordaba en su lecho, cuando el deseo hacía desaparecer al militar, al jurista, al político, para mostrar sólo al hombre, el hombre fácil de manejar, demasiado, en este caso.

Justiniano estaba decidido a legalizar su relación con Teodora. Habló de ello con Triboniano, quien observó que si las leyes impedían el matrimonio, nada, en cambio, impedía que se cambiasen las leyes. Apoyándose en este informe, solicitó a Justino una ley que derogase la que impedía el matrimonio de senadores con mujeres de vida airada. El viejo emperador no puso ningún inconveniente. Entre hombres, estas cosas son comprensibles; incluso mostró cierto aire de complicidad y de comprensión que le rejuvenecía. Pero la emperatriz Eufemia sí se opuso decididamente al proyecto. Para ella, un matrimonio de este tipo no era aceptable. No olvidaba que ella, durante años, había vivido maritalmente con Justino antes de regularizar su situación; pero se trataba del concubinato militar aceptado por las costumbres y las leyes. Elena, la madre de Constantino, había sido también la concubina de Constancio Cloro, lo que no le impidió ser llevada a los altares. Por otra parte, una cosa era haber vivido maritalmente con un hombre y otra haber sido prostituta profesional. Jamás aceptaría en palacio a una de esas mujerzuelas.

Justiniano tuvo que tascar el freno y doblegarse ante las opiniones de la emperatriz; pero, preparando el futuro, hizo abrogar las leyes que prohibían el matrimonio de cantantes, danzarinas y actrices y el casamiento de senadores con mujeres de vida airada.

El siguiente paso fue más difícil y audaz. Hizo que a Teodora se la nombrase patricia. Que una prostituta fuese elevada al patriciado era algo tan absurdo y parecía tan imposible que no existía ninguna ley que lo prohibiera. Los legisladores habían previsto las debilidades humanas, no las del poder público. Eran tan ingenuos que no se dieron cuenta de que el poder se prostituye más fácil y frecuentemente que los individuos. Justiniano, más listo y, probablemente, aconsejado por Triboniano, encontró el punto débil de la armadura legal. Una vez convertida en patricia, Teodora tenía acceso libre al Sacro Real Palacio. El primer obstáculo importante había sido salvado.

Lógico es pensar en las múltiples reacciones que esta decisión provocó. Pero las hemos de juzgar con los ojos de la época. (El sentido aristocrático de la nobleza tal como lo entendemos hoy es de origen germánico, y por entonces no se conocía en su forma actual y menos en el que tuvo en la Edad Media occidental y hasta la Revolución francesa. En cuanto al sentimiento amoroso, hemos de pensar que tal como lo concebimos hoy tiene sus raíces en la llamada civilización cristiana occidental, y se forjó en el siglo XI, en las Cortes de Amor provenzales. Su origen, a su vez, debe buscarse en el catarismo bogomila. Véase a este respecto el libro revelador de Denis de Rougemont: *L'Amour et l'Occident*.) Teodora elevada al patriciado significaba la entrada en la corte imperial de una mujer que no iba a limitar su papel a compartir el lecho y el placer con la eminencia gris del Imperio. Teodora conservaba el contacto con el pueblo a través de sus amistades y de sus conocidos, gente que jamás entraría en palacio a no ser por la puerta falsa, que ella sola podía abrir. Teodora podía ser, si no la emperatriz legal –se sabía que Justino y Eufemia se habían opuesto a la idea absurda de Justiniano–, sí la emperatriz en la práctica, actuando en la sombra, tras los cortinajes púrpura de la sala del trono.

Pero Teodora era aún más hábil de lo que creían los personajes de la corte. No compareció casi nunca en los actos solemnes de la corte; en cambio, pasaba horas y horas haciendo compañía al viejo emperador mientras su amante trabajaba en los asuntos del Estado. Visitaba con frecuencia al patriarca, con el que sostenía brillantes discusiones teológicas, y al que hacía partícipe de sus problemas de conciencia a la par que asombraba por su devoción. Recibía en su casa a gente del pueblo a la que ayudaba con recomendaciones e incluso económicamente. Fue promulgada la ley que permitía el matrimonio de las prostitutas, y entre otras protegidas de Teodora que regularizaron su situación, su hermana Comito pudo casarse con un militar compañero de armas de Belisario, y entrar así en el gremio de las gentes honestas y las fuerzas vivas del país. Por otra parte, y muy discretamente, empezó a crear un clima de opinión favorable a su persona, cosa no del todo difícil si se tiene en cuenta el ambiente de Bizancio. El propio Justiniano era un ejemplo de lo que el Imperio podía crear: un campesino llegado de una alejada provincia se había convertido en pocos años en un erudito eminente, en un militar de alta graduación, en un romano auténtico, en cónsul... Verdad es que era sobrino del emperador, pero éste mismo ¿qué era antes de llegar al trono? Un soldado de fortuna, casi analfabeto. Los antepasados de los senadores, por su parte, fueron gentes capaces de reunirse, en tiempos del Imperio Romano de Occidente, para resolver el trascendental problema de qué salsa era la mejor para aderezar unos pescados que iban a servirse en la mesa imperial. El Consulado podía contar las hazañas de *Incitato*, el caballo que usó sus insignias o los tiempos de Heliogábalo, que repartió entre eunucos y homosexuales los principales cargos del Imperio. Dichos cargos, con el tiempo, los ocuparon bárbaros que no sabían griego ni latín. Nadie podía envanecerse de sus antecesores. Teodora preparaba con cuidado su camino: si la historia recordaba a emperatrices que habían sido rameras, ningún inconveniente existía para que una ramera se convirtiese en emperatriz.

Por el momento, tomaba parte en las reuniones que Justiniano organizaba en el palacio Hormisdas. No solían ser precisamente alegres. Entre los contertulios se contaban Triboniano y Juan de Capadocia, como es natural; el general Belisario, llegado de las fronteras de Persia y exhibiendo su físico aventajado y su brillante carrera militar; y el secretario y cronista Procopio de Cesarea, bajo, delgado, de aspecto campesino y lenguaje rebuscado y preciso, que hacía gala de sus conocimientos clásicos con todo el fervor de un pedante a sueldo. De vez en cuando, alguna otra mujer se sumaba a la reunión a última hora: por regla general cortesanas que alegraban la cena y compartían el lecho de los invitados. Belisario se enamoró de una de ellas, Antonina, con la que proyectó casarse acogiéndose a la nueva ley. Era mayor que él, y en las lides del amor había alcanzado el generalato con los mismos méritos y similares esfuerzos con que Belisario había obtenido el suyo en los campos de batalla.

Justino se encontraba cada vez peor. Eufemia se preocupaba por él y aceptaba, a veces, la ayuda de Teodora; pero entre las dos mujeres jamás se produjo el chispazo de comprensión que preludia la amistad. El final se adivinaba próximo, por lo que el viejo emperador decidió nombrar César a su sobrino: era tanto como designarle su sucesor. Las diversas facciones de la corte se prepararon no tanto para el triste desenlace como para el momento de la sucesión. En la memoria de todos estaba la forma en que Justiniano había proclamado a Justino y no querían que una jugada semejante le costase el trono a su candidato. En realidad, ningún nombre sonaba especialmente para ser nuevo emperador, pero las intrigas cortesanas y de los *demos* no podían dejar de existir.

Y en ese momento el destino protegió a Teodora. Eufemia, la anciana emperatriz, murió de un ataque al corazón mientras dormía en su cama de púrpura. Los acontecimientos se precipitaron. Justiniano y Teodora, libres de la oposición de Eufemia, se casaron secretamente, y luego Justino, de acuerdo con una vieja ley romana exhumada por Triboniano, nombró definitivamente a Justiniano su sucesor en la diadema imperial y colaborador en el trono desde aquel momento. En una ceremonia íntima en palacio, ante el Senado y presidida por el patriarca, Justiniano fue revestido con el manto de púrpura y coronado según la liturgia y la tradición. Y cuando todo parecía terminado se vio a Teodora avanzar hacia él, al tiempo que el patriarca anunciaba que, según las antiguas leyes, la esposa del coemperador iba a ser coronada. Se

Don Ramón del Valle-Inclán. El de «las barbas de chivo», como le llamó Rubén Darío; «eminente escritor y extravagante ciudadano», según el general Primo de Rivera.

Un Rolls. ¿Se puede añadir nada más? Según tradición, un chófer nunca pasará delante de las iniciales de sus creadores, siempre lo hará por detrás del coche.

supo así la noticia del matrimonio, al propio tiempo que el patriarca colocaba sobre la cabeza de Teodora la diadema del Imperio.

Pocos días después moría Justino. Justiniano ya había tomado sus precauciones, y cuando el primer domingo después del entierro de Justino se celebró la coronación solemne en la iglesia de Santa Sofía, sentada en el trono de marfil de los emperadores romanos, la antigua bailarina y contorsionista circense, la mujer que había vendido su cuerpo por las calles de Constantinopla, oía cómo la corte, el clero, el ejército y el pueblo gritaban entusiasmados: «¡Justiniano, siempre augusto, que Dios sea contigo! ¡Dios bendiga a nuestra piadosa, augusta y sacra emperatriz Teodora!»

LA HIGIENE

Cuando se habla de una persona y se dice que es limpia y cumple con los preceptos de la higiene, lo primero que se nos ocurre pensar es que se baña con frecuencia. Cosa que no era corriente hace aún pocos años.

Los romanos generalizaron en España el uso de los baños y construyeron sólidos y cómodos edificios, cuyos vestigios y ruinas se ven aún en varios puntos de la península. Los árabes conservaron este mismo gusto; mas los abusos que cometían las reuniones de gentes que iban a bañarse, y más particularmente el haber observado que por este motivo se enervaba el vigor de las tropas, movieron al rey de Castilla Alfonso VI a prohibir y aun mandar destruir los establecimientos balnearios.

Las causas políticas y morales que obligaron al rey a tomar esta medida, se contienen en un fragmento poético que creo oportuno colocar aquí. Es de fray Luis de Escobar, en su libro de *Las quatrocientas respuestas a otras tantas preguntas que el yllustrissimo señor don Fradique Enríquez: Almirante d'Castilla y otras personas en diuersas vezes embiaron a preguntar al autor...* Anno M.D.XLV (Valladolid). He aquí la pregunta de don Fadrique:

¿SI ES PECADO ENTRAR EN LOS BAÑOS?

Solían usar en Castilla
Los señores tener baños,
Que mil dolencias y daños
Sanaban a maravilla;
Y pues hay tan pocos de ellos,
Y pocos vemos tenellos;
Quería de vos saber
Si por salud o placer
Es pecado entrar en ellos.

RESPUESTA DEL AUTOR:

Solían siempre hacellos
En ciudades principales,
Y por bienes comunales
Guardallos y sostenellos;
Los sanos se recreaban,
Y los dolientes sanaban,
Y otros bienes muchos más
Que dice santo Tomás
Que en los baños se encontraban

Mas también hay grandes males
Que del mucho uso resultan,
Que en los que en ellos se juntan
Hacen pecados mortales.
Que se hacen lujuriosos,
Delicados y viciosos
Con achaque de salud,
Quedan flacos, sin virtud,
Cobardes y temerosos.

Pues si bien es concedido
Entrar por necesidad,
Siendo por vicio y maldad
A todos es prohibido.
Y con mujeres extrañas
Y peligrosas compañas
Y aun el hijo con su padre
Y mucho más con su madre
Que son muy torpes hazañas.

Y por quitar estos daños
Fue provechoso y honesto
Que el rey don Alfonso el sesto
Hizo destruir los baños.
Que los sabios le dijeron
Que los suyos se perdieron
Porque en baños ocupados
Como hombres acobardados
De la batalla huyeron.

Que los baños pueden ser
Al enfermo beneficio,
Mas quien lo toma por vicio
Tórnase medio mujer
Y el que así vive al revés,
Sin parar mientes quién es,
Es como hombre de manteca,
Que mejor le está la rueca
Que la lanza ni el arnés.

Obsérvese que en la composición reproducida, casi se habla más del baño como medio terapéutico que como necesidad higiénica, que ésta nuestros dignos antepasados no la sentían en absoluto.

En una época en que no existían ni el pijama ni la camisa de noche, y en que las cuestiones sexuales no pertenecían al reino de lo misterioso –véanse si no las «misericordias» de los coros de buena parte de nuestras catedrales–, no es de extrañar que la mezcla de sexos se hiciese sin escandalizar a nadie, excepto en casos de enormes excesos, que son los que fustigan nuestros poetas. Lo demás no tenía demasiada importancia.

Creo, de todos modos, que exagero un poco cuando hablo de la suciedad de nuestros antecesores. Sabemos que los cortesanos del Rey Sol de Francia, Luis XIV, criaban centenares de piojos bajo sus bien empolvadas pelucas; sabemos que las grandes damas de los siglos XVII y XVIII ocultaban, gracias a poderosos perfumes, su excesivo olor a suciedad y sudor. Pero no todos los tiempos han sido iguales.

Moisés prescribió los baños a las mujeres el séptimo día de la menstruación. No sabemos si por esta causa o por simple higiene, se bañaba Betsabé cuando fue sorprendida por David (II,

Reyes, XI, 2) y Susana cuando lo fue por los viejos (*Daniel*, cap. XIII).

De todos los pueblos de la antigüedad, parece ser que el egipcio fue el más interesado en los cuidados higiénicos. Se prescribían abluciones obligatorias. Los sacerdotes debían lavarse tres veces durante el día y dos por la noche. La hija del faraón encontró a Moisés cuando se bañaba en el Nilo (*Éxodo*, II, 5).

Los asirios construyeron los primeros establecimientos públicos de baños. Su lujo era imponente. Plutarco nos dice que cuando Alejandro Magno, después de la derrota de Darío, entró en los baños del rey persa, examinó admirado las conducciones de agua, las pilas, los perfumes y los metales preciosos.

Ahora bien; estas y otras prescripciones y costumbres fueron pasando del carácter higiénico al ritual. Las clases bajas se limitaban a cumplir mezclando el precepto con las supersticiones. Así, por ejemplo, el indio a quien las leyes de Manú imponen dos abluciones semanales, las ejecuta «lavándose» con orines o boñiga de vaca, animal sagrado.

A todo esto, la pregunta se impone y se repite: ¿eran o no eran sucios nuestros antepasados? ¿Cómo se compaginan, por una parte, la relativa abundancia de casas de baño y, por otra, las varias noticias de la insigne suciedad de los individuos de siglos pasados? Podríamos contestar con bastante aproximación, diciendo que si trazásemos una curva de evolución de la afición a lavarse, se notarían en ella dos máximos, uno en tiempo de los romanos y de su influencia cultural, y otro, en los siglos XII, XIII y XIV. Entre ellos se encontrarían dos mínimos correspondientes a la época bárbara y a los siglos XV a XIX, que son los que marcan el mayor aumento de suciedad corporal.

¿A qué se deben estas dos depresiones? La primera coincide con la destrucción de la civilización romana a consecuencia de las grandes invasiones, y la segunda a tres causas diferentes: una, la presencia de importantes epidemias de peste bubónica que hicieron temer el contagio; la segunda, a las guerras de religión, que encarecieron la leña que servía como combustible, impidiendo al pueblo asistir a las casas de baños; y la tercera causa, la más curiosa, es nada menos que la invención de la ropa interior: la gente encontró mucho más cómodo mandar lavar su camisa que lavar su cuerpo.

Ya he dicho que en el siglo XVIII, el siglo de la «Ilustración», de la «Razón», de las grandes cortesanas de la corte francesa, como la

Pompadour o la Dubarry, de las pelucas empolvadas y las casacas de seda y bordados de oro, era un siglo de suciedad inconcebible, escondida bajo oleadas de penetrantes perfumes.

Cuando Luis XVIII entró por primera vez en las Tullerías, en 1814, una dama de su séquito, al pasar por un corredor que olía, y no a ámbar precisamente, exclamó:

–¡Ah! ¡Qué olor! ¡Cómo me recuerda *le bon vieux temps*!

Y explicó a los cortesanos más jóvenes, que la oían asombrados, que en tiempos de Luis XVI las damas orinaban de pie donde podían, por los pasillos y los patios, incluso en la propia sala del trono o en la cámara real. (*Mémoires*, de Bourrienne.) Y podía haber añadido que no sólo orines, sino otras cosas más sólidas acostumbraban recoger los criados por los pasillos y salas del palacio.

Durante su locura, Felipe V de España no quería lavarse de ninguna manera. Se ensuciaba encima y se negaba a cambiarse de ropa, pero extrañaba en el rey su locura, no su porquería.

He aquí otro caso curioso, relativo al infante de Parma don Fernando, hijo de don Felipe y doña Luisa Isabel de Francia; por consiguiente, nieto de Felipe V.

El matrimonio se celebró el 27 de junio de 1769. A continuación, van unos extractos de los despachos dirigidos al duque de Choiseul por el barón de La Houze, ministro de Luis XV en Parma y conservados en el archivo del Ministro de Asuntos Exteriores de París.

«12 de agosto de 1769.

»Hay detalles de los que creo no poder dar cuenta sino a vos solo, reservadamente. Me había apresurado, Monseñor, en informaros el 21 del mes último, según una confidencia que el señor Keralio me había hecho y que sabía directamente del infante, que sin duda había entendido mal, que el matrimonio de este príncipe estaba consumado, cuando hace algunos días me sorprendió el saber de buena parte que esta obra estaba aún sin comenzar. Hablé secretamente al señor marqués de Felino, que luego empleó el señor Keralio para descubrir la verdad de las cosas. Se han encontrado tales como me las habían contado, y este antiguo subgobernador de Su Alteza Real me ha confiado que una causa física se oponía a la satisfacción de los deseos del infante, que sufría tanto en la erección por la tirantez del frenillo que sujeta el prepucio, que hacía enarcar su verga y le impedía hacer uso de ella para la generación. Tal es la situación de este joven príncipe, que diariamente aplica baños de leche a esa parte, por prescripción del señor Stork, médico alemán agregado a la corte de Viena, que ha seguido hasta aquí a la archiduquesa infanta; pero, hablando aún ayer por la noche sobre este asunto con el señor Felino, hemos convenido que era más bien asunto de la competencia del señor Vacher, hábil cirujano francés establecido en París y que el infante acababa de llamar a su servicio en calidad de su cirujano primero. Hay frecuentes ejemplos de parecidas operaciones, que consisten en un ligero corte de bisturí para quitar este impedimento del que Su Alteza Real sufre...»

«23 de septiembre de 1769.

»...Por lo que toca a la situación del infante referente a su matrimonio, por fin he conseguido, Monseñor, descubrir positivamente la incomodidad que se oponía a la satisfacción de los deseos de este príncipe. El señor Stork, médico de la corte de Viena, se había equivocado al asegurar que provenía del frenillo, que no estaba roto y que impedía al infante desencasquetar. No era ahí donde radicaba el obstáculo. Se había formado entre el prepucio y el glande un cerco compuesto de materia que se había endurecido de tal manera que había hecho engrosar considerablemente esta parte de la verga y que sujetaba tan fuerte al prepucio que cubría el glande, que la mera erección era dolorosa al infante. Ha sido preciso, para librarle de esta incomodidad, aplicarle varias inyecciones de un agua detergente que ha llegado insensiblemente a disolver este cerco de materia endurecida, y hasta esta mañana no ha podido el príncipe descapullar. El médico que ha asistido a Su Alteza Real, y que siempre ha estado sólo con él en su gabinete, me ha confiado haber observado que esta especie de anillo de materia endurecida había comenzado ya a corroer la piel interior del prepucio, pero que mediante algunos baños en esa parte y otros de agua fría que el infante tomaría, contaba con seguridad que su matrimonio sería consumado luego...»

¡De qué dependen los destinos de los Imperios y qué alta idea da este ejemplo de los hábitos de limpieza íntima en los medios más cultos al final del siglo XVIII! Viendo lo que pasaba en la corte, cabe suponer qué higiene reinaría en la ciudad entre los burgueses y en el pueblo bajo. Tiembla uno sólo en pensarlo.

Aclaremos que con fecha 4 de noviembre del mismo año, el indiscreto y oficioso embajador francés notificaba al duque de Choiseul que el matrimonio se había consumado y que el infante «me ha hecho el honor de confiarme esta noche que creía que la señora infanta estaba ya encinta».

¿Cómo iba a extrañar la porquería de tiempos de Felipe V? ¿Cómo iba a asombrar si dos reinados más tarde, en tiempo de Carlos III, declararon los médicos que la limpieza de las calles de Madrid, que estaban hechas un asco, sería perjudicial para la salud, «puesto que las emanaciones de los detritos templaban el aire, que era frío y fino en demasía»? Carlos III contestó con unas palabras definitivas:

–Límpiense las calles, y si de ello viniere algún mal, con volverlas a ensuciar estará todo acabado.

El 20 de abril de 1519, el marqués de Denia, guardián entonces de doña Juana la Loca, escribió a Carlos I: «...la Reina nra. Sra. está como tengo escrito y la sra. Infanta besa las manos a V. A. Todavía está con su sarna, aunque con alguna mejoría...» El 6 de junio del mismo año, decía el marqués al emperador: «...la sra. Infanta está algo mejor de la sarna, y por la poca salud que anda de otras enfermedades, no osa el Dr. Soto curar a S.A.»

Esta infanta era hija de doña Juana la Loca y casó después con don Juan III de Portugal. Enfermó de sarna a los trece años, y la causa de que el doctor Soto no osase curarla es que en tiempo del citado doctor tal enfermedad, aunque muy corriente, no era fácil de sanar, lo que se intentaba a base de sangrías y purgantes, como no podía ser menos.

Tres lustros después del fallecimiento de doña Juana, en pleno siglo de oro de la medicina, escribía el conocido doctor Fioravanti: *La vera causa della sagna sono due cose: la alterazione del sangue e la umiditá*, y añadía que su curación consistía en sangrar y purgar el cuerpo, afirmando que la naturaleza de la sarna permanecía oculta a la penetración de los más doctos. En nuestro romancero se cuenta que la Cava, «la que folgaba con Don Rodrigo», «estábale sacando aradores»; es decir, el *Sarcoptes scabiei*, productor de la sarna, con lo que se pone en claro que don Rodrigo también la padecía.

No quisiera abandonar este tema sin tocar una creencia tan falsa como extendida: me refiero a la camisa de doña Isabel la Católica, que, según dicen, estuvo varios años sin cambiársela. Para ello cedo la palabra a un célebre periodista argentino.

Isabel la Católica –digan lo que quieran los anticlericales– era muy limpita. Más aún: «No obstante sus sentimientos religiosos y lo grave de su carácter», dice Rafael Altamira en la página 546 del tomo II de su *Historia de España*, gustaba tanto de vestir con gran lujo, que fray Hernando de Talavera estaba harto de censurarle tales vanidades.

La de la camisa famosa fue la infanta de España Isabel Clara Eugenia de Austria, que juró no cambiarse la indispensable prenda interior hasta que sus tropas pusieran fin al asedio de Ostende. Y como el sitio duró tres años..., calculad lo que sería la camisa de la voluntariosa dama. Los franceses debieron calcularlo muy bien, porque a cierto tono que no se parece en nada al blanco, le llaman *couleur isabelle*...

Tampoco estoy de acuerdo con esta opinión. La palabra *isabelle* aparece por primera vez en documentos de los archivos franceses en 1595 refiriéndose al color de ciertos caballos. La infanta Isabel Clara Eugenia llegó a los Países Bajos en 1598 con ocasión de su boda con el archiduque Alberto, y el sitio de Ostende tuvo lugar desde agosto de 1601 hasta el 20 de septiembre de 1604, es decir, con posterioridad a la llegada de la infanta, y por supuesto al uso de la palabra en documentos oficiales franceses.

En el diccionario etimológico de la lengua francesa editado por la casa Larousse, se apunta la posibilidad de que el vocablo derive del árabe *hizah*, león, de color de león, lo que correspondería al de los caballos denominados en España isabelinos o isabelos. Recuérdese la copla de José Carlos de Luna:

Tengo una jaca isabela
que cuando anda, galopa,
y cuando galopa, vuela.
¡La campiña pa eya es poca!

LA HISTORIA DEL CAFÉ

Dicen que hace muchos años un pastor de cabras de Etiopía observó que su rebaño daba muestras de una excitación inusual, saltando y brincando toda la noche. Al día siguiente observó también que las cabras comían las hojas de un arbusto en el que hasta entonces no había reparado, lo que comunicaba al rebaño un nerviosismo especial. Ni corto ni perezoso, el pastor hizo una infusión de aquellas hierbas y comprobó que no podía conciliar el sueño. Poco después, hirvió algunas de las semillas y, bebiendo el líquido resultante, experimentó el mismo resultado.

Un día en que las semillas se habían mojado, quiso secarlas rápidamente y las puso en una sartén que colocó sobre el fuego. Distraído, no se dio cuenta de que las semillas, color verde sucio, se tostaban y adquirían un color negro. Quiso aprovechar entonces esas semillas tostadas, las hirvió y comprobó que el sabor mejoraba.

Un descubrimiento así no podía mantenerse en secreto ni tenía por qué. El caso es que se fue extendiendo por Etiopía la costumbre de tostar las semillas del café y beber su infusión.

De Etiopía la costumbre pasó a Arabia, donde la bebida tomó el nombre de *kawa*. Algunos aseguran que por similitud con la piedra santa de La Meca llamada La Kaaba, que también es de color negro. La costumbre de tomar café fue pronto popular desde las capas más bajas de la sociedad hasta las más altas. Se extendió de tal forma que, como pasa con toda novedad, hubo quien creyó que era pecado. Generalmente, los puritanos están en contra del placer por el placer mismo, no porque sea pecado; en realidad, ven torpeza en todo aquello que procura satisfacción. Aciertan algunas veces, pero yerran las más.

La autoridad religiosa islámica intervino para prohibir el uso del café: se desarrollaron prolijos debates, y al final se autorizó a los fieles, aunque desaconsejándolo. Como es natural, los fieles no hicieron ningún caso y no sólo continuaron tomando café, sino que inventaron la leyenda de que el propio arcángel Gabriel había ofrecido la primera taza al profeta Mahoma, para que velase toda la noche.

En Europa, el café llegó por dos rutas: una fue Venecia y la otra, Viena. Los mercaderes venecianos se aficionaron al café en los enclaves que poseían en el Imperio turco, y de allí lo llevaron a la ciudad de la laguna, donde a finales del siglo XVI ya se consumía. Por otra parte, los turcos, que invadían Europa y llegaron a las puertas de Viena, cuando levantaron el cerco a esta ciudad dejaron abandonados centenares de sacos que un polaco llamado Kolschitzky reclamó como recompensa por un acto heroico que

El marqués de Sade. Conde en la realidad, obsceno, depravado; hoy elevado, por algunos, a profeta del dolor, del placer y del amor libre.

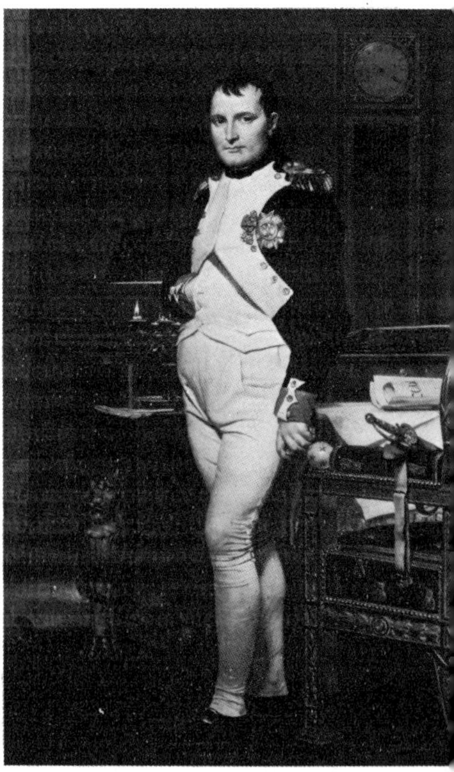

Napoleón. Su nombre basta. Para España fue lo que Hitler en Francia.

había realizado. Al principio, el café desagradó a los vieneses debido al poso característico del café turco, pero Kolschitzky ideó colar la infusión, modalidad que tomó el nombre de «a la vienesa».

En Venecia, donde el café se tomaba al comienzo como medicamento, alcanzó gran popularidad como digestivo, y en 1680 empezaron a aparecer en la plaza de San Marcos unas tiendecitas que expendían el negro brebaje y que, por ello, se llamaron cafés. En 1720 se abrió el café Florian, que aún existe en la plaza, a mano derecha según se mira la basílica de San Marcos. Recomiendo a todo visitante que dedique unos minutos de su tiempo, los más que pueda, a tomar un café en el Florian, decorado al estilo del siglo XVIII, y que recuerde que en aquellos sofás y en aquellas banquetas se sentaron personajes como Wagner, Dostoievski, lord Byron, Marcel Proust, Alfred de Musset, George Sand, Stravinski, Chaikovski y tantos y tantos más.

En España, el café tuvo que competir con la moda del chocolate y con las prevenciones que los médicos manifestaban hacia el negro líquido.

A este respecto, bueno será recordar la conocida respuesta que el escritor francés Fontenelle dio a un amigo que le advertía que el café era un veneno lento:

–Puede ser, porque hace ochenta años que lo tomo y no he muerto todavía.

Recordemos que Fontenelle murió un mes antes de cumplir el siglo.

En España es popular el café con leche, brebaje híbrido popularizado por los funcionarios. No sé por qué, pero cuando estoy en Madrid y veo un café con leche en la mesa de un consumidor, me digo inmediatamente que debe prestar sus servicios en algún ministerio. También es curioso que para pedir un café en la Villa y Corte se tenga que añadir la palabra «solo» porque, si no, sin consultarte, te lo sirven con leche.

Tan importante como la invención del café ha sido la de los cafés, centros de tertulia, reunión y conversación que van desapareciendo por no ser rentables. Había quien pasaba tres o cuatro horas ocupando una silla en uno de esos establecimientos por el simple importe de un café. Los cafés se ven sustituidos por bancos, por fábricas de hamburguesas plásticas o por servicios de *quick food* que impiden la conversación y el paladeo; es decir, que favorecen el paso de la humanidad de la civilización a la barbarie.

Los cafés han sido siempre centros en los que se podían contemplar los especímenes más raros de la fauna humana. En un desaparecido establecimiento de Barcelona, conocí a un señor que se hacía servir café y lo sorbía con una pajilla y acompañaba con aceitunas rellenas. En París es célebre el caso de cierto cliente de uno de los mejores cafés de un céntrico bulevar, que, después de tomarse el café, pedía dos helados: uno de frambuesa y otro de vainilla. Vertía el helado de frambuesa en su bota derecha, el de vainilla en la izquierda y salía. Eso todos los días del año.

Extrañará al lector que no hable del café americano, pero la planta fue llevada al Nuevo Mundo por los europeos. Hoy el café del Brasil, Colombia, etc., ha invadido todos los mercados, pero no se olvide que por doquier es sinónimo de café la palabra «moka», nombre de una ciudad de Arabia.

El café se ha extendido por todo el mundo. En Inglaterra se prefiere el té, lo que probando el café inglés se comprende fácilmente. Yo, por mi parte, me apunto al café italiano o al que, en el bar del Ateneo Barcelonés, me preparan mis amigos Jaume y Jordi Teixidor.

Quien quiera conocer la técnica del café y sus intríngulis, así como su evolución desde los tiempos más antiguos hasta nuestros días, que lea *El libro del amante del café*, de Michael Vanier (Ed. Olañeta, 1983). Podrá pasar un buen rato y recordar, si tiene algunos años, a los mozos de los almacenes de comestibles que, en la acera, frente a sus establecimientos, tostaban el café a la vista del público.

TEODORA EMPERATRIZ. LA REVUELTA «NIKA», I

Bajo la férula de los grandes personajes está siempre el pueblo. La historia que los historiadores cuentan da bandazos de unos a otros. Cuando está de moda la llamada «historia de batallas», los reyes son los únicos personajes que cuentan; todo gira a su alrededor, de la corte y los generales. Cuando se vuelven las tornas, sube al podio la «historia social», y se olvidan entonces coronas, dignidades y espadas, que ven sustituidas por gremios, precios del pan y ambiciones sociales. Creemos que ambas historias están básicamente mutiladas. Hemos de convenir que en muchas épocas –la que estamos narrando, por ejemplo–, tanta importancia podía tener el capricho de un emperador como el hambre en una región, la rabieta de un ministro como las necesidades económicas de los caldereros o zapateros, y el enfado de un general como el ánimo de mando de un grupo social cualquiera. Pero ésta, que no es historia al uso sino narración escrita con voluntad de resultar amena y divulgadora, con mentalidad libre de hombre de hoy no *engagée*, mezcla unas cosas con otras a fin de estar si no más próxima a la erudición, sí más cercana a la realidad.

Justiniano era un idealista que creía en el Imperio y hablaba de él como de una realidad existente. Lo quiso obtener *more totalitario*, cosa lógica en aquella época, y la sociedad se estructuró según los cánones habituales en todo Estado autoritario: un jefe idealista en la cima; ministros luego, de los cuales la mitad eran aduladores y tontos y la otra mitad aduladores y sinvergüenzas; una administración complicada, podrida y venal; una alta sociedad caprichosa y prepotente; y un pueblo oscilando entre el servilismo, la picaresca, el miedo y la indiferencia política.

Los Azules y los Verdes andaban a la greña, como siempre. Los primeros, gubernamentales, y los segundos, en la oposición. Lo curioso era que Justiniano protegía a los Azules aunque su origen era verde y, en cambio, Teodora, que debía agradecer a los Azules la protección inolvidable que le brindaron en su infancia, estaba sentimentalmente al lado de los Verdes, de tendencias monofisitas, en recuerdo de la ayuda que los monjes de esta confesión le prestaron durante sus andanzas por África del Norte. En definitiva, el conflicto clásico que la política plantea a las personas inteligentes: una cosa es la que se siente y otra la que se piensa. Y no olvidemos que para los profesionales de la política debe añadirse: y otra es la que se dice y otra más, aún, la que se hace.

Tanto los Verdes como los Azules estaban perfectamente organizados. En el circo, cada uno de los bandos tenía sus *oradores*, que con su vozarrón se convertían en los voceros del grupo. Los jóvenes de uno u otro grupo se reunían en bandas vestidas pintorescamente: túnicas de cuero, cabellos largos, barba y mejillas sin afeitar, a la manera de los hunos y otras tribus salvajes a las que remedaban incluso en los nombres que se daban. Estos grupúsculos o bandas juveniles se dedicaban al robo, la extorsión y el bandidaje, a veces en forma totalmente gratuita. Su uniformidad en el vestir les identificaba, pero el miedo de los ciudadanos honrados les protegía. «Obtuvieron tal indumentaria –son palabras de Procopio– con dinero robado. Llevaban escondidas pequeñas espadas de dos filos en el muslo, bajo los mantos, e iban en grupos tan pronto se hacía de noche, para robar a sus víctimas los broches de oro o cualquier otra cosa que llevaran... Comenzó entonces una competición entre ellos para mostrar su fuerza y su valentía matando de un porrazo a cualquier hombre desarmado que se cruzaba en su camino... Si algún juez no seguía el consejo de estos hombres, la pena de muerte caía sobre él. Los prestamistas veíanse obligados a cancelar sus contratos de deudas sin que les fuera pagada ninguna cantidad. Los hijos de los hombres de alta posición se mezclaban con los jóvenes sin ley y trataban de impulsar a los padres a que les dieran dinero para ellos.» Como se ve, ni el *gangster*, ni el gamberro, *blouson noir, teddy boy, raggar, punk* o cualquier otro nombre que se le dé, es producto de «nuestra degenerada generación», como dicen tantos asustados moralistas de nuestros días. Las jóvenes del pueblo y aun algunas de la alta sociedad se unían al grupo al que pertenecían sus novios o amantes, y las orgías se pusieron a la orden del día. El chantaje y la extorsión eran moneda corriente, y los comerciantes, industriales y artesanos tenían que pagar a los *gangs* para evitar el saqueo o el incendio de sus establecimientos.

Los Azules, protegidos por el emperador, llevaban la voz cantante y, cada vez más poderosos, llegaron a imponerse de tal forma, que se preveía una explosión inminente.

Ésta llegó con ocasión de los *idus* de enero del año 532 (13 de enero). El encargado de celebrarlos, organizarlos y dirigirlos era el cónsul que aquel año ejercía sus funciones, y sea por costumbre, sea por vanidad, cada uno procuraba superar al anterior, ya que su largueza en el dispendio era elogiada entusiásticamente por aquellos mismos que no se daban cuenta de que la autoridad, como siempre, procuraría recuperar, a costa del contribuyente, el dinero de su «generosidad». Aquel año se dispuso que, por razones de economía, los juegos fueran organizados oficialmente por el gobierno, es decir, por los prefectos de la ciudad, del Pretorio. El pueblo vio en ello, quizá no sin razón, una nueva maniobra de Juan de Capadocia, a la sazón prefecto de palacio, para enriquecerse, y empezó a protestar, pues la masa es capaz de sacrificarlo todo menos su diversión. Los comentarios fueron haciéndose cada día más acres y, como es natural, quienes más se distinguían por sus ataques eran los Verdes, quienes aprovechaban la situación para criticar todo el programa y la actuación gubernamental. Procopio, con su mala saña acostumbrada, escribe: «El gobierno obraba como una tiranía; pero no como una tiranía eficaz.» Es el camino lógico de las dictaduras y regímenes autoritarios: conservan los medios y olvidan los fines.

El primer día de carreras, el Hipódromo se llenó, como de costumbre; pero el ambiente se notaba más tenso de lo habitual. Las primeras carreras se desarrollaron sin incidentes; pero en el intermedio entre la tercera y la cuarta, el *orador* de los Verdes empezó a gritar pidiendo la palabra. En el silencio que se hizo se oyó su voz, que, tras los habituales preámbulos de cortesía y adulación al emperador, frases que no engañaban a nadie, atacó al soberano, que presidía los juegos desde su palco, reprochándole la protección desmedida que concedía a los Azules. El *orador* representante del poder imperial le contestó a su vez, y acto seguido replicó el representante verde, subiendo de tono la discusión y llegando a ataques personales, incluso contra el emperador. Los Azules intervinieron en la disputa; los *oradores* de uno y otro partido se relevaban en las mutuas acusaciones y, al final, el *orador* imperial quiso imponer silencio invocando la sacra persona del emperador. Los Verdes no atendieron a razones y, animados por sus jefes, decidieron abandonar el Hipódromo.

Ello animó a los Azules quienes, a su vez, se lanzaron a la calle dispuestos a la pelea; pero los Verdes, que habían previsto la reacción azul, les esperaban bien situados. La lucha empezó en las calles aledañas al Hipódromo y se fue propagando hasta enseñorearse de la ciudad. Justiniano, que, al salir los Verdes, había abandonado su palco para trasladarse al Sacro Palacio, iba recibiendo las noticias de la pelea: aquí la lid estaba en la calle, ahí se incendiaba la casa de un azul, allá la de un verde y acullá unos y otros luchaban contra los soldados enviados por los prefectos de la ciudad y del Pretorio con el fin de implantar el orden.

Al cabo de unas horas parecía que los pretorianos habían ganado la partida. Numerosos detenidos estaban en las cárceles de la ciudad esperando ser juzgados, cosa que se hacía con celeridad. Siete de ellos, confesos y convictos de sedición y asesinato, fueron sentenciados a muerte y ejecutados. Pero la cuerda que les debía ahorcar se rompió en dos casos y la multitud se apoderó de los supervivientes y los llevó al hospital de San Lorenzo, donde los monjes les dieron asilo. Uno de los supervivientes era verde y el otro, azul. Ello bastó para que el pueblo, supersticioso como el que más, viera la mano de la Divina Providencia y una clara indicación de la conducta que convenía seguir. Ante Dios, Azules y

Safo. La gran poetisa griega. ¿Fue, tal vez, bisexual? No sería extraño dadas las costumbres de su época. Muchos hombres también lo eran.

El emperador Justiniano y su corte. Mosaico de San Vital en Ravena.

Verdes eran iguales: debían amarse como hijos del mismo Padre común, etc. Un viento de fraternidad y concordia flotó en el ambiente entre las clases populares, y Verdes y Azules se hallaron unidos por el milagro frente a la policía del emperador.

Los jefes azules y verdes comprendieron rápidamente que no podían oponerse a esta opinión popular, y aprovecharon la ocasión para hacer las paces y aunar sus fuerzas para combatir a Justiniano.

El martes siguiente a estos sucesos, el emperador quiso asistir a las carreras del Hipódromo desde su palco. Apenas había aparecido en él, cuando un griterío enorme surgió de la multitud: «¡Libera a los dos hombres que tus esbirros quisieron ejecutar y que fueron salvados por el Señor!» Justiniano guardó silencio y ordenó el comienzo de las carreras; pero, acaso por primera vez en la historia, el pueblo se desentendió de ellas. Los Verdes y los Azules volvían a gritar: «¡Señor, deja libres a los dos hombres! ¡Recuerda, oh Santísimo, que fueron salvados por Dios! ¡No rechaces el milagro! ¡Libera a los dos condenados!» El griterío se hizo ensordecedor.

De pronto, al palco imperial empezaron a llegar noticias: el populacho descendía por la *Mesé* arrollándolo todo a su paso. La nueva llegaba al propio tiempo a los graderíos y los espectadores los abandonaban para unirse a los revoltosos. El grito único que se oyó fue el clásico del circo: *¡Nika!* –victoria–, el mismo con que animaban a sus favoritos en el Hipódromo, sólo que, esta vez, la victoria no pertenecería a uno u otro color sino a los dos y sobre el mayor rival imaginable: el propio emperador.

Otra vez Justiniano tuvo que abandonar el palco imperial, protegido por sus guardias, y trasladarse al Sacro Palacio. Unos cuantos exaltados quisieron asaltar el palco y fueron rechazados por las lanzas de los soldados. Ya en su despacho, Justiniano se dispuso a recibir las noticias que le aportaban los diversos informadores. La muchedumbre había asaltado el Augusteon y, sacando los muebles a la plaza, hicieron con ellos una gran pira que ardió entre aplausos y palabrotas.

Junto a Justiniano se hallaban Teodora, Juan de Capadocia y Triboniano, a los que se unió poco después el general Belisario, mandado llamar a toda prisa por el emperador.

Toda la noche del martes pasó entre noticias a cual peor: las turbas habían asaltado la cárcel y liberado a los presos; algunos altos personajes hacían causa común con los revoltosos, y al oír sus nombres Teodora no pudo evitar un gesto de despecho, pues la mayor parte de ellos eran los mismos que, desde hacía años, no le perdonaban su pasado de cortesana. Encontraban ahora la ocasión para vengarse de la reverencia y respeto con que se habían visto obligados a tratarla.

De pronto, llegó la terrible noticia: Santa Sofía estaba ardiendo. Era lo más terrible que podía haberse oído en aquel momento, pues todos comprendieron que si las turbas perdían el respeto a la propia casa de Dios, simplemente porque era el templo imperial, todo estaba perdido.

El comandante Mundus de los hérulos, que con los *excubitores*, formaban la guardia palatina, salió entonces con dos oficiales para enterarse de la situación. A su vuelta, impasible, dio cuenta de lo que acababa de saber. El pueblo exigía la destitución de Juan de Capadocia y de Triboniano, así como de una serie de altos cargos, entre ellos los militares que propugnaban la guerra en África. Al propio tiempo, empezaron a sonar por la calle los mueras a Justiniano y los vivas a los sobrinos de Anastasio, Hipatio y Pompeyo, que hasta entonces habían vivido en el Palacio Imperial y que aquel mismo día habían sido obligados a abandonarlo para retirarse a sus casas de la ciudad. Justiniano comprendió entonces la gravedad de la situación. Retirar la confianza a sus ministros podía ser el primer paso para quedarse solo y sin defensa ante los grupos exaltados que hacían todo lo posible para destituirle. Si le sucedía uno de los sobrinos de Anastasio, ello significaba la posibilidad de que el monofisismo se hiciera con el poder, derrotando a la ortodoxia. Era el fin de su sueño romano e imperial; el fin de lo que le importaba más que su propia vida.

Pidió, pues, que se reunieran con él los generales Mundus, comandante de los hérulos; Belisario, jefe de las tropas imperiales; y Narsés, el eunuco encargado de la intendencia y del estado mayor. Reunido con ellos y en compañía de Teodora, que no se separó ni un momento de su marido, se procedió a un examen de la situación decidiéndose, al fin, atacar directamente a los sublevados.

MIGUEL SERVET: MÉDICO, TEÓLOGO, HEREJE Y MÁRTIR

¿Nació en Tudela como pretendió en un principio Menéndez Pelayo? De creer a Ángel Alcalá, el mayor de los servetistas españoles, el gran polígrafo se retractó luego y reconoció, con la casi totalidad de los estudiosos, que Servet vio la luz en Villanueva de Sigena, población de la diócesis de Lérida que, por la absurda división de 1835, pertenece hoy a la provincia de Huesca. En su último proceso fue llamado y condenado como «Miguel Servet de Villanueva en el reino de Aragón en España». Su padre era notario en Sigena y su madre, Catalina Conesa, era de ascendencia oscense. El padre, Antonio, redactaba escrituras en latín o en catalán hasta 1554, es decir, hasta un año después de la trágica muerte de su hijo Miguel. Hoy nadie discute ya el sitio de su nacimiento. Véase el magnífico prólogo a la edición española de la *Restitución del cristianismo* por Ángel Alcalá, ya citado.

Este espíritu inquieto y aventurero pertenecía a una familia muy religiosa. Uno de sus hermanos era sacerdote. Desde su niñez dio pruebas de gran inteligencia, y al llegar a la adolescencia dominaba perfectamente el latín, el griego, tal vez el francés, las matemáticas, la historia y la geografía. Pasó a estudiar a Barcelona, donde conoció a Juan de Quintana, confesor luego de Carlos I, que le protegió y le ayudó muchísimo. De Barcelona se trasladó a Toulouse, y allí cursó los estudios de Derecho. Terminados éstos volvió al lado de Quintana, con quien estuvo en la coronación del emperador Carlos I. Fue luego a Alemania, donde experimentó la influencia del incipiente protestantismo. En Basilea contrajo amistad con Ecolampadio, con quien terminó peleándose a causa de las ideas de Servet sobre la Santísima Trinidad. Sobre este tema publicó un libro que fue condenado y perseguido.

Empezó entonces una vida errante durante la cual tropezó muchas veces con la justicia, tanto civil como eclesiástica. Viajaba de un sitio para otro, y de todos tenía que salir huyendo a causa de sus ideas.

Cambiando de nombre y haciéndose pasar por tudelano –lo que alimentó la falsa idea de su nacimiento en esa ciudad navarra–, se dedicó a vivir de sus vastos conocimientos, revisando, corrigiendo y anotando obras eruditas, como la *Geografía* de Tolomeo.

Pero la narración de las aventuras de Miguel Servet necesitaría más páginas de las que dispongo. Baste decir que continuaba escribiendo y estudiando. Se doctoró en medicina y ejerció esta profesión en París, donde sus servicios fueron muy apreciados. Sin embargo, tuvo que abandonar la capital francesa a causa de un libro poco respetuoso con la tradición galénica, que levantó las iras de la facultad parisina.

Por este tiempo conoció a Juan Calvino, al que de inmediato se enfrentó violentamente. Se creó un mal enemigo, pues Calvino era rencoroso y fanático, aunque en punto a fanatismo Miguel Servet no le andaba a la zaga.

Tal vez producto de esta brutal fricción fue el libro de Servet *Christianismi restitutio* y la *Institución de la religión cristiana* de Calvino. Con una imprudencia que le fue fatal Servet comunicó por carta a Calvino la publicación de su obra. El destinatario se enfureció y prometió que si Servet iba a Ginebra, ciudad a la sazón dominada por Calvino, no permitiría que saliera vivo de ella.

En la *Restitución del cristianismo* se encuentra la descripción de su descubrimiento de la doble circulación de la sangre, que pasó inadvertido durante muchos años, por hallarse en una obra de teología y no de medicina. El texto dice así, siguiendo la traducción de Ángel Alcalá:

«El espíritu vital tiene su origen en el ventrículo izquierdo del corazón, y a su producción contribuyen principalmente los pulmones. Es un espíritu tenue elaborado por la fuerza del calor, de color rojizo, de tan fogosa potencia que es como una especie de vapor claro de la más pura sangre, que contiene en sí sustancia de agua, de aire y de fuego. Se produce en los pulmones al combinarse el aire aspirado con la sangre sutil elaborada que el ventrículo derecho del corazón transmite al izquierdo. Pero este trasvase no se realiza a través del tabique medio del corazón, como corrientemente se cree, sino que, por un procedimiento muy ingenioso, la sangre sutil es impulsada desde el ventrículo derecho del corazón por un largo circuito a través de los pulmones. En los pulmones es elaborada y se torna rojiza, y es trasvasada desde la arteria pulmonar, se mezcla con aire aspirado, (y) por espiración se vuelve a purificar de la fulígine; y así, finalmente, la mezcla total, material apto ya para convertirse en espíritu vital, es atraída por la diástole desde el ventrículo izquierdo del corazón.»

Siguen dos páginas y media, por lo menos, en las que aclara y completa esta descripción (pp. 333 y ss. de la edición varias veces citada de Ángel Alcalá). Como decía Menéndez Pelayo, tal vez exagerando un poco, no es que en España no hubiese investigación científica, sino que sus resultados se encuentran mezclados en obras de tipo religioso. Digamos, por otra parte, que tal vez la primera aplicación práctica de la psicología naciente se halla en el *Examen de ingenios* de Huarte de San Juan.

Miguel Servet, que había sido condenado a muerte en Francia, cometió la imprudencia de presentarse en Ginebra, y más imprudencia todavía mostró al escuchar un sermón de Calvino que éste pronunciaba en la catedral de San Pedro. Aunque se hacía llamar Miguel Vilamonti, fue reconocido y encarcelado el 13 de agosto de 1553. El odio de Calvino contra Servet se hizo patente en el proceso que se le siguió. Rehusó a su prisionero vestidos, alimentos y defensa. El proceso mismo fue un ejemplo de parcialidad: todo estaba preparado para llevar a Servet a la hoguera, y Calvino manifestaba a las claras que ése era su deseo.

En la madrugada del domingo 27 de octubre –y conste que en domingo no se acostumbraba llevar a cabo ejecuciones–, Servet fue conducido a la hoguera.

Sigamos en este punto el relato magnífico de Menéndez Pelayo en su *Historia de los heterodoxos españoles*, que recoge el momento en que al reo se le comunica que va a ser quemado junto con sus libros:

«Oída la terrible sentencia, el ánimo de Servet flaqueó un punto, y, cayendo de rodillas, gritaba:

»–¡El hacha, el hacha, y no el fuego...! Si he errado, ha sido por ignorancia... No me arrastréis a la desesperación.

»Farel –seguidor incondicional de Calvino– aprovechó este momento para decirle:

»–Confiesa tu crimen, y Dios se apiadará de tus errores.

»Pero el indomable aragonés replicó:

»–No he hecho nada que merezca muerte. Dios me perdone y perdone a mis enemigos y perseguidores.

»Y, tornando a caer de rodillas y levantando los ojos al cielo, como quien no espera justicia ni misericordia en la tierra, exclamaba:

»–¡Jesús, salva mi alma! ¡Jesús, hijo del eterno Dios, ten piedad de mí!»

Caminaron al lugar del suplicio. Los ministros ginebrinos le rodeaban procurando convencerle, y el pueblo seguía con horror, mezclado de conmiseración, a aquel cadáver vivo, alto, moreno, sombrío y con la barba blanca hasta la cintura. Y como repitiera sin cesar en sus lamentaciones el nombre de Dios, díjole Farel:

«–¿Por qué Dios y siempre Dios?

»–¿Y a quién sino a Dios he de encomendar mi alma? –le contestó Servet.»

Habían llegado a la colina de Champel, al Campo del Verdugo, que aún conserva su nombre antiguo y domina las encantadas riberas del lago de Ginebra, cerradas en inmenso anfiteatro por la cadena del Jura. En aquel lugar, uno de los más hermosos de la Tierra, iban a cerrarse a la luz los ojos de Miguel Servet. Había una columna hincada profundamente en el suelo, y en torno muchos haces de leña todavía verde, como si hubieran querido sus verdugos hacer más lenta y dolorosa la agonía del desdichado.

«–¿Cuál es tu última voluntad? –le preguntó Farel–. ¿Tienes mujer e hijos?»

El reo movió desdeñosamente la cabeza. Entonces el ministro ginebrino dirigió al pueblo estas palabras:

«–Ya veis cuán gran poder ejerce Satanás sobre las almas de que toma posesión. Este hombre es un sabio y pensó, sin duda, enseñar la verdad: pero cayó en poder del demonio, que ya no le soltará. Tened cuidado que no os suceda a vosotros lo mismo.»

Era mediodía. Servet yacía con la cara en el polvo, lanzando espantosos aullidos. Después se arrodilló, pidió a los circundantes que rogasen a Dios por él, y sordo a las últimas exhortaciones de Farel, se puso en manos del verdugo, que le amarró a la picota con cuatro o cinco vueltas de cuerda y una cadena de hierro, le puso en la cabeza una corona de paja untada con azufre, y al lado un ejemplar del *Christianismi restitutio*. A continuación, prendió fuego con una tea en los haces de leña, y la llama comenzó a levantarse y a envolver a Servet. Pero la leña, húmeda por el rocío de aquella mañana, ardía mal, y además se había levantado un impetuoso viento, que apartaba de aquella dirección las llamas. El suplicio fue horrible: se prolongó por espacio de dos horas, y durante mucho rato oyeron los circunstantes estos desgarrados gritos de Servet: «¡Infeliz de mí! ¿Por qué no acabo de morir? Las doscientas coronas de oro y el collar que me robasteis ¿no os bastarán para comprar la leña necesaria para consumirme? ¡Eterno Dios, recibe mi alma! ¡Jesucristo, hijo de Dios eterno, ten compasión de mí!»

Algunos de los que oían, movidos a compasión, echaron a la hoguera leña para abreviar su martirio. Al cabo no quedó de Miguel Servet y de su libro más que un montón de cenizas que fueron esparcidas al viento.

No faltan autores que afirman que Calvino presenció la ejecución y reía ante el martirio de su enemigo. No creo que sea verdad. Quien haya leído las obras del reformador ginebrino –aunque no nacido en Ginebra– se dará cuenta de que tal actitud no se aviene con su talante. Como buen fanático, Calvino era hombre que obraba de buena fe, y su crueldad estaba acorde con sus trágicos principios religiosos y las costumbres de su época. El cristianismo de Calvino es triste, apabullante, atormentado. Su fe firme, sin ningún género de duda, sufre ante el problema de la predestinación. Calvino, cruel y fanático, podía ser injusto, pero él no lo creía así, y estoy seguro de que en vez de reír ante la muerte de Servet estaría rezando por la salvación de los cristianos que pensaban como él.

ALGO MÁS SOBRE MEDICINA Y MÉDICOS

El célebre médico Bordeu visitaba a un enfermo que atendían cuatro médicos a la vez, que celebraban consultas. El caso no presentaba complicaciones extraordinarias: una inflamación aguda del pulmón de origen reciente. Examinado el enfermo, cada uno de los doctores aconsejaba un tratamiento distinto: uno aconsejaba una sangría, otro un emético, el tercero un vesicatorio y el cuarto un purgante. Esperando que se pusieran de acuerdo, pasaba el tiempo de actuar, pero Bordeu, que se quedó junto al enfermo, empezó a obrar a su guisa sin consultar a nadie, y el enfermo curó en ocho días, sin más que recurrir a procedimientos higiénicos, ayudado por bebidas sudoríficas.

El adversario más encarnizado de Bordeu era Rovelle, que oponía a la medicina natural del primero sus grandes conocimientos químicos. A sus ojos, el cuerpo humano era un alambique o un crisol, y de buena fe creía que con reactivos apropiados podía obtener combinaciones previstas y resultados ciertos. No perdonó a Bordeu que cuidase y curase a su hermano empleando no la química, sino los procedimientos de costumbre. Se vengó de él con una singular frase. Durante muchos años repetía ante los visitantes de su laboratorio:

–Bordeu, señores, es un infeliz. Mató a mi hermano, aquí presente.

Cuando a Bordeu le preguntaron cuál era el secreto de su éxito contra la enfermedad, respondió:

–Simplemente, observo.

También observaba Razis, que vivió entre los años 860 y 932. Dedicóse, durante su juventud, al estudio de la filosofía y de la música, y no estudió medicina hasta bastantes años después; pero

Luis XIV de Francia. El rey Sol. ¡Qué diferencia entre este retrato de Rigaud y los de los reyes de España de Velázquez! Aquí toda la pompa, en Velázquez toda la humanidad, ¡y no digamos en Goya!

ello no fue obstáculo para que su fama como médico se extendiera rápidamente, y muy pronto lo mandaron a buscar a su ciudad natal, Raj (de ahí su nombre Razis), para que se hiciera cargo de un nuevo hospital que se iba a fundar en Bagdad. Su primera misión era elegir el lugar donde había que edificar el hospital, y, según dice la historia, antes de decidirse Razis se fue por diferentes lugares de la ciudad, en los que colgó un gran pedazo de carne. Observó cuidadosamente en cuál de ellos la carne tardaba más en pudrirse, y ése fue el que escogió para instalar el hospital, en la creencia de que allí el aire era más puro. Como es de suponer, Razis no sabía nada de microbios o de infecciones, pero debía de haberse dado cuenta de que la putrefacción y la enfermedad tenían algo en común. El descubrimiento de que este elemento común eran los microbios no se hizo hasta mil años después de Razis, y así nació la higiene moderna, el uso de antisépticos y los procedimientos de esterilización, gracias a los cuales es posible la cirugía actual.

Sin embargo, no debe creerse que la cirugía estuviese muy atrasada. En el año 250 se hizo en España una operación cesárea en madre viva y con feto muerto. Ésta es una de las primeras operaciones de su especie de que hace mérito la historia de la medicina. Ejecutóla en Mérida el obispo Paulo, varón docto y virtuoso que había ejercido la medicina antes de recibir órdenes. He aquí cómo refiere el caso Flórez en su *España sagrada*:

«Una señora joven, mujer de un senador de Mérida, estando embarazada y llegado el momento del parto, como advirtiesen tenía el feto muerto, y no pudiendo salir éste por los esfuerzos de la naturaleza, ni ser extraído por los del arte, acudieron a Paulo para que, sin embargo de lo espiritual y augusto de su dignidad y santo carácter, quisiese, en caridad, como tan insigne cirujano que había sido, y tan inclinado a obras piadosas, asistir con su pericia al socorro de la mencionada señora, habiendo precedido el consultar a otros muchos facultativos, y todos la habían desahuciado. Después de muchos ruegos, en que no hubo poco que vencer por el escrúpulo de si profanaba su santa dignidad, y después de haber tomado el beneplácito del clero de su iglesia, se dirigió velozmente a casa de la paciente, y ejecutó acto continuo dicha operación, extrayendo el cadáver del feto, ya putrescente. El resultado fue completamente feliz.

»En justo agradecimiento de tan señalado bien, dieron estos interesados al obispo Paulo la mitad de todos sus bienes, quedando tan sólo usufructuarios de la otra mitad, pero consignándosela para cuando muriesen. En efecto, les sobrevivió el obispo, y llegó a recaer en él toda la masa de su opulento y grueso caudal, tan grande, que dice el escritor casi coetáneo de dicho suceso (escribía en 633; no tan coetáneo si mediaban 400 años entre ellos) e individuo de la misma iglesia, que aunque el de ésta para el obispo era muy pingüe, todavía le excedía mucho el que reunió en sí por dicha herencia; y añade que él, parco, frugal, pío y limosnero, nada aprovechó para sí, todo lo dio a los pobres, y para obras de caridad.»

Un médico árabe celebérrimo en su tiempo, Avenzoar, estableció como máxima constante que «sola la experiencia es guía fiel y piedra de toque de una práctica racional y la que debe condenar o absolver a los médicos, tanto en esta vida como en la otra». Pues bien; el autor de dichas palabras es el primero que nos habla de un fantástico remedio, que estuvo en uso durante varias centurias. Hablando de la ictericia producida por algún veneno, aconseja tomar el *bezoar* en cantidad como de tres granos de cebada. La descripción que hace de esta sustancia es como sigue: «El mejor bezoar es el de Oriente; se forma sobre los ojos de los ciervos; éstos para robustecerse comen serpientes, y para que no les hagan daño, por un instinto natural, corren a las aguas de los ríos, donde se meten hasta que les llegue a la cabeza y permanecen así sin beber (pues si beben mueren al momento), hasta que empieza a fluir por sus párpados este humor, que se va concentrando hasta el tamaño de una castaña o una nuez; y vueltos a sus florestas y endurecida la dicha concreción como piedra cae al fin con alguna fricción.»

A este bezoar se le atribuyeron propiedades extraordinarias. No es más que un cálculo que se forma en el cuarto estómago de algunos rumiantes y no hay que decir que su acción terapéutica es nula.

La extravagante idea galénica de la similitud del cuerpo humano y el del cerdo desapareció cuando se empezó el estudio sistemático del primero en las clases de disección. En 1488 dio Fernando el Católico un privilegio perpetuo a la cofradía de San Cosme y San Damián de Zaragoza, en esta forma:

«Nos Ferdinandus, etc... Que placía a la Magestat del Señor Rey otorgar privilegio perpetuo a la cofraria de Sanct Cosme y Sanct Damián de la ciudad de Zaragoza las cosas infrascriptas. Primo, que toda vegada que por los Metges y Cirugianos de la dicha cofraria, o por los Metges y Cirugianos que visitaran el Spital de Sancta Maria de Gracia, será deliberado obrir o anatomizar todo o en parte, agora sea de hombre, agora de mujer, tantas cuantas veces en cada un any a ellos será visto; sin ser incorrer en pena alguna. Empero que la tal obra, ayan de ser clamados los Metges y Cirugianos de la dicha cofraria para que hi sean los que hi querrán ser, y contribuir si algunos gastos acerca de aquello se auran de facer; y que en la tal anatomización ninguna persona, de cualquier estado o condición sea, no presuma ni ose poner empacho alguno, su pena de mil sueldos aplicaderos...»

Es curioso que fuese precisamente en aquellas épocas, en que se daba ínfimo precio a la vida humana, y en que los tormentos y las brutalidades estaban a la orden del día, cuando se prohibiese tocar los cadáveres, rodeándolos de un respeto que no hubiesen gozado de no serlo. La historia nos cuenta casos de disecciones en seres vivos. Ya en tiempos de Herófilo y Erasístrato, llevados algunos médicos del deseo de arrancar a la naturaleza el velo con que oculta sus misterios, se habían ejecutado operaciones cruentas en hombres vivos que el mismo Celso testifica horrorizado. En tiempos más cercanos, cuenta Asture casos de esta misma naturaleza, y Falopio refiere haberle enviado el gran duque de Toscana al teatro de Pisa, donde se hallaba a la sazón un reo condenado a ser anatomizado, al que le dio dos dracmas de opio que no surtieron efecto a causa del paroxismo de una cuartana que padecía; por lo que muy contento el reo creyéndose victorioso contra aquel veneno, le rogó a él y a sus compañeros que le dieran otra toma para ver si el gran duque le daba por libre; en efecto, le dieron igual dosis, con la que murió aquel desgraciado.

Y es que la mezcla de barbarie y cultura, de ciencia y supersticiones, ha sido bagaje que sobre sus espaldas ha llevado la humanidad durante muchos siglos... y aún lo llevamos. Claro está que en menor medida que en el siglo XVI.

En 1519 se publicó en Alcalá de Henares un libro curioso: *Liber de peste, de signis febrium et de diebres criticis: Additus est etiam huic operi libellus ejusdem de fascinatione.* Es libro notable porque muestra un gran espíritu crítico e innovador en el tratamiento de la peste, pero ¡ay!, el autor adoptó todas las credulidades de su tiempo respecto al uso de piedras preciosas, preparaciones de oro y plata y pomos odoríficos, que debían preservar de su invasión, sin dejar parte alguna del cuerpo, que no quiere que se toque con esmeraldas, topacios, zafiros y otras gemas, explicando con una sutileza maravillosa la causa por qué las cabras y sus orines eran un medio profiláctico de la peste.

En el libro de fascinio o aojamiento, sobresale más su credulidad cuando escribe que supo de cierto que en Ocaña un hombre, el cual a todos los que miraba inficionaba y que se determinó sacarle de poblado y ponerle allí en aislamiento; que en Guadalajara había otro que mirando a los espejos los hacía pedazos; que por influjos celestiales puede uno tener propiedad de dañar y otro de aprovechar, y que los que aojaban, aunque matasen, no eran dignos de ningún castigo, ni se había promulgado ley contra ellos.

Pero mucho más divertido es el libro de Díaz de Isla sobre la sífilis, *Tratado de Todos los Santos* (*Tratado llamado de Todos, contra el mal serpentino venido de la Isla española, hecho y ordenado en el grande y famoso hospital de todos los santos de la insigne y muy nombrada ciudad de Lisboa con privilegio imperial y del rey de Portugal*, en Sevilla, casa de Robertis, 1539). En esta obra se atribuye el origen del mal venéreo a la isla española, donde dice que los naturales le llamaban *buoinaras, bipas, tainas o lías*, y añade que él denomina *mal serpentino*, comparando la fealdad de la serpiente con lo espantoso de esta enfermedad. Propone a los pueblos el modo de libertarse de su contagio, que consiste, dice, en la elección de un cirujano instruido que conozca el grado de infección y su cura, para lo cual persuade que «ninguna mujer debiera usar del impúdico oficio sin certificación del profesor, y esto después de un año de curada»; que convendría que llevasen las mujeres públicas alguna señal por la que fuesen conocidas y que si no se prestasen a estas condiciones deberían ponerse en reclusión de cárcel, hospital u hospicio. Dice que curó este mal en muchos pueblos de Castilla, Aragón y Portugal, especialmente en la ciudad de Lisboa, en cuyo hospital de Todos los Santos estuvo asalariado por el rey don Manuel para la asistencia de los enfermos de venéreo, curándose en él más que en ningún otro de Europa.

Usaba del mercurio para sus medicaciones, y en comprobación del gran número de enfermos a quienes dio la salud con este mineral, he aquí las palabras con que concluye hablando de él: «E no quiero más decir del mercurio, sino que con él he ganado más de doce mil ducados.»

Refiere el autor que «viviendo en Sevilla, los Reyes Católicos, que a la sazón se hallaban allí, mandaron a sus protomédicos que tomasen cargo de curar los dolientes de aquel morbo repentino en el hospital de San Salvador, y que de su botica tomasen todas las medicinas que fuesen necesarias, y trabajasen de hallar cura a aquella torpe dolencia. Los cuales físicos se juntaron, y otros muchos con ellos, y siete u ocho meses trabajaron en curar y medicinar los dolientes que en el dicho hospital se acogían; y gastaron con ellos un cuento de medicinas laxativas y ninguna cosa pudieron aprovechar y así lo dijeron a los católicos reyes; y juntamente fue caso que en la ciudad de Sevilla adoleció un muy gran médico de aquella enfermedad, que se decía maestre Francisco de Gibraleón, el cual falleció, y con él cada día se hacían grandes ayuntamientos de médicos famosos, entre los que entraban el doctor Hojeda, el doctor Aragonés, el doctor Infante y otros muchos, y por todos fue dicho y acordado que aquella enfermedad era ira del cielo, ejecutada en la tierra, y que daba a todas las complexiones y en todas las edades y en las ciudades, villas y campos, y que ninguna física había que aprovecharse, ni hallaban cura a la dicha dolencia y que en ninguna manera veían que aprovechaban los experimentos, y fue acordado por todos ellos de apartarse de curar esta enfermedad, pues no hallaban cura, sino experiencia, y que se buscase quien mejor la tuviese para que por ella se guiasen. La cual consulta, sabida por el conde de Cifuentes, que era asistente en aquella ciudad de Sevilla, dio cuenta de ella a los Reyes Católicos y fue mandado por ellos que curase la enfermedad quien quisiere sin ningún examen ni apremio, y luego buscó el conde a un Gonzalo Díaz, tejedor de mantas, que hacía algunas curas con un ungüento que tenía y fue llevado al hospital de San Salvador, y entregado en él fue dicho que curase aquellos enfermos, y que la ciudad se lo pagaría bien, el cual curó allí mucho tiempo».

¡He aquí un tejedor improvisado médico! No me negará, querido lector, que el caso tiene gracia. Aunque quizá más gracia tiene lo que sigue.

En el primer capítulo de su libro, Isla, después de tratar del origen y nombres del mal venéreo, dice «que las coles de las huertas de Baeza, su patria, adquirían las bubas como las regasen con el agua de los estanques en donde se lavaba el agua de los galicados».

Aunque eso no es nada comparado con los estupendos casos que publica el doctor Bernardino Montaña es su obra, de kilométrica portada: *Libro de la anatomía del hombre, nuevamente compuesto por el doctor Bernardino Montaña de Montserrate, médico de S.M., muy útil y necesario a los médicos y cirujanos que quieren ser perfectos en su arte y apacible a los otros hombres discretos que huelgan de saber los secretos de la naturaleza. En el cual libro se trata de la fábrica y compostura del hombre, y de la manera como se engendra y nace, y de las causas porque necesariamente muere. Juntamente con una declaración de un sueño que soñó el ilustrísimo señor D. Luis Hurtado de Mendoza, marqués de Mondéjar, etc. Que está puesta por remate de este libro. El cual sueño, debajo de una figura muy graciosa, trata brevemente la dicha fábrica del hombre con todo lo demás que en ella se contiene. En Valladolid por Sebastián Martínez. MDLI.*

Hablando en este libro del espíritu vital y de las grandes obras que ejerce la economía, trae el caso siguiente: «Viniendo yo de camino para España, vi en Tolosa un caballero con un apostema duro en la ingle, el cual después de muchos emplastos molificativos que los cirujanos le habían puesto, peresciendo que no rescebía beneficio, por mi consejo se abrió la dureza con un cauterio de fuego y salió de ella una pelota de plomo, y entonces se averiguó que hacía dos años le habían dado a aquel caballero un golpe de escopeta en la sien y que nunca había podido hallar la pelota, de lo cual había estado muy malo por espacio de un año, con gran dolor de cabeza; y había ya otro que estaba bueno y cerrada la llaga.»

A pesar de toda su pomposidad, no eran los médicos de aquel entonces gente muy apreciada, ni siquiera respetada. Se necesitaba ser un Luis Collado o un Valle para conseguir cierta categoría social.

Habiendo enfermado la marquesa de Mondéjar, esposa de don Diego Hurtado de Mendoza, virrey de Valencia, fue llamado para asistirla el ya citado médico valenciano Luis Collado; tomóle el pulso de pie en la primera visita, y al salir de la casa se le acercó una criada, advirtiéndole que a su señora los físicos «la pulsaban arrodillados».

–Pues yo soy Collado –respondió– y sólo ante Dios me humillo.

Y volviéndole la espalda, indignado, resolvió no volver a visitar a la marquesa. Sentida ésta de su falta y sabedora al mismo tiempo de la causa de su enfado, hizo que le llamasen; pero no quiso volver, hasta que el mismo marqués le rogó con la mayor cortesía fuera a ver a su esposa, asegurándole que le presentaría una silla; a lo que accedió, yendo a ocupar el puesto debido a su honroso ministerio.

De todos modos, cuando se leen las barbaridades que cometían tan insignes varones, casi se comprende que no se les respetase como se debiera. Andrés de León, en su *Práctico de morbo gálico*,[1] nos dice que muchos contraen el mal venéreo por no tener la pre-

1. *Práctico de morbo gálico en el cual se contiene el origen y el conocimiento de esta enfermedad y el mejor modo de curarla.* Valladolid, 1605.

El café. En España centro, ya en vías de desaparición, de tertulias y complots, de conversaciones y cabildeos, de jubilados y aspirantes a políticos. Refugio de tantos y tantos sin domicilio fijo.

Miguel Servet, de Aragón precisa el grabado.

caución de lavarse con vino o agua después del coito: «Assí certifico que deste descuido en la jornada de Portugal, siendo general el duque de Alva, donde yo iba por médico y cirujano el año de 79 y 80 y estando el ejército en la villa y puerto de Setúbal, se cortaron al pie de cinco mil miembros entre todos los de la facultad, e yo la mayor parte; por cuyo aviso me dio el duque la visita de las mujeres de cada ocho días, y mandó echar bando, que la que no tuviese cédula de visita la desbalijasen y diesen doscientos azotes, e fuesen desterradas del ejército, y que ninguna pudiese ganar más de ocho maravedís y por la misericordia de Dios se atajó con estos remedios. Todo esto nació por el gran descuido de la limpieza y el que tuvieron los médicos y cirujanos en las curas que se les ofrecían.»

En realidad no debe culparse a los médicos y cirujanos de estos y otros excesos (por supuesto que en este último caso los médicos hicieron todo lo que indicaba la ciencia de su época). La brutalidad estaba a la orden del día.

Don Cristobal Pérez de Herrera, autor de unos interesantes *Discursos del amparo de pobres* (*Discursos del amparo de los legítimos pobres, y reducción de los fingidos, y de la fundación y principios de los albergues de estos reinos y amparo de la milicia de ellos*, Madrid, por Luis Sánchez, 1958) dedicados al rey don Felipe III, manifiesta los inconvenientes que se seguían si continuaban pidiendo limosna los vagabundos y holgazanes, y hace ver que su vida era ociosa y nada cristiana, pues que ni misa oían. Por ello, cometían un sinnúmero de pecados y de crímenes. Hablando de las ficciones, embustes y mañas de que se valían para continuar en su mala vida, refiere los siguientes casos:

«Me contó el P. Fr. Pablo de Mendoza, persona muy devota y de mucho crédito de la orden de San Bernardo, que en esta corte le pidió con muchas lágrimas una mujer que rogase a su marido que no le cegase un niño recién nacido, quejándose que con un hierro ardiendo, posándoselo por junto a los ojos, había cegado a otros dos, y lo mismo quería hacer a éste: y dice que le habló y reprendió y atemorizó de suerte, que atajó aquel daño y maldad, y que vio que el hombre tenía su casa bien adornada y aderezada con la granjería de una limosna que juntaba con los dos niños cieguecitos, que los traía de casa en casa, que eran hermosos y movían a mucha compasión y todos les daban limosna. Y también le contó un soldado muy honrado a Andrés de Prada, secretario de V.M. que en un lugar se valió dél una mujer pobre, y le pidió que estorbase que su marido le lisiase y estropease un niño recién nacido, para que pidiesen limosna, y dejarles este oficio. Y en Lisboa fueron castigados dos hombres por justicia, el uno por haber dado un cruzado a otro para que le cortase la mano, y el otro por haberlo hecho así, a fin de quedar lisiado y exento de trabajar.» (*Discursos*, folios 6 v. y 7.)

ALGUNAS HISTORIAS DE NOMBRES PROPIOS Y, A LA VEZ, COMUNES. VII

Ros

Este nombre, popular entre los crucigramistas, corresponde, según el Diccionario, a un chacó pequeño, de fieltro, con orejeras, y más alto por delante que por detrás. Me parece que es el cubrecabezas que usan los miembros de la Guardia Real española, y digo me parece porque no he tenido ocasión de verlos de cerca y únicamente y en forma muy rápida por la televisión. Su nombre deriva del general Antonio Ros de Olano, militar, político y escritor, nacido en Caracas en 1808 y fallecido en Madrid en 1886. Fue marqués de Guad-el-Jelú y conde de la Almina, y se distinguió en las guerras carlistas y en la de Marruecos, en la que ganó los títulos citados. Seguidor de O'Donnell, contribuyó a la caída de Isabel II y sirvió sucesivamente a Amadeo de Saboya y a Alfonso XII. Es decir, que supo nadar y guardar la ropa. Vicente Vega, en su magnífico *Diccionario ilustrado de frases célebres y citas literarias* (Ed. G. Gili), explica las anécdotas de Ros de Olano que aquí reproducimos. En 1834, cuando la primera guerra carlista, fue herido, y para pasar sus ratos de descanso forzoso se dedicó a escribir una comedia que tituló *Marcha apresurada*. No teniendo a quien leerla sino a su ordenanza o asistente, hizo que éste le sirviese de público. El ordenanza siguió impertérrito la lectura, y cuando terminó, Ros de Olano le preguntó si le había hecho gracia:

–Sí, señor, mucha.

–¿Y por qué no has reído?

–¿Y la subordinación, mi teniente?

La obra no llegó a estrenarse, pero pudo apuntarse un éxito sensacional, pues es el caso que Ros de Olano prestó el manuscrito a su amigo Fernando Cotoner y Chacón y éste lo llevaba bajo su guerrera cuando una bala le dio en el pecho, atravesando los papeles y perdiendo fuerza, con lo que salvó la vida.

Otra anécdota curiosa, más bien una frase oportuna, cita Vega en su diccionario. Comentando la guerra de África, en la que tanto se había distinguido, Ros de Olano dijo:

–Ganamos todas las batallas y perdimos la campaña.

Palabras muy justas y certeras.

VERÓNICA

Todos los aficionados a los toros conocen este lance, consistente en esperar el lidiador la acometida del toro presentándole la capa extendida o abierta con ambas manos. Por otra parte, en el santoral aparecen tres santas con este nombre, cuya fiesta se celebra el 13 de enero, el 9 de julio y el 29 de agosto. ¿Existe alguna relación entre el lance torero y las santas en cuestión? Pues no, ninguna. Sí, en cambio, la hay con una antigua leyenda sobre la Pasión del Señor o, mejor dicho, sobre la muerte de Pilato. Puede leerse en la edición de *Los Evangelios apócrifos* (BAC, 148; pp. 527 y ss.). Dice la leyenda, que probablemente es de origen medieval, que el emperador Tiberio envió un mensajero llamado Volusiano a Pilato, para que buscase un médico capaz de curar las enfermedades con su sola palabra, ya que se había enterado de la existencia de Jesús. Pero cuando llegó el recado a Pilato, Jesús ya había sido crucificado.

«Respondió, pues, Pilato al citado mensajero de esta manera:

»–Aquel hombre era malhechor y llevaba en pos de sí todo el pueblo. Por lo cual, después de celebrarse un consejo entre los sabios de la ciudad, mandé que fuera crucificado.

»Cuando el mensajero en cuestión volvía a su casa, se encontró con cierta mujer llamada Verónica, que había tratado a Jesús, y le dijo:

»–¡Oh, mujer!, ¿por qué dieron muerte los judíos a cierto médico residente en esta ciudad, que con sólo su palabra curaba a los enfermos?

»Mas ella empezó a llorar, diciendo:

»–¡Ay de mí! Señor, Dios y Señor mío, a quien Pilato por envidia entregó, condenó y mandó crucificar.

»Entonces él, embargado de un profundo dolor, dijo:

»–Lo siento enormemente, porque no voy a poder cumplir el cometido que me había dado mi señor.

»Díjole la Verónica:

»–Cuando mi Señor iba a predicar, yo llevaba muy a mal el verme privada de su presencia; entonces quise que le hicieran un retrato para que, mientras no pudiera gozar de su compañía, me consolara al menos la figura de su imagen. Y yendo yo a llevar el lienzo al pintor para que me lo diseñase, mi Señor salió a mi encuentro y me preguntó a dónde iba. Cuando le manifesté mi propósito, me pidió el lienzo y me lo devolvió señalado con la imagen de su rostro venerable. Si, pues, tu señor mira devotamente su aspecto, se verá inmediatamente agraciado con el beneficio de la curación.

»Él le dijo entonces:

»–¿Un tal retrato puede adquirirse con oro o plata?

»Ella respondió:

»–No, sino con un piadoso afecto de devoción. Marcharé, pues, contigo y llevaré la imagen para que la vea el César; después me volveré.

»Vino, pues, Volusiano a Roma en compañía de Verónica y dijo al emperador Tiberio:

»–Aquel Jesús, a quien tú desde largo tiempo vienes deseando, fue entregado por Pilato y los judíos a una muerte injusta y por envidia fue clavado en el patíbulo de la cruz. Ha venido, pues, en mi compañía cierta matrona que trae consigo un retrato del mismo Jesús; si tú lo miras con devoción, obtendrás al momento el beneficio de tu curación.

»Hizo, pues, el César que el camino fuera alfombrado con paños de seda y mandó que le presentaran la imagen. Y, nada más mirarla, recobró su antigua salud.»

No queda claro en esta relación qué hizo Jesús con el lienzo. ¿Lo miró solamente? ¿Se cubrió la cara con él? En una variante de esta leyenda se dijo que la Verónica enjuagó la cara de Jesús cuando era conducido al Calvario y que, en agradecimiento al acto caritativo, el Señor dejó su faz impresa en el lienzo. De aquí viene el origen del lance del toro. Algo irreverente, sin duda, pero muy corriente en un pueblo empapado de religiosidad: el toro pasa la cara por la capa como si quisiera dejar su imagen impresa en ella. Y otro detalle. Según algunos, Verónica se llamaba Berenice (Evangelio apócrifo de Nicodemo), y el nombre procedería de las palabras *Vera Ikona* o verdadera imagen, es decir, reproducción verdadera de la cara de Jesús.

Vatio o Watio

Cantidad de trabajo eléctrico equivalente a un julio por segundo. El nombre de julio deriva del de un físico inglés llamado Joule. El nombre de vatio, abreviado generalmente con la letra W, deriva del ingeniero escocés James Watt, que hizo práctica la máquina de vapor inventada por Thomas Newcomen quien, a su vez, se había inspirado en los experimentos del francés Denis Papin. Watt nació en Greenock el 19 de enero de 1736, y ya desde niño tuvo afición a la mecánica. A los catorce años decía que su deseo era construir máquinas matemáticas. Un caso de vocación. Aunque el talento de Watt se aplicó al vapor, el Congreso de Electricidad de 1881, antes citado, dio su nombre a la unidad eléctrica. Murió en 1819.

Voltio

Unidad internacional de diferencia de potencial, de fuerza electromotriz o de tensión eléctrica. Su nombre deriva de Alejandro Volta, físico italiano nacido en Como en 1745 y profesor de física en la Escuela Real de su ciudad natal. A finales del siglo XVIII descubrió la pila a la que se puso su nombre, y en 1801 fue llamado a París por Napoleón, quien le nombró senador del llamado reino de Italia. Fue todo lo contrario de un niño prodigio. Durante cuatro años creyeron que era mudo o subnormal; dicen que no empezó a articular algunas palabras hasta los siete años, pero entonces sorprendió a todos por su viveza e ingenio. Su padre decía:

–¡Tenía en casa un diamante y no lo sabía!

Estudió en un colegio de jesuitas, que primero querían persuadirle para que entrara en la orden, pero como él se burlaba abiertamente de tales propósitos, su maestro, el padre Giacomo Bonensi, dictaminó que sería un desgraciado sin oficio ni beneficio. Tuvo que cambiar de colegio. De todos modos, demostró que era hábil pues cuando enseñaba en la Universidad de Pavía sus colegas le acusaban de poco científico, aduciendo que toda su sabiduría y sus descubrimientos eran puramente empíricos, en lo que no les faltaba razón, pues el propio Volta confesaba que sabía pocas matemáticas y que hablaba, en su clase, de ideas generales, pero añadía que, con sus inventos, estaba por encima de los matemáticos envidiosos. Su fama era universal, hasta el punto de que en Viena, donde había órdenes rigurosas de impedir la entrada si no se presentaba una autorización especial, al leer el oficial de guardia en el pasaporte el nombre de Alejandro Volta, decidió infringir aquella disposición. Saludándole militarmente, dijo:

–¡Qué felicidad, haber conocido a tan gran hombre! Pase, por favor.

Cuando Volta inventó la pila, Napoleón quiso conocerle, le llamó a París y manifestó su deseo de asistir a sus experimentos en la Academia de Ciencias. Propuso asimismo que la Academia condecorara con una medalla de oro al sabio italiano, pero el reglamento lo impedía, dada su condición de extranjero. Pero Napoleón se impuso, y Volta fue condecorado y recibió además un premio de seis mil francos. Era modesto y no comprendía la grandeza de sus descubrimientos.

–Que mis juguetitos interesen a los físicos lo comprendo, pero que la gente en general se interese por ellos me extraña sobremanera. Ya verán como será una moda pasajera.

Cuando se sintió viejo, quería jubilarse, pero Napoleón se lo impidió.

–Si Volta encuentra pesado enseñar, que dé una sola lección al año. Pero que no se jubile. Los buenos generales mueren en el campo de batalla.

Fue Volta quien popularizó en Italia las patatas, cosa que no deja de tener su importancia. Murió en Como, donde había nacido, en 1827. El voltio fue adoptado en el Congreso de Electricidad de 1881.

WINCHESTER

Otro héroe de las películas del Oeste, como Colt. El 10 de noviembre de 1810 nacía en Boston, Estados Unidos, Oliver Fisher Winchester. A los siete años era granjero, a los diez albañil, a los veintitrés tendero y fabricante de camisas, y a los treinta fundó la Winchester and Davies Co., que surtía de camisas a toda Norteamérica. Empleaba a 800 trabajadores en su fábrica y a 5 000 a domicilio. En 1855 dedicaba ya buena parte de su dinero a las acciones de la Volcanic Arms, que no tardó en quebrar. Winchester no se desanimó por ello y fundó la New Haven Arms. En 1860 creó la carabina que lleva su nombre. La guerra de Secesión, tan explotada por los filmes norteamericanos –¡y pensar que nosotros no hemos sabido hacer otro tanto con nuestras guerras carlistas!– le dio gran empuje, pero otras carabinas, las Spencer, le ganaron la partida. Incitado por esta competencia, en 1866 Winchester lanzó al mercado la carabina definitiva con la que iba a pasar a la historia, especialmente cuando en Little Big Horn el general Custer y 260 hombres armados con Spencer fueron derrotados por 200 o 300 indios provistos de fusiles Winchester 66. Salieron después los Winchester 73, 76, 86 y así sucesivamente, cada vez más perfeccionados. Hoy se da el nombre de Winchester –aunque está registrado– a cualquier fusil de repetición, añadiendo en su caso, claro está, la marca que corresponda. Winchester murió en 1880, pero su fábrica aún existe, y fabricó y sigue fabricando armas para todo el mundo, desde Buffalo Bill hasta algunos presidentes de los Estados Unidos.

TEODORA EMPERATRIZ. LA REVUELTA «NIKA», II

A primeras horas de la madrugada del jueves salieron del Palacio Imperial dos destacamentos de hérulos mandados por Mundus. Se dirigieron hacia Santa Sofía, cuyas humeantes ruinas contornearon mientras empezaban a ser hostigados por el vecindario que de las ventanas y azoteas les tiraba cuanto le venía a mano. Como el camino que habían proyectado seguir se veía obstaculizado por las ruinas de las casas saqueadas e incendiadas, decidieron ir hacia la *Mesé*, que quisieron atravesar en el preciso instante en que una procesión organizada por varios monjes y sacerdotes la atravesaba. Los eclesiásticos llevaban antorchas encendidas y, gritando palabras de paz, intentaban apaciguar al vecindario con invocaciones al Señor. En cuanto a los hérulos, sea porque al ver las antorchas creyeron encontrarse con una partida de incendiarios, sea porque, en su ignorancia, confundiesen los gritos de paz con exhortaciones a la revuelta, atacaron la procesión, con lo que la multitud que la seguía, más o menos convencida o tal vez cansada de rebeldías, se vio de nuevo envuelta en el conflicto. Los hérulos debieron retirarse sin poder llegar a ninguno de los objetivos propuestos.

Por una parte, Belisario y Narsés habían hecho un recuento de las tropas y de las provisiones almacenadas en palacio, y decidieron hacer salir de él a todo el personal que no fuese apto para su defensa. Al llegar los desconcertados hérulos, la decisión tomada se ejecutó inmediatamente: a mediodía abandonaban el palacio centenares de personas, entre ellas algunos senadores y patricios, contentos de huir de la quema que, sin ninguna duda para ellos, se estaba preparando. Así pasó el día, y al llegar la mañana del viernes la situación había empeorado, ya que los pequeños destacamentos enviados con la misión de enterarse de los acontecimientos llegaban invariablemente con bajas y con la misma invariable noticia: el sector al que habían ido estaba totalmente en poder de los revoltosos. ¿Podía contarse con las guarniciones de ciudades alejadas de Constantinopla? Nadie podía contestar a esta pregunta, pues todos estaban seguros de que, según fuese el resultado de la lucha en la capital, sería la reacción de los jefes militares más interesados en salvarse a sí mismos que al emperador. Por otra parte, estaban demasiado lejos para, en el caso de una fidelidad sin trabas, poder llegar a tiempo a fin de prestar ayuda a Justiniano.

Éste, a primeras horas de la tarde hizo saber su decisión: puesto que el centro de toda la revuelta se encontraba en el Hipódromo, al día siguiente, sábado, se presentaría en un palco para dar una satisfacción al pueblo y dialogar con él. Los consejeros se miraron estupefactos, pues no podían creer lo que estaban oyendo. ¿Hablar al pueblo cuando éste se hallaba alzado en rebeldía? Era ya demasiado tarde. De haber actuado así cuando empezó la disputa en el Hipódromo, seguramente no se hubiera llegado a tales extremos. Teodora miró a su marido y algo que vio en sus ojos le hizo callar lo que quería decirle. El Justiniano que ahora tenía ante ella era el hombre ingenuo, intelectual y crédulo que había conocido en un principio. Vio que era la última tentativa que el hijo de Pedro Sabatio hacía para salvar su persona humana de ser absorbida por la personalidad del emperador. Para ser persona y no personaje. Por eso calló, aun cuando creyó que la gestión era totalmente inútil.

Escoltado por unos cuantos *excubitores* y acompañado de unos sacerdotes que portaban las Santas Escrituras e incensarios, Justiniano desanduvo el camino que pocos días antes había emprendido huyendo del Hipódromo. La muchedumbre que estaba en él, al darse cuenta de la entrada de los soldados en el palco imperial y de los portadores de símbolos de la realeza, comprendió que algo había pasado o iba a pasar y, poco a poco, cesaron los gritos y dis-

Fernando el Católico. Un rey excepcional que, a partir del siglo XIX, *ha sido suplantado por su esposa Isabel. Pero que lo pregunten a Maquiavelo y a los reyes de Francia.*

cusiones. Todo el mundo estaba pendiente del palco del emperador, y por un momento se hizo el silencio, que contrastaba con el rumor sordo y persistente que llegaba procedente de la ciudad. Justiniano aprovechó este momento para aparecer ante su pueblo. Extendió la mano sobre el Santo Libro mientras los sacerdotes le incensaban y, por medio de su *orador*, comunicó al pueblo su decisión: «Concedo el perdón y el olvido imperial a todo el mundo. Nadie, ni verde ni azul debe temer de mí. Destituyo a todos los ministros que os han sido desagradables, y en su lugar nombro a Probo nuevo prefecto de la ciudad. Los dos condenados que por voluntad del Señor vieron salvada su vida son perdonados sin ninguna restricción. Lo juro sobre la Santa Palabra de Dios Omnipotente.»

El gesto conmovió a la multitud, y sonaron incluso algunos aplausos, pues la masa es incapaz de pensar, pero no de dejarse llevar por la demagogia sentimental; pero los jefes de la rebelión, que vieron que por este camino ésta se les iba a escapar de las manos, empezaron a vocifear: «¡Fuera, fuera, tú ya no eres nadie! ¡Dios te ha quitado el poder! ¡Queremos otro emperador!» Y empezaron a tirar piedras y otros proyectiles contra el palco imperial. Pálido, Justiniano intentó hablar, pero los más excitados de los energúmenos quisieron asaltar el palco y, de nuevo, fue necesario que los soldados emplearan la fuerza para rechazarles.

Los jefes de la revuelta se reunieron para planear el ataque. Se habló de asaltar el Palacio Imperial, pero la idea fue abandonada por creer que no era necesario, pues las horas de Justiniano estaban contadas y no valía la pena arriesgar los hombres que se necesitaban para atacar, aunque sólo fuese *pro forma*, a los *excubitores* y otros soldados que aún permanecían fieles a los moradores de palacio. Si la rebelión triunfaba, de lo que apenas cabía duda, se pasarían sin lucha al lado de los vencedores. Se convino, pues, en empezar por proclamar nuevo emperador en la persona de Hipatio, uno de los sobrinos de Anastasio, que se había visto obligado a abandonar el Sacro Palacio el segundo día de la revuelta. Era un hombre pacífico a pesar de ser militar y veterano de la guerra de Persia, y cuya principal actividad, desde su retiro, había sido la dedicación al cultivo de su huerto. Los jefes del motín llegaron a su casa y tuvieron que buscarlo, pues se había escondido creyendo que se proponían matarle. Le llevaron al foro de Constantino, uno de los escasos lugares públicos no incendiados ni destrozados por las turbas, y allí le proclamaron emperador. La ceremonia de izarle sobre el escudo no fue difícil, pues había abundancia de ellos, y a falta de diadema se echó mano del cinturón de oro de un patricio. Luego fue trasladado al Hipódromo para ser presentado al pueblo.

Mientras tanto, en palacio se desarrollaba una escena decisiva. En la cámara imperial estaban reunidos los mismos personajes de siempre: Justiniano, Teodora, Juan de Capadocia, Triboniano, Belisario, Mundus, Narsés y algún otro dignatario. El ambiente era de desánimo y total derrota. Juan de Capadocia había propuesto la huida. El camino hasta los muelles sería protegido por los *excubitores* y los hérulos. A bordo de cinco naves embarcarían Justiniano, la emperatriz y sus acompañantes, junto con los tesoros imperiales y el oro y la plata procedentes de los impuestos, y que se encontraban almacenados en los sótanos de palacio. Servirían para financiar la vuelta de Justiniano a Constantinopla alzando un ejército en Grecia o en Antioquía, según el lugar que se decidiese adoptar como meta del viaje.

Todos dieron su conformidad, y Juan de Capadocia se levantaba ya para ir a dar las necesarias órdenes cuando se oyó la voz de Teodora, que clara y tranquilamente dejaba caer estas palabras:

–Sobre si está bien visto o no que una mujer se presente ante hombres o se atreva a mostrarse cuando otros vacilan, no creo que sea éste el momento más apropiado, ante las presentes circunstancias, para discutir un punto de vista u otro. Pero cuando una causa corre el máximo peligro hay un solo y verdadero camino: aprovechar lo mejor posible la situación actual. Creo que en estos momentos la huida es inapropiada incluso si lleva consigo la salvación. Una vez que un hombre ha nacido a la luz, es inevitable que tendrá que enfrentarse con la muerte; pero un emperador no puede soportar verse convertido en fugitivo. Emperador, si quieres huir en busca de la salvación te resultará fácil. Tenemos dinero en abundancia, a la vista está la mar, allí aguardan los barcos. Por lo que a mí respecta, Dios quiera que no sobreviva jamás a mi dignidad ni al día en que los hombres dejen de llamarme reina. Aún creo en el viejo proverbio de que la púrpura es una excelente mortaja.

Obsérvese que Procopio, de quien copiamos el texto anterior, y que no estuvo en la reunión, afirma que no pretende citar textualmente las frases de la emperatriz; pero asegura que ése fue el sentido. Siempre nos cabrá, pues, la duda de si las frases anteriores, que recuerdan extrañamente las de Clitemnestra en el *Agamenón* de Esquilo, fueron producto inconsciente de la identificación de Teodora con la reina micénica o de la erudición de Procopio.

El silencio cayó sobre la reunión. Callaba avergonzado Justiniano, que miraba con admiración a su esposa. La antigua prostituta daba lecciones de dignidad a los demás. ¿Comprendió entonces que sólo la desgracia y la comprensión confieren la dignidad que en vano se quiere pedir a la sangre o a las riquezas? Juan de Capadocia no se atrevió a levantar sus ojos ni hacia la emperatriz ni hacia la ventana desde la que podía haber divisado el puerto en el que se balanceaban sus últimas esperanzas. Los tres militares, Belisario, Mundus y Narsés, guardaban silencio, abrumados también por la lección de entereza dada por la emperatriz: un rey debe morir en un trono o combatiendo por él si cree que ese trono es el símbolo de su país.

En esto, unos gritos más fuertes que los demás hicieron levantar la cabeza a todos: «¡Nika, Nika! ¡Viva el emperador! ¡Muera Justiniano!» ¿Qué emperador era ése? De un salto, Belisario y Mundus se lanzaron hacia la terraza que daba al Hipódromo. La multitud se apiñaba en él aclamando a Hipatio y a los jefes de la rebelión, que a su alrededor se encontraban. Una mirada se cruzó entre los dos militares: ambos habían tenido la misma idea. Llamaron a Narsés, e inmediatamente estuvieron de acuerdo. Allí estaba la solución. Contaban con unos dos mil hombres, y en el Hipódromo había más de treinta mil. Se dejó un centenar para que protegieran a Justiniano y a Teodora, y el resto se dividió en tres batallones, dos de unos ochocientos hombres cada uno y otro con doscientos. Los dos primeros, mandados por Belisario y Mundus, se dirigieron hacia el Hipódromo. Ya que los principales jefes de la rebelión y sus más entusiastas seguidores se encontraban allí, lo natural era aplastar la cabeza para terminar con la revuelta. Belisario, con sus hombres, se dirigió hacia el Pórtico Azul. Mundus llevó los suyos hacia el lado opuesto. Narsés se quedó atrás para vigilar desde fuera las puertas de servicio y de salida que quedaban libres.

Al entrar en el Hipódromo, los soldados se dirigieron por las escaleras interiores hacia las localidades más altas. Cuando sus hombres estuvieron dispuestos, Belisario desenvainó la espada y se lanzó sobre la multitud. Los soldados hicieron lo mismo desde varias entradas altas. Los ocupantes de los graderíos altos, presas del pánico, cayeron sobre los ocupantes de las localidades bajas. Algunos quisieron resistir, pero a un grito de Belisario los soldados envainaron las espadas y desde sus altas posiciones empezaron a lanzar fríamente dardos y flechas contra la multitud. Los heridos caían sobre los que estaban debajo, y los que querían huir pisoteaban brutalmente a los que yacían en el suelo antes de caer a su vez.

Los espectadores de la otra parte del Hipódromo no sabían qué pasaba, y veían que algo sucedía frente a ellos; cuando se dieron cuenta de lo que pasaba no tuvieron tiempo de reaccionar, pues los soldados mandados por Mundus empezaban, por su lado, la misma tarea que los de Belisario por el suyo. Sólo cabía escapar por el centro de la arena y por las puertas de los carros y servidores. Hacia ellos se dirigió un alud incontenible; pero los primeros llegados se encontraron con que los soldados de Narsés les impedían la salida, abatiéndoles a medida que se asomaban a la calle. Los cadáveres de los primeros que lo intentaron bloquearon estas últimas esperanzas de salvación. Aplastados, pisoteados, malheridos por los soldados de Justiniano, treinta mil ciudadanos murieron en menos de media hora.

Hipatio, que con su hermano Pompeyo se encontraba en el palco imperial, fue hecho prisionero por los soldados que, desde palacio, entraron en aquel recinto siguiendo la galería dorada. Los dos fueron ejecutados al día siguiente, aunque Hipatio juraba y perjuraba que había enviado aviso a Justiniano de que él representaba el papel que le imponían por la fuerza, aunque se proclamaba fiel súbdito del emperador. Y noblemente decía la verdad. (Según parece, el enviado de Hipatio se encontró a su llegada a palacio con un alto funcionario que le aseguró que Justiniano estaba abandonando el mismo, en vista de lo cual dio media vuelta y no comunicó a nadie el mensaje que Hipatio le había entregado para el emperador. Cuando fue interrogado a este respecto, el mensajero negó todo lo negable, lo que contribuyó aún más a la condena de Hipatio y Pompeyo.) Los cadáveres de ambos hermanos fueron arrojados al mar.

Los jefes militares que se habían mostrado apáticos ante los sucesos esperando ver de qué lado caía la moneda, se declararon, claro está, partidarios de Justiniano, y ocuparon militarmente la ciudad. El emperador prohibió toda represalia, y durante muchos días el silencio y la calma se apoderaron de Constantinopla. Sólo el ir y venir de las familias buscando a sus muertos en el Hipódromo daba a la ciudad un aire de vida. De triste vida. La mayor parte de los edificios públicos estaba destrozada. Santa Sofía enseñaba al cielo sus muros ennegrecidos por las llamas y el pueblo, atemorizado, esperaba temblando la imperial venganza.

Pero los días pasaron uno tras otro sin que Justiniano diese signos de reaccionar, y cuando lo hizo fue en forma inesperada. Cumpliendo la palabra dada al pueblo en el Hipódromo, perdonó a los dos supervivientes de la fallida ejecución, no tomó ninguna represalia, indemnizó a los hijos de Hipatio y Pompeyo, a los que restituyó el rango que ocupaban en la corte y la parte que se pudo recuperar de las riquezas que en los primeros días les fueron confiscadas. Se dedicó a trazar planes y a hacer proyectos para la reconstrucción de los edificios destruidos o dañados, empezando por Santa Sofía, y no quiso volver a hablar con nadie de los sucesos. Destituyó a Juan de Capadocia y a Triboniano; el primero se retiró a sus negocios en espera de volver a ser llamado cuando las finanzas empezasen a tambalearse, y el segundo se dedicó a la redacción del nuevo código y las nuevas leyes que debían hacer brillar para siempre el nombre de Justiniano, que jamás volvió a condenar a muerte a nadie por un delito político. Y por supuesto tuvo por siempre a Teodora como la verdadera salvadora del Imperio.

UNA COMPLICADA HISTORIA BIZANTINA

Miguel III el Borracho, emperador de Bizancio, ordenó a su corregente Basilio, casado con una campesina, que se divorciara de ella y contrajera matrimonio con la amante del emperador, Ingerina. Cualquiera pensaría que el propósito de Miguel era librarse de su querida, pero, antes al contrario, la quería conservar. Puso, pues, la condición de que, tras su boda con Basilio, Ingerina debía continuar sus anteriores relaciones. A Basilio había que compensarle de algún modo, y Miguel decidió entregarle a su hermana Tecla, que de este modo pasó a ser la amante del esposo de la amante del soberano.

¿Está claro? Basilio se casó con Ingerina, ésta continuó siendo amante de Miguel, y Tecla, hermana de este último, se convirtió en amante de Basilio. Como ven, todo queda en familia.

Y la familia en cuestión tuvo hijos o, mejor dicho, los tuvo Ingerina. ¿De quién? ¿De Basilio o de Miguel? ¿Del marido o del amante?

La Verónica, de Zurbarán. Museo Nacional de Estocolmo.

George Sand o Aurora Dupin, baronesa Dudevant. Su marido hizo declaración pública de cornudo. No tenía otros méritos que exhibir.

Uno de los hijos fue el futuro emperador León VI, que no supo jamás quién fue su padre.

Hasta aquí las cosas son relativamente sencillas. Ahora se complican.

Basilio asesinó a Miguel y se convirtió en emperador. De Ingerina, su esposa, tuvo un hijo, Alejandro, sin duda suyo porque el amante había muerto.

Pero continuemos con León. Éste, una vez emperador, promulgó una ley que dificultaba las segundas nupcias de los viudos e incluso las prohibía en algún caso. También fustigó a aquellos que «en vez de bañarse en las puras aguas del matrimonio se regodean en el fango del libertinaje».

Contra los viudos escribió: «Incluso las bestias, o por lo menos muchas de ellas, se resignan a la viudez después de haber perdido a su hembra. ¿Qué se debe pensar, pues, de estas gentes que, sin pudor de su propia flaqueza, deciden contraer un segundo matrimonio impuro y que aún osan contraer un tercero o un cuarto?»

Pero León, siendo niño, se había casado con Teófano por imposición de Basilio. La pobre Teófano era una santa mujer –fue canonizada–, pero estéril. León, con sólo dieciséis años, se buscó una amante, cosa nada difícil dada su situación. La joven se llamaba Zoe y, al parecer, era muy bonita. Teófano, celosa y escandalizada, se quejó a Basilio, y éste, que detestaba a León y tenía fundadas dudas acerca de su paternidad, casó a Zoe con un alto funcionario y lo destinó lejos de Bizancio.

Pero muerto Basilio, León llamó a Zoe a su lado y la separó de su marido. Mientras, a los veintinueve años, Teófano moría en olor de santidad.

Ya tenemos a León viudo. ¿Se acordó de sus leyes y sus ideas sobre la viudez? No lo sabemos; lo cierto es que cuando el marido de Zoe murió –muy oportunamente, por cierto–, León quiso casarse con ella. El clero se opuso e invocó las leyes, pero el emperador desterró a su confesor a un convento, para que aprendiera a callar, y se casó con Zoe.

Por desgracia, este segundo matrimonio se reveló también infecundo. Al cabo de dos años, Zoe murió a su vez y León quedó viudo en segundas nupcias.

¿Osaría casarse de nuevo? Pues sí: quería un heredero a toda costa y, contra la opinión de la Iglesia, que consideraba un tercer matrimonio indigno de un Basileus, y en contra también de las leyes que él mismo promulgara, casó por tercera vez con Eudoxia, que falleció un año más tarde al dar a luz a un niño que también murió.

Parece que a la tercera iba la vencida. Pues no. Buscó una amante y la encontró, claro está. Se llamaba Zoe, como su difunta esposa. Era bella, de negros ojos –*Carbopsina* la llamaban–, y tan lista como hermosa consiguió que León se casara por cuarta vez. De esta unión nació por fin el hijo deseado. Se llamo Constantino *Porfirogénito* por haber nacido en la sala de pórfido del palacio, y llegó a emperador.

LA FUENTE DE LA ETERNA JUVENTUD

Juventud, divino tesoro,
te vas para no volver.
Cuando quiero llorar no lloro
y, a veces, lloro sin querer.

Estos versos de Rubén Darío vienen a la memoria de aquellos que contamos los años por algunas –¡ay, demasiadas!– decenas. Se dice que no se tiene más edad que la que se aparenta, que se tiene la edad de sus arterias, etc. Yo creo que cada cual tiene la edad de sus ideas y que, como dice Courtaline, más vale equivocarse en la juventud que no hacer nada durante ella. Por mi parte, pienso morir muy joven a una edad muy avanzada. Hay quien nace ya viejo y con canas en el alma.

Pero ahora no se trata de eso. En la antigüedad se contaban dos leyendas: una de origen al parecer ario y la otra semítica. En una se hablaba de un río cuyas aguas tenían el poder de conservar la juventud de quien se bañaba en ellas; en la otra, una fuente devolvía la juventud al que ya la había perdido.

El célebre viajero Juan de Mandeville –su verdadero nombre era Jean de Bourgogne–, gran farsante ante el Eterno, escribió en francés en 1356 una selección de sus supuestos viajes a las tierras más remotas y extrañas. En uno de sus relatos dice:

«Junto a una selva estaba la ciudad de Polombe, y junto a esta ciudad, una montaña, de la que toma su nombre la ciudad. Al pie de la montaña hay una gran fuente, noble y hermosa; el sabor del agua es dulce y oloroso, como si la formaran diversas maneras de especiería. El agua cambia con las horas del día; es otro su sabor y otro su olor. El que bebe de esa agua en cantidad suficiente, sana de sus enfermedades, ya no se enferma y es siempre joven. Yo, Juan de Mandeville, vi esa fuente y bebí tres veces de esa agua con mis compañeros, y desde que bebí me siento bien, y supongo que así estaré hasta que Dios disponga llevarme de esta vida mortal. Algunos llaman a esta fuente Fons Juventutis, pues los que beben de ella son siempre jóvenes.»

Mandeville escribe esto con la misma seriedad con que afirma haber visto gigantes, pigmeos y animales fabulosos. También es verdad que, entre tantas fantasías, proclama que la tierra es esférica, que se puede circunvalar y que toda ella es habitable.

Estas leyendas, populares durante toda la Edad Media y comienzos de la Moderna, eran conocidas por los españoles que llegaron a América a poco de su descubrimiento. No es de extrañar que aquellos hombres, procedentes de las áridas sierras de Castilla y de Extremadura, quedasen deslumbrados ante la feracidad y la lujuriante vegetación del continente americano. ¡Cómo no sentirse impresionado por árboles desconocidos y gigantescos, por ríos de caudal jamás imaginado, por pájaros exóticos de plumaje multicolor! A todo ello añadamos que también a los hombres de aquellas tribus recién descubiertas les animaba la misma ansia de juventud perenne y de miedo a la vejez, y al parecer también entre aquellos pobladores existían leyendas semejantes a las que conocían los conquistadores.

Así pues, no es de extrañar que aquellos hombres fuertes y rudos, algunos analfabetos y otros con estudios universitarios, buscasen con anhelo comprensible el manantial que les conservaría las fuerzas con las que habían llegado a aquellas tierras.

En la región del Orinoco se veneraba un árbol, que actualmente se llama palmera moriche, y a la que los indios llamaban el árbol de la vida. Creían que de ese árbol había renacido el género humano tras un gran diluvio. Ello hacía recordar a los españoles los versículos del Génesis en los que se habla del árbol de la vida y del río que regaba el paraíso (*Gén.*, 2-9, 10). Creyeron que habían llegado al paraíso terrenal; por lo menos así lo atestigua Pedro Mártir de Anglería, quien afirmaba que Colón vio desde unos montes el paraíso terrenal, aunque aclara que tal afirmación le parece fabulosa.

También fue reputado por árbol de la inmortalidad el llamado palo santo o guayacán, cuya madera servía para hacer unos cuencos que, llenos de agua, hacían que ésta se tiñese de azul y sirviese contra la retención de orina. Hernández de Oviedo dice que «la principal virtud de este madero es sanar el mal de las bubas, y es cosa tan notoria que no me detengo mucho en ello salvo que del palo de él toman astillas delgadas y algunas las hacen limar, y aquellas limaduras cuécenlas en cierta cantidad de agua y bébenla los dolientes ciertos días por las mañanas y guardan muchas dietas, y entre día han de beber de otra agua cocida con el dicho guayacán. Y sanan sin ninguna duda muchos enfermos de aqueste mal». Recordemos que las bubas eran el síntoma más visible de la sífilis.

Así pues, tenemos una fuente, un río y ahora un árbol de la vida que prometía la juventud a los que bebían, se bañaban o tomaban infusiones.

Los indios de Cuba iban en busca de un río que Juan Ponce de León oyó decir llevaba aguas que rejuvenecían, y en busca de este río salió en expediciones que han quedado en la historia de los descubrimientos geográficos, pero no en la historia del rejuvenecimiento.

El ya citado Pedro Mártir de Anglería fue quizá el popularizador de la leyenda americana de la eterna juventud, pues en sus libros habla de que entre varias islas «a la distancia de 325 leguas de La Española cuentan que hay una isla, los que la exploraron en lo interior, que se llama Boyaca, alias Ananeo, la cual tiene una fuente tan notable que bebiendo de su agua rejuvenecen los viejos. Y no piense Vuestra Beatitud que esto lo dicen de broma o con ligereza, tan formalmente se han atrevido a extender esto por toda la corte, que todo el pueblo y no pocos de los que la virtud o la fortuna distingue del pueblo lo tienen por verdad. Pero si Vuestra Santidad me pregunta mi parecer, responderé que yo no concedo tanto poder a la naturaleza madre de las cosas y entiendo que Dios se ha reservado esta prerrogativa».

No hay duda de que el sueño de la eterna juventud no pasa de ser eso: un sueño. La juventud posee el privilegio de alentar ilusiones cuando muy bien podría pasar sin ellas. Como decía Picasso, se tarda mucho en ser joven, y ya que va de citas, recordemos la frase de Maistre: los viejos viven en el pretérito, los jóvenes en el futuro, los hombres maduros en el presente.

Yo debo ser bastante joven porque todavía pienso en el futuro, aunque reconozco que tengo más pasado que porvenir.

HISTORIA DE LA PATATA

Cuando llegué por primera vez a Bruselas, por la Gare du Midi, me invadió el olor a patatas fritas que no había de abandonarme durante toda mi estancia en la ciudad. Recordé que en la última recepción a que había asistido en la embajada española en París –un dieciocho de julio de uno de los años cincuenta–, las tapas de tortilla de patatas habían desaparecido en un santiamén. En Francia, el *biftec-frites* se convertirá en el plato por excelencia, ahora, tal vez –por desgracia– sustituido por el internacional, sintético y plástico *hamburguer* de procedencia yanqui, impuesto por la cocacolonización que sufrimos. En Alemania, las *Kartoffeln* forman parte de todos los platos populares. En Escandinavia, Rusia, Portugal o Andorra, la patata es el alimento no diré único, pero sí complementario. ¡Y pensar que no se conoció en Europa hasta el siglo XVI!

Llamada papa por los indios del Perú –nombre que ha conservado en Andalucía y Canarias–, se ha confundido muchas veces con la batata o boniato o moniato, como ustedes quieran. Pedro de Lieza dice en 1550 que «las papas son a manera de turmas *–o sea trufas–* de tierra las cuales, después de cocidas, quedan por dentro como castañas cocidas que no tienen cáscara cuero más de lo que tiene una turma de la tierra porque también nace debajo de la tierra como ella». Ya en 1516, Pedro Mártir de Anglería y Agustín Zárate hablaban de ellas, aunque el contexto da pie a considerar que en realidad se referían al boniato. Este último se cultivó por primera vez en Europa en Málaga, por lo que los autores lo denominaban comúnmente batata de Málaga.

Mi amigo Néstor Luján, maestro de gastrónomos, habla largo y tendido de este asunto en su curioso libro *El arte de comer*, publicado en forma de coleccionable en los suplementos dominicales de *La Vanguardia* de Barcelona. Sería de desear que se editase como libro para regocijo y distracción de los lectores en general y de los *gourmets* en particular.

La patata fue al principio una curiosidad botánica. Un científico alemán que introdujo los tulipanes en Holanda, en 1588, denominó *tartufoli* a la patata. Este tubérculo se cultivó en España especialmente en la región sevillana. Los religiosos del hospital de Sevilla lo servían como alimento a los enfermos, pobres y militares. De Sevilla pasó a Suiza, Austria y Alemania, donde, durante la guerra de los Treinta Años, sirvió de paliativo para el hambre. Entonces, los tres países citados eran pobres. Y pobre era Irlanda, adonde se llevó la patata desde Inglaterra. Aquí la había dado a conocer Walter Raleigh hacia 1585.

Durante la citada guerra, un francés llamado Antonio Agustín Parmentier cayó prisionero y, alojado en casa de un médico o farmacéutico alemán, hubo de alimentarse de patatas como todo el mundo. Estómago agradecido, a su vuelta a Francia procuró hacer propaganda del tubérculo. En un principio la patata no interesó más que como producto farmacéutico. Parmentier explicó que, durante su cautiverio, se le ocurrió hervir las patatas, y una vez hervidas descubrió que eran el mejor sustitutivo del pan. Como máximo argumento expuso que «si los puercos las comen, también las pueden comer los humanos». En 1776, siendo farmacéutico de los Inválidos de París, cultivó unas huertas de patata. El rey Luis XVI, en una de sus visitas, vio unas flores que desconocía y preguntó qué eran.

–Son la locura de Parmentier, que imagina que esta planta puede servir de alimento a los pobres.

Pero 1767, 1768 y 1769 fueron años de hambre. Parmentier publicó una memoria sobre el consumo de la patata, avalado por Turgot, Condorcet, Buffon e incluso Voltaire. El 24 de agosto de 1768 fue el día de la consagración real de la patata: Luis XVI visitó el terreno donde estaban plantadas y Parmentier le ofreció algunas flores, que el rey se puso en la casaca. Todos los cortesanos quisieron hacer lo mismo, y la flor de la patata se puso de moda. Algunos, incluso, se dedicaron a cultivar patatas en invernadero. Pero eso era privativo de la nobleza, que rechazaba las patatas para comer, lo mismo que el pueblo bajo, que exigía pan y no aceptaba el nuevo alimento. Parmentier pidió entonces al rey que unos soldados custodiaran los huertos donde cultivaba sus patatas. Una noche, los soldados se retiraron y la gente del pueblo se lanzó a robar patatas. Creía que estaban reservadas a los nobles, y ello, sumado al atractivo de lo prohibido, hizo el resto. El 21 de octubre de 1787 se sirvió la célebre cena de los Inválidos, en que todos los platos eran a

Río de las Amazonas. Su corriente penetra tanto en el mar que a más de cien kilómetros el agua es dulce. Los primeros conquistadores descubrieron el fenómeno durante un naufragio.

Amazona. Con dos pechos, como se ve, en lugar de mostrar la ablación del pecho derecho. Museo del Capitolio, Roma.

base de patatas. Incluso el aguardiente era producto de la destilación del tubérculo.

De todos modos, se consideraba como sucedáneo del pan. Fueron necesarios el advenimiento del Imperio y el bloqueo de Francia a causa de las guerras napoleónicas para que en este país triunfase la hoy popular patata.

En España se sabe que, aparte el dato citado de Sevilla, se cultiva la patata en Galicia por lo menos a partir de los inicios del siglo XVIII. En cuanto a la tortilla de patatas o tortilla a la española, es posible, según refiere Néstor Luján, que su origen deba buscarse en Navarra.

Y una anécdota curiosa. Se inauguraba en Francia la primera línea férrea: París-Saint Germain. Los reyes Luis Felipe y Amelia debían comer en el restaurante que se improvisó en la estación. Cuando el cocinero vio llegar la comitiva real, echó a la sartén las patatas que debían servir de acompañamiento. Pero un imprevisto hizo que antes de llegar a la estación los reyes se detuviesen en el camino. El cocinero retiró las patatas a medio freír y, cuando fue la hora, las devolvió a la sartén, pues no tenía otras. Con gran sorpresa, las patatas se hincharon y fueron muy alabadas cuando se sirvieron a la mesa real. Se habían inventado las patatas *souflées*.

LAS AMAZONAS GRIEGAS Y EL RÍO AMERICANO

Los antiguos griegos hablaban de las amazonas originarias del Cáucaso y habitantes de Trebisonda en el Asia Menor. Su nombre deriva de *a*, partícula privativa que significa «sin», y *mazón*, que significa «mama» o «teta». Según la tradición, se cortaban el pecho derecho para poder combatir y disparar el arco y las flechas con mayor facilidad. Es curioso señalar que en las diversas estatuas que he visto en los museos romanos o en el Louvre parisino, no se cuenta ninguna que represente a una amazona con el pecho mutilado. Esto me hace suponer, y la opinión no es sólo mía –que significaría poca cosa–, sino de eruditos de enjundia, que probablemente la etimología propuesta es de origen popular.

Este mito se transformó en la Edad Media en una apología de la castidad. Se decía que a 500 millas de Italia existían dos islas: la isla Femenina y la isla Masculina, la una ocupada por mujeres y la otra por hombres. Unas y otros se emparejaban una vez al año. Los hijos nacidos de esta unión pasaban a vivir a la isla Masculina si eran varones, y si eran hembras quedaban al cuidado de sus madres en la isla Femenina. No se habla en esta última tradición de la legendaria belicosidad de las amazonas ni tampoco de su ablación mamaria.

Cuando Colón llegó a América, que él creía la India, a dos islas, Caribe y Matinino, una habitada por caribes y la otra por amazonas, las consideró la confirmación del mito clásico. Los primeros historiadores de Indias hablan de las mujeres que, armadas con arcos y flechas, intentaron impedir el desembarco de Colón en la isla de Guadalupe o «Tierra de las Mujeres». Pedro Mártir de Anglería describía las amazonas de las Antillas con detalles eruditos como el de la mutilación de un pecho. Pero esto se lo inventaba él y no los conquistadores.

Cuando los españoles llegaron al continente, descubrieron primero el Orinoco, y después el otro gran río, cuya desembocadura era tan ancha que creyeron que se trataba del mar. No salieron de su error hasta que comprobaron que el agua era dulce.

El descubridor del Amazonas fue el capitán Francisco de Orellana, aunque en febrero de 1500 Vicente Yáñez Pinzón hablaba ya de un «Río Grande» que llamó Santa María de la Mar Dulce y que después fue llamado Marañón. Al menos en 1513 Juan de Lepe lo llamó así en el pleito de Colón. Se ha dicho que el nombre proviene del capitán, llamado Marañón, que descubrió su nacimiento en el Perú; sin embargo, esta opinión parece infundada, puesto que en 1513 aún no se había conquistado el Perú. Otros dicen que le llamaron río de Marañas «y por significarlas grandes pasó a llamarse Marañón». Vayan ustedes a saber, porque en esto de las etimologías los eruditos no se han puesto de acuerdo. También se habla de un posible origen indígena.

Pero, a todo esto, ¿dónde quedan las amazonas? El padre Carvajal se refiere a un encuentro que tuvieron los conquistadores con los indios, en cuyo transcurso resultó herido. «Quiero que sepan –escribe– cuál fue la causa por que estos indios se defendían de tal manera. Han de saber que ellos son sujetos tributarios a las amazonas, y sabida nuestra venida vanles a pedir socorro y vinieron hasta diez o doce, que éstas vimos nosotros que andaban peleando delante de todos los indios capitanes, y peleaban ellas tan animosamente que los indios no osaban volver las espaldas, y al que las volvía delante de nosotros le mataban a palos, y ésta es la causa por donde los indios se defendían tanto.»

Esto es lo que dice Juan de Castellanos en sus *Elegías de varones ilustres de Indias*:

E india varonil que como perra
Sus partes bravamente defendía
A la cual le pusieron Amazona
Por mostrar gran valor en su persona.
De aquí sacó después sus invenciones
El capitán Francisco de Orellana
Para llamalle río de Amazona,
Por ver ésta con dardos y macana,
Sin otros fundamentos ni razones
Para creer novela tan liviana;
Pues hay entre cristianos y gentiles
Ejemplos de mujeres varoniles.

Así pues, el hecho de encontrarse con tribus en las que las mujeres combatían por lo menos tan heroicamente como los hombres hizo que los conquistadores, recordando el mito griego, las llamasen amazonas, y con este nombre fuese conocido el mayor río del mundo.

A veces el adjetivo amazona se aplica de forma totalmente indebida, por ejemplo en el caso célebre de Nathalie Clifford Barney, que publicó sus libros con el título de *Pensamientos de una amazona*, nombre que le había sido adjudicado por Henry de Regnier, una de las mujeres más inteligentes de los comienzos de este siglo. Lesbiana célebre, amante de mujeres inteligentes, finas y delicadas, poetisas, escritoras, artistas de varias clases, residía en París, adonde se trasladó después de haber escandalizado a la sociedad puritana de los Estados Unidos.

DE COSAS DE COMER Y DE BEBER

Poca gente sabe que Alejandro Dumas, el autor de *Los tres mosqueteros*, *El conde de Montecristo* y un par de centenares de obras, escribió también un libro titulado *Mon Dictionnaire de Cuisine*, lleno de anécdotas y recetas fantásticas al lado de detalles curiosos y algún que otro acierto desde el punto de vista gastronómico. Sobre el cañamazo del prólogo a este libro van aquí algunas notas curiosas y algunos comentarios.

La historia de la humanidad empieza con la fruta del árbol prohibido que Eva ofreció a Adán, y que la tradición identifica con una manzana, lo que prueba la importancia de la comida y el apetito. No hemos de olvidar, sin salirnos de la Biblia, el plato de lentejas con el que Jacob adquirió la primogenitura que correspondía a su hermano Esaú. Tras este engaño y la trastada que hizo a su padre Isaac, ayudado por su madre Rebeca, Jacob tuvo que exiliarse durante veinte años, y cuando volvió se hizo preceder por una caravana de 200 caballos, 22 machos cabríos, 20 carneros, 20 camellas con sus crías, 80 vacas, 3 toros y 30 asnos. Lo que, habida cuenta que se apropió de la herencia paterna, no es precisamente una indemnización generosa, a pesar de su volumen.

Y saltando de la Biblia a la historia o, mejor dicho, a la leyenda, no se puede olvidar a Sardanápalo, quien ofreció una recompensa de mil piezas de oro a quien descubriese un plato nuevo. ¡Como para hacer la fortuna de los cocineros de la nueva cocina! Sardanápalo, dicho sea entre paréntesis, es un rey legendario mezcla de Assur-Bani-Pal y de su hermano, al que se atribuye toda una vida de orgías, lujo, lubricidad y refinamiento. Cuando las tropas enemigas iban a invadir y ocupar Nínive, Sardanápalo reunió en su palacio todas sus riquezas, muebles, esclavos, caballos, esposas y concubinas, prendió fuego al edificio y pereció con todos sus bienes antes que vivir en la cautividad.

Célebre es también, y volviendo a la Biblia, el festín de Baltasar, durante el cual aparecieron, misteriosamente escritas en la pared, las palabras MANE, TECEL, FARES, que fueron interpretadas por el profeta Daniel como que Dios había contado los días de su reino, había valorado su obra y había decidido disgregar sus Estados, como así sucedió al dividirse entre medos y persas.

Poco más o menos por la misma época, la ciudad de Crotona se hizo célebre, primero, por haber destruido su ciudad rival, Síbaris, de cuyo nombre deriva sibarita y sibaritismo, y cuyos habitantes, grandes comedores y bebedores, dormían sobre colchones de pétalos de rosas (se dice que notaban si un pétalo estaba doblado, y eso les impedía dormir) e hicieron matar a todos los gallos que había en la ciudad porque su canto les despertaba en el mejor de sus sueños. En segundo lugar, Crotona contaba con un ciudadano llamado Milón, siete veces campeón olímpico, del que se dice que se hacía atar una cuerda alrededor de la cabeza y la rompía con un simple esfuerzo muscular. Todo esto debe ser pura leyenda, como también la que afirma que un día cargó sobre sus espaldas un novillo de tres años, lo transportó durante 120 pasos, lo mató de un puñetazo en la cabeza, lo hizo asar y se lo comió entero. De Milón se cuenta asimismo que diariamente comía siete kilos y medio de carne y ocho kilos de pan, y bebía quince litros de vino.

Los poemas homéricos describen grandes banquetes, y todos sus héroes disfrutan de un magnífico apetito. Parece que fueron los griegos quienes introdujeron el uso de comer acostados en un lecho en vez de hacerlo sentados en un taburete, como recogen la *Ilíada* y la *Odisea*. Aquella moda pasó a Roma, lo cual se comprende si se tiene en cuenta que quienes servían la mesa eran adolescentes de uno y otro sexo que *no podían rechazar nada a los invitados*. Resulta lógica, pues, la necesidad del lecho, que en las mansiones nobles estaba adornado con conchas de tortuga, marfiles y bronces e, incluso, con perlas y piedras preciosas.

De Polión se cuenta que un día que Augusto cenaba en su casa quiso arrojar a las murenas a un esclavo que había roto un vaso de vidrio, objeto raro en aquel tiempo. El esclavo fue a refugiarse a los pies del emperador, el cual, indignado, ordenó que se rompiesen todos los vasos y objetos de vidrio que hubiese en casa de Polión, pues estimaba que todos ellos en conjunto no valían una vida humana. Las murenas son unos peces carnívoros muy feos, que a veces se han alimentado con la carne de los esclavos desobedientes, a los cuales se arrojaba a los viveros.

Heliogábalo, el emperador sirio que entró en Roma sobre un carro tirado por mujeres desnudas, tenía un cronista dedicado exclusivamente a anotar sus banquetes, cada uno de los cuales costaba como mínimo unas cien mil pesetas actuales. Se hacía confeccionar pasteles de lenguas de pavo real, ruiseñores y faisanes, que a mi entender no debían valer gran cosa desde el punto de vista culinario. Se jactaba de no haber bebido dos veces en el mismo vaso y, teniendo en cuenta que sus vasos eran de oro y plata, se puede calcular lo que debía costar un banquete. Un día, invitó a ocho jorobados y a ocho cojos, ocho gordos, ocho esqueléticos, ocho gotosos, ocho sordos, ocho negros y ocho albinos. Fue un capricho como cualquier otro. Heliogábalo mandó construir un patio de pórfido a fin de poder precipitarse en él desde

Bodegón, por Pedro de Camprobín (siglo XVII). A falta de pan, buena es la pintura, debían pensar algunos de los famosos pintores, aunque algunos hubo, y hay, excelentes «gourmets», como mi amigo Modest Cuixart.

Juan Ponce de León. En busca de Bimini, la isla de la eterna juventud. Murió antes de encontrarla.

lo alto de su palacio en caso de peligro de muerte. Para más seguridad, llevaba un anillo con una esmeralda hueca, llena de veneno. Por si fuera poco, tenía dispuesto un puñal de oro con empuñadura de diamantes, así como una cuerda de oro y seda para ahorcarse si todo lo anterior fallaba. Pero de nada le sirvieron tales previsiones porque, sorprendido cuando estaba haciendo sus necesidades más íntimas, fue asfixiado con la esponja con que los romanos se limpiaban el trasero.

El emperador Claudio Albino comió en un desayuno quinientos higos, cien melocotones, diez melones, cuatro docenas de ostras y dos kilos de uva. Pero todo ello no es nada si se ha de creer lo que se cuenta del emperador Maximino, que comía diariamente dieciséis kilos de carne y bebía treinta y dos litros de vino. Bien es verdad que, según sus biógrafos, era tan enormemente obeso que los brazaletes de su mujer le servían de anillos y su cinturón de brazalete, cosa que me parece imposible, por cuanto el hombre más gordo que he conocido, un alemán de Munich que pesaba cerca de trescientos kilos, no alcanzaba las medidas que se atribuyen al emperador romano.

Bajo los reinados de Augusto y Tiberio vivió Marco Gavio Apicio, del que hablan Séneca, Plinio, Juvenal y Marcial. Tiberio le enviaba desde Caprera las lubinas que él consideraba demasiado caras para el tesoro imperial. Poseía doscientos millones de sextercios, de los que gastó cuarenta únicamente en los placeres de la mesa. Un día, su administrador le dijo que solamente le quedaban diez millones de sextercios y, considerándose arruinado, se metió en un baño de agua caliente y se hizo abrir las venas. Figura como autor de un tratado *De Re Culinaria*, que en realidad parece haber escrito un tal Celio. Éste creyó que tendría más éxito si firmaba con el nombre de Apicio.

DE LA MESA Y OTRAS GOLLERÍAS

Cuando hoy vemos una mesa bien dispuesta, con sus manteles, servilletas, cubertería fina y copas de cristal, no pensamos nunca en los siglos que han tenido que transcurrir para llegar a tal refinamiento.

Pasada la época romana, los bárbaros que invadieron el Imperio se dividieron entre los que adoptaban los usos de los conquistados y los que continuaban con sus costumbres primitivas. La mesa, tan importante durante la decadencia de Roma, pasó a ser centro de tragonías con una absoluta falta de refinamiento. Baste decir que los manteles desaparecieron prácticamente, para reaparecer tan sólo avanzada la Edad Media. Y aún así, se emplearon en banquetes especiales, tal como puede verse en las representaciones de la Santa Cena.

Hacia mediados del siglo XIII, en las cortes más importantes de Europa se volvieron a emplear los manteles que, además, en algunos países adquirieron un simbolismo popular; así, por ejemplo, en Francia era costumbre cortar el mantel ante un caballero acusado de cobarde. En la festividad de la Epifanía, el rey Carlos VI de Francia se encontraba almorzando con varios señores ilustres, entre los que se encontraba Guillermo de Hainault, conde de Ostrevant. De pronto, entró un heraldo, que cortó el mantel ante el conde, al tiempo que le anunciaba que un príncipe sin armas era indigno de comer a la mesa de un rey. Guillermo respondió que, como los demás señores, llevaba escudo, lanza y espada.

–No, señor; esto es imposible, pues vuestro tío fue muerto por los frisones y hasta hoy su muerte ha quedado impune, y no hay duda de que, si llevaseis armas, tiempo haría que hubiese sido vengado.

Curiosa es también la historia de la servilleta. Algunos pueblos usaban limpiarse los dedos con heno o serrín. Recuérdese que en aquellos tiempos no se conocía el tenedor, y las viandas se cogían directamente con las manos. Los espartanos se limpiaban los dedos con un pedazo de pan que después echaban a los perros. Los romanos, por su parte, se pasaban lienzos perfumados por manos y cara. En la Edad Media, los más refinados se servían de trapos sucios que después se tiraban.

San Pedro Damiano cuenta con indignación que la esposa de Pedro Orseolo, dux de Venecia, y hermana de Romano Argiro, emperador de Bizancio, en vez de comer con los dedos, usaba un tenedor de dos púas, lo cual consideraba como un lujo insensato que sin duda atraería la cólera celeste sobre ella y su esposo. Efectivamente, los dos murieron de la peste. Claro está que también murieron de la misma epidemia millares de hombres y mujeres que comían con los dedos.

A comienzos de la Edad Moderna, la dueña de la casa y sus hijas presentaban a los invitados unas palanganas de plata que servían para lavarse las manos. En algunos lugares, entre ellos España, hombres y mujeres comían por separado, cosa que se ha conservado hasta hace poco en lugares rurales. En un pueblo de Castilla, yo asistí a una comida en que los hombres estábamos sentados a la mesa mientras las mujeres comían aparte y de pie. No sé si habrán observado algunos de mis lectores un hecho muy curioso: que, en ambientes también rurales, cuando los campesinos van a comer a un restaurante ponen el plato bastante separado del borde de la mesa, y ello se debe a que, aún hoy, en muchos sitios se sirven directamente de la fuente a la boca, y entre una y otra hay una rebanada de pan que sirve de plato. Como en tiempos de los antiguos romanos, este pan se da luego a los perros, cuando no sirve de postre.

La mesa ha impulsado importantes pasos en el camino del progreso; no se olvide que Cristóbal Colón descubrió América buscando las Indias, proveedoras de las especias que se consumían en Europa y cuyo monopolio estaba en manos de los venecianos. Muchas de ellas se cotizaban a su peso en oro.

La pimienta, por ejemplo, era tan apreciada que se servía como precioso complemento para el rescate de nobles o de ciudades. Algunas veces, quienes tenían que pagar estos impuestos eran las comunidades judías que vivían en los ghettos o juderías de las ciudades medievales, y que se consideraban buenas proveedoras a causa de las relaciones comerciales y familiares que mantenían con otros miembros de su raza y religión, habitantes de naciones orientales.

La canela venía a Europa desde la isla de Ceilán, donde el árbol que la produce se llama kerandu. Puede imaginar el lector el precio que alcanzaría, cuando se piensa que para llegar a Europa debía atravesar toda Asia a lomos de caballerías durante meses.

SER CORNUDO NO ES NINGÚN MÉRITO

El barón Casimiro Dudevant no tenía otro mérito que el de ser cornudo, y aun ello gracias a su mujer. La baronesa Dudevant, de soltera Aurora Dupin, a los dieciocho años había encontrado a su marido con una sirvienta en la cama matrimonial, y eso, además de no gustarle nada, le dio ciertas ideas.

La baronesa Dudevant, instalada sentimentalmente en pleno romanticismo, buscó la amistad desinteresada que le proporcionó un camarada de adolescencia; el resultado de esta amistad platónica se reveló nueve meses después en forma de una niña que fue bautizada con el nombre de Solange, y el barón Casimiro empezó a sentir ciertas molestias en la frente.

Al año siguiente, Aurora Dupin, baronesa Dudevant, conoció en una reunión a un joven escritor que se llamaba Jules Sandeau, y el resultado de esta amistad no fue una niña sino un libro que firmaron los dos con el seudónimo de Jules Sand. Poco después, Aurora escribió un libro ella sola y, como la sociedad miraba con malos ojos a las mujeres escritoras, lo firmó con otro seudónimo masculino: George Sand.

Dos años duró el amorío, y un mal día, al llegar a su casa, Aurora o George, como ustedes quieran, encontró a Jules en la cama en galante compañía. ¡También es mala suerte! Ello significó la ruptura, y Aurora, para consolarse se lió con la actriz Marie Dorval, lo cual no nos saca de la duda de si en la baronesa prevalecía la Aurora sobre el George.

El amante de Marie Dorval era el poeta Alfredo de Vigny, que en muchas ocasiones debió de contentarse con hacer el papel de mirón ante sus combates lésbicos. Todo ello no impedía que George Sand tuviese alguna que otra aventura erótica, ya que no amorosa, como la que le unió esporádicamente con Próspero Merimée quien, al parecer, no brilló precisamente por su virilidad, o así por lo menos lo explicaba la Sand.

Nuevo encuentro y nuevo flechazo, esta vez con otro Alfredo: Alfredo de Musset, que fue su compañero sentimental, de un romanticismo tan exagerado que en sus reuniones íntimas gustaban de comer fresas con nata en cráneos humanos, después de haber paseado idílicamente por un cementerio. ¡Cosas de la época!

Con Musset, George Sand visitó Venecia, paraíso de enamorados, pero él escapó de sus brazos y fue en busca de placeres venales que le contagiaron una grave enfermedad. Llamó la escritora a un médico, que acudió al hotel donde se albergaba la pareja, cuidó al enfermo y, para no perder el tiempo, se acostó con la Sand. El doctor Pagello ganó así un cliente y una amante.

De regreso en París, se reconcilió con Musset, pero rompieron, después de una paliza que él le proporcionó movido por celos, al parecer muy justificados. Lo cual no es de extrañar.

Entre la ruptura con Musset y la vinculación a Federico Chopin hubo algún que otro amor pasajero. La relación con Chopin duró ocho años, en cuyo transcurso viajaron por toda Francia. También estuvieron en Mallorca, en cuya cartuja de Valldemosa se puede admirar la celda que ocuparon los enamorados (en Valldemosa enseñan dos celdas que aseguran ser cada una de ellas la verdadera y única celda de Chopin; así el visitante puede escoger a su gusto). Al parecer, Chopin se interesó demasiado por Solange Dudevant, que era algo coqueta, lo que provocó los celos de George Sand y, al cabo, la ruptura.

George Sand alternaba sus amores con su actividad literaria, y era ya una autora célebre. Sus obras se citan en todas las historias de la literatura francesa, y unía a su oficio de escritora su afición de amante. Se decía de ella:

–Durante el día *él* trabaja, por la noche *ella* está ocupada.

Lo estaba en tal forma, que llegó a tener amores con un lisiado al que le faltaban las dos piernas, y a quien ella manejaba como un objeto erótico. La lista de sus amantes sería larguísima; parecía que hacían cola.

Como se comprenderá, a todo esto la cornamenta del barón Casimiro Dudevant se había ramificado en forma ostensible. Tanto es así, que en 1869 escribió a Napoleón III solicitando la Legión de Honor a título de cornudo. He aquí la carta:

«En el ocaso de mis días ambiciono la cruz de la Legión de Honor. Es éste un favor supremo de Vuestra Magnificencia Imperial. Al pedir esta recompensa no me apoyo solamente en mis servicios prestados al país y al poder establecido desde 1815, servicios sin brillantez, insuficientes quizá, sino también en los servicios eminentes prestados por mi padre desde 1792 hasta el retorno de la isla de Elba. Aún más, *me atrevo incluso a invocar mis desgracias conyugales, que pertenecen a la historia.* Casado con Lucile (*sic*) Dupin, conocida en el mundo literario con el nombre de George Sand, he sido cruelmente atormentado en mis sentimientos de esposo y de padre, y confío haber merecido el simpático interés de todos aquellos que han seguido los acontecimientos lúgubres que han señalado esta parte de mi existencia.»

Napoleón III no creyó que el hecho de ser cornudo mereciese una condecoración, y de eso el emperador entendía algo porque muchos había hecho a lo largo de su vida.

¿SE PUEDE VIVIR SIN AMOR?

En 1662, en París, el caballero de Chamilly, después duque de Saint-Léger y mariscal de Francia, con falta absoluta de discreción y vergüenza leía a sus amigos unas cartas de amor, que recibía de una monja del convento de la Concepción Franciscana de Beja. La firmante era sor María Alcoforado, nacida en esa ciudad en 1640.

Chamilly la había enamorado como buen galán de monjas al estilo de su tiempo –recuérdese el Tenorio– y alardeaba, con muy mal gusto por cierto, de su conquista. Cinco eran las cartas que había recibido. Las cuatro primeras llenas de amor e ilusiones; la última plena de desengaño y anunciando la ruptura.

El éxito de la lectura fue tal, que poco después se dieron a la imprenta, y con el nombre de *Cartas de amor de la monja portuguesa* fueron reimpresas varias veces y traducidas a todos los idiomas. En castellano existe una bella traducción de Pedro González-Blanco (Ed. Grijalbo).

Lo que para el caballero de Chamilly fue sólo una aventura, para sor María Alcoforado fue el amor de su vida: *«Perdieron mis ojos en los tuyos la única luz que los animaba. Hoy sólo les quedan lágrimas, y no les doy otro empleo que el de llorar, desde que supe que te resolvías a una separación, para mí tan insoportable, que pronto me llevará a la muerte... Y, con todo, me parece que tengo un no sé qué de enamorado apego a las tristezas de que tú solo eres causa. Te consagré la vida, desde que en ti se posaron mis ojos, y siento en sacrificártela un místico placer.»*

La pobre monja encerrada en su convento desde su niñez había conocido la pasión de amar. Al despedirse, Chamilly le prometió que volvería y la llevaría con él a Francia, cosa que también le prometió en una carta que no se ha conservado. La emoción que esta promesa le produjo hizo que sor María casi se desmayase de felicidad.

«Con harta pesadumbre volví en mí. Era mi dicha, sentí que moría de amor y, finalmente, me hallaba bien viendo cómo cesaba de flagelarme el dolor de tu ausencia... ¿Podría satisfacerte una pasión menos ardiente que la mía? Tal vez encontrarás a otra más hermosa –y, con todo, me decías en otros días que yo era bonita–, pero no hallarás nunca tanto amor, y lo demás es nada... Adiós; no puedo más. ¡Adiós! Ámame siempre y haz padecer más a tu pobre Mariana.»

Por supuesto, Chamilly no volvió a ver a sor María, aunque estuvo en Portugal otra vez. «*Tu honra te obliga a dejarme. ¿Pensé yo en la mía?... ¡Qué ventura la mía si hubiéramos pasado la vida juntos...! Odio todo lo que estoy obligada a ver y hacer. Todo se me hace insoportable: el convento, la familia, las amistades. Tan celosa me siento de mi pasión, que me parece que todos mis actos, todas mis obligaciones, te pertenecen. Sí, tengo escrúpulos de no entregar en ti todos los momentos de mi vida.*»

Tal pasión y tal arrobamiento se conjuga con una sumisión al amor que sólo pueden conocer aquellos que aman o han amado. «*Me queda un resto de esperanza, y si no ha de servirme preferiría perderla por completo y yo con ella... Siento una devoción total por todo cuanto me concierne. No me dejo a mí misma ningún albedrío. Momentos hay en que me figuro que sería capaz de servir sumisamente a quien tú amaras... Dentro de pocos días hará un año que me entregué a ti sin titubeos, transida de emoción... Ya ni me atrevo a pedirte que me ames.*»

Poco a poco, la amante monja va dándose cuenta de la realidad de las cosas: «*No considerabas mi pasión sino como una victoria, y tu corazón jamás se conmovió con ella... Se es infinitamente más feliz y se siente algo inmenso entregándose violentamente a los furores de la pasión, que dejándose amar... Y, sin embargo, siento implacablemente que mis remordimientos no son sinceros; que desde el fondo del alma quisiera haber afrontado por tu amor mayores peligros... Estimo mucho más ser desventurada amándote que feliz sin haberte llegado a conocer.*»

Pocas veces se habrá expresado sobre el papel un amor tan apasionado. Amor que sor María sabía sin esperanza, sin querérselo confesar. «*Hubiera sido menester que en aquellos momentos de suprema felicidad acudiese yo a la razón, para moderar los excesos de mi deleite y para poder anticiparme a los padecimientos actuales. Pero me entregaba toda a ti, amor mío, y no podía detenerme a pensar en cuanto había de ser más tarde la ponzoña de mi entendimiento. ¿Es que había algo que pudiera interrumpir el placer con que yo gozaba las ardorosas muestras de pasión? Era demasiado fuerte la embriaguez que me poseía al sentirte a mi lado, para pensar que algún día te separarías de mí... Prefiero a olvidarte sufrir más aún... Soy más feliz que tú porque amo mi propio amor.*»

Tras esta carta, la cuarta de las cinco que contiene el epistolario, sor María razona y se da cuenta de que su amor imposible ha terminado. Sufrir mientras se ama contiene en sí el germen del placer, pero desaparecido el amor queda sólo la amargura del desengaño. Dice lord Byron que la felicidad pasada es pasada, pero que el dolor pasado es dolor todavía. La monja enamorada manda una última carta a Chamilly. En ella el tú cariñoso de las cuatro primeras se transforma en un frío usted y confiesa: «*Le amé neciamente. Por usted lo desprecié todo y de todo prescindí... Excesivamente ingenua, le revelé por hechos y de palabra mi arrolladora pasión, olvidando que para hacerse amar es preciso fingir y buscar astutamente los medios de enardecer. El amor por sí no engendra amor.*»

Y así termina esta historia de amor. ¿Se puede morir de amor? Tal vez, pero lo cierto es que sor María Alcoforado vivió hasta los ochenta y tres años. La vida y la muerte están en las manos de Dios. Se puede vivir sin conocer el amor y se puede morir por exceso de pasión, pero lo cierto es que la vida sin amor no vale la pena de ser vivida.

APÉNDICE BIBLIOGRÁFICO

Creo que, a lo largo del libro, he citado siempre a los autores en los que he basado estas historias, pero, por si algún libro hubiese olvidado, aquí va una lista de aquellos que más he consultado. Si olvido alguno, pido disculpas.

ANTIGÜEDAD, Alfredo R.: *Anecdotario Madrid*, Ed. Madrid, S. A.

ASENJO Y TORRES DEL ÁLAMO: *Mil y una anécdotas*, Madrid, Ed. Españolas, 1940.

BRAVO MORATA, Federico: *Diccionario anecdótico biográfico*, Madrid, Fenicia, 1957.

BRETON, Guy: *Histoires malicieuses des grands hommes*, París, Presses Pocket, 1971.

CÁNOVAS, Leopoldo: *Las 1 000 mejores anécdotas humorísticas*, Barcelona, De Vecchi, 1972.

COMENGE, Luis: *Clínica egregia*, Barcelona, Henrich, 1895.

DANSEL, Michel: *Dictionnaire des inconnus aux noms communs*, París, Encre, 1979.

DÍAZ-PLAJA, Fernando: *Historia de España en sus documentos. Siglo XIX*, Madrid, Cátedra, 1983.

DÍAZ-PLAJA, Fernando: *La mujer, el amor y el poder*, Barcelona, Noguer, 1984.

FISAS, Carlos: *Quirófano abierto*, Barcelona, Acervo, S. A.

FUMAGALLI, Giuseppe: *Chi l'ha detto?*, Milán, Hoepli, 1946.

GANDÍA, Enrique DE: *Historia crítica de los mitos de la conquista americana*, Buenos Aires, Roldán, 1929.

PALAZZI, Fernando: *Enciclopedia degli aneddoti*, Milán, Ceschina s.a.

PILHES, René Víctor: *Toute la verité*, París, Grasset, 1976.

REOUVEN, René: *Diccionario de los asesinos*, Barcelona, Dopesa, 1976.

REPARAZ, Gonzalo DE: *Los Borbones de España*, Madrid, Morata, 1931.

ROBERT, Roberto: *El mundo riendo*, Barcelona, López, 1866.

ÍNDICE ONOMÁSTICO

Las cifras en cursiva remiten a las ilustraciones

ÍNDICE